面向"十二五"高职高专规划教材

# 仓储物流管理与实务

牛艳莉　孙建利　主　编

中央广播电视大学出版社

北　京

**图书在版编目（CIP）数据**

仓储物流管理与实务 / 牛艳莉，孙建利主编. 一北京：
中央广播电视大学出版社，2011.12
面向"十二五"高职高专规划教材
ISBN 978-7-304-05363-5

Ⅰ. ①仓… Ⅱ. ①牛… ②孙… Ⅲ. ①物资管理：仓
库管理－高等职业教育－教材 Ⅳ. ①F253.4

中国版本图书馆 CIP 数据核字（2011）第 254959 号

面向"十二五"高职高专规划教材
仓储物流管理与实务
牛艳莉 孙建利 主编

出版·发行：中央广播电视大学出版社
电话：营销中心：010-58840200 总编室：010-68182524
网址：http://www.crtvup.com.cn
地址：北京市海淀区西四环中路 45 号
邮编：100039
经销：新华书店北京发行所

| | |
|---|---|
| 策划编辑：苏 醒 | 责任编辑：刘 恒 |
| 印刷：北京集惠印刷有限责任公司 | 印数：0001～3000 |
| 版本：2011 年 12 月第 1 版 | 2011 年 12 月第 1 次印刷 |
| 开本：787×1092 1/16 | 印张：12 字数：283 千字 |

书号：ISBN 978-7-304-05363-5
定价：24.00 元

# 《仓储物流管理与实务》

## 编写人员

主　编：牛艳莉　孙建利

副主编：侯心媛　任俊峰

编　委：孙　伟　陈　锋　王方方　吴　彦

　　　　陈　旭　王　伟　付晓晖　陈　宇

　　　　刘　欢　彭晨昊　宫敬强

# 前　言

　　高等职业教育作为高等教育发展中的一个类型，肩负着培养面向生产、建设、服务和管理一线的高技能人才的使命，在我国加快推进社会主义现代化建设进程中具有不可替代的作用。

　　教育部《关于全面提高高等职业教育教学质量的若干意见》（教高［2006］16号）中要求高职院校应根据职业岗位（群）的任职要求，参照相关的职业资格标准，改革课程体系和教学内容。建立突出职业能力培养的课程标准，规范课程教学的基本要求，提高课程教学质量，加强教材建设，与行业企业共同开发紧密结合生产实际的实训教材，并确保优质教材进课堂。本教材主要根据校企合作、工学结合培养高技能人才的要求，注重能力本位的原则，进行工作过程系统化项目课程的编写。本教材颠覆了传统教材的编写模式，根据市场对仓储人才岗位群及仓储主要流程所对应的知识、能力、素质要求，选取教材编写内容，突显项目教学、任务驱动、工学结合等教学改革特点。在教材编写过程中力求体现教学内容和课程体系改革思想，"宽基础、活模块"的编写思路及以"必需、够用"为度的原则，内容上注重以就业为向导，以能力为本位，既突出高职特色，又具有一定的超前性，注重内容的实践性和可操作性。编写本教材的目的主要是为了培养具有良好职业道德、一定理论知识、较强操作和管理实践能力、可持续发展能力的，为企业所欢迎的高技能应用性仓储管理经营和操作人才。

　　本书由牛艳莉、孙建利担任主编，侯心媛、任俊峰担任副主编。具体编写分工如下：学习情境一、学习情境三由牛艳莉编写；学习情境四、学习情境五由孙建利编写；学习情境六由侯心媛编写；学习情境二由任俊峰编写。

　　教材在编写过程中参考了大量物流仓储管理的研究文献，借鉴了国内外众多学者前辈的研究成果，在此向各位专家学者表示深深的敬意和诚挚的感谢！

　　由于物流业尚在快速发展中，仓储管理的理论与实际操作方法还正在探索之中，再加上编者经验和水平有限，书中难免存在不足之处，敬请广大读者、同行和专家批评指正，以使我们在再版时进行完善。

编　者

# 目　录

CONTENTS

# 学习情境一　仓库选址与规划

　　仓库规划的内容主要包括仓库选址，确定仓库的类型、规模、数量和仓库的布置与设计。通过仓库规划促进仓库建设与运营的合理化和经济性，其中选址是首要问题。仓库的选址和规划不仅直接影响仓库作业的正常运行，还将直接对仓库成本产生影响。

　　本学习情境的具体实施包括两个任务：仓库选址；仓库规划设计。

## 学习目标

　　**1. 技能目标：** 能够进行仓库规划和设计；能够收集分析仓库选址因素的资料，进行仓库选址决策。

　　**2. 知识目标：** 了解仓库规划的内容，掌握仓库规划的目标、规划的过程和方法，掌握仓库选址决策的方法和程序。

　　**3. 素质延伸：** 培养学生信息收集的能力、分析解决生产实践问题的能力、撰写决策报告的能力；培养学生独立思考的能力；培养学生的团队合作意识；注重对学生社会责任感、参与意识的培养与陶冶。

## 任务导入

### Fireside轮胎公司的仓库选址决策

　　Fireside轮胎公司是一家制造运动型多功能轮胎的公司，产品在汽车零件市场上销售，在美国分销。Fireside有三个轮胎生产工厂，分别位于宾夕法尼亚的阿伦镇、俄亥俄的托莱多和伊利诺伊的马科姆。一般情况下，Fireside将轮胎从工厂运送到配送中心，但顾客整车购买时通常会直接从工厂运往顾客所在地。该地区的所有运货都接受最低重量357英担至400英担的整车费率。

　　Fireside公司的管理层非常关心配送中心的最经济位置，在亚特兰大的配送中心为北卡罗莱纳、南卡罗莱纳、佐治亚、佛罗里达、密西西比、阿拉巴马和东北田纳西组成的东北区域提供服务。但Fireside的管理人员担心亚特兰大不是物流上最理想的选择。

　　为了通过使用坐标方格的方法帮助物流部门对服务区域内的配送中心位置进行分析，Fireside公司的运输部门找到了下列数据，见表1-1。

表1-1　2007年亚特兰大配送中心的有关数据

| 2007年运往亚特兰大 | | | | | |
|---|---|---|---|---|---|
| 来自 | 重量（英担） | 费用（美元/英担） | 距离（英里） | 水平值 | 垂直值 |
| 托莱多 | 15000 | 2.20 | 640 | 1360 | 1160 |
| 马科姆 | 5000 | 2.43 | 735 | 980 | 1070 |
| 阿伦镇 | 11000 | 2.52 | 780 | 1840 | 1150 |
| 2007年发至亚特兰大 | | | | | |
| 去往 | 重量（英担） | | | 水平值 | 垂直值 |
| 查塔奴加 | 2700 | | | 1360 | 650 |
| 亚特兰大 | 3500 | | | 1400 | 600 |
| 坦帕 | 4300 | | | 1570 | 220 |
| 伯明翰 | 2800 | | | 1260 | 580 |
| 迈阿密 | 5300 | | | 1740 | 90 |
| 杰克逊维尔 | 5100 | | | 1600 | 450 |
| 哥伦比亚 | 2200 | | | 1600 | 650 |
| 亚洛特 | 2900 | | | 1590 | 740 |
| 罗利/达勒姆 | 2200 | | | 1700 | 800 |

注：1英担＝45.3592kg（在美国）；1英里＝1.6093km。

（资料来源：周万森.《仓储配送管理》，北京：北京大学出版社，2005.）

运输部门同时也确定了亚特兰大配送中心在2008年的运费总支出，即217000美元，平均运送距离为330英里。

如果预计所有运输供应商在2009年的费率将会有25%的增长；如果罗利/达勒姆市场在2010年将会有3000英担的增长，分别会对仓储配送中心的最佳选址带来何种影响？

**分析归纳：** 在决定仓库中心设置的方案时，必须谨慎参考相关因素，并按适当步骤进行。通常在选择过程中，首先区分仓库选址为有预定地点或区位方案的选址还是没有预定地点或区位方案的选址，如果已经有预定地点或区位方案，应于物流配送中心规划前先行提出，并成为规划过程的限制因素；如果没有预定的地点，则可于系统规划方案成形后进行位置方案的选择，必要时还要修正物流配送中心的规划方案，以配合实际土地及区块面积的限制。其次，要明确该选址为单设施选址还是多设施选址。最后采取一些分析工具和方法，探究合理化的仓库选址，主要的分析方法可分为定性分析和定量分析，两种相互补充，为仓库合理化选址提供方法支持。

# 任务一　仓库的选址

## 任务书

充分把握仓库选址的决策思路，综合考虑仓库选址的影响因素，针对不同的活动和情景，整理信息资料。借助常见的定性和定量设施决策分析方法，进行仓库的选址和决策，并能够对决策的实施进行总结和优化。

## 任务目标

**1. 技能目标**：能够运用定性、定量法进行仓库的选址分析和决策。

**2. 知识目标**：了解仓库选址应考虑的主要因素；理解仓库选址的策略和思路；掌握仓库选址的原则；掌握仓库选址决策的主要技术方法如重心法选址、加权因素法选址、因次分析法选址等。

**3. 素质延伸**：培养学生正确思考和分析问题的能力；培养学生的团队合作意识；培养学生独立使用各种媒介完成任务的自主学习能力。

## 理论知识

## 一、选址的程序

### 1. 选址约束条件分析

选址时，首先要明确建立仓库的必要性、目的和意义；然后根据物流系统的现状进行分析，制定物流系统的基本计划，确定所需要了解的基本条件，以便缩小选址的范围。

（1）需要条件。包括仓库的服务对象——顾客现在的分布情况及未来分布情况的预测，货物作业量的增长率及配送区域的范围。

（2）运输条件。应靠近铁路货运站、港口和公共货车终点站等运输集结点；同时，也应靠近运输业者的办公地点。

（3）配送服务的条件。向顾客报告到货时间、发送频次，根据供货时间计算的从顾客到仓库的距离和服务范围。

（4）用地条件。是用现有的土地还是重新取得地皮？如果重新取得地皮，那么地皮的价格是多少？地价允许范围内的用地分布情况如何？

（5）法规制度。根据指定用地区域等法律规定，有哪些地区不允许建立仓库。

（6）流通职能条件。商流职能是否要与物流职能分开？仓库是否也附有流通加工的职能？如果需要，从保证职工人数和通勤方便出发，要不要限定仓库的选址范围？

（7）其他。不同的物流类别有不同的特殊需要，如为了保持货物质量而采取的冷冻、保温设施，防止公害设施或危险品保管设施等，对选址都有特殊要求，是否有满足这些条件的地区？

### 2．搜集整理资料

选择地址的方法，一般是通过成本计算，也就是将运输费用、配送费用及物流设施费用模型化，采用约束条件及目标函数建立数学公式，从中寻求费用最小的方案。但是，采用这种选择方法寻求最优的选址解时，必须对业务量和生产成本进行正确的分析和判断。

（1）掌握业务量。选址时，应掌握的业务量包括以下内容：

①工厂到仓库之间的运输量；

②向顾客配送货物的数量；

③仓库保管的数量；

④配送路线及其他业务量。

由于这些数量在不同时期会有种种波动，因此要对所采用的数据进行研究。另外，除了对现有的各项数据进行分析外，还必须确定设施使用后的预测数值。

（2）掌握费用。选址时，应掌握的费用如下：

①工厂至仓库之间的运输费；

②仓库到顾客之间的配送费；

③设施、土地有关的费用及人工费、业务费等。

由于①和②两项的费用随着业务量和运送距离的变化而变动，所以必须对每吨/公里的费用进行成本分析；③项中包括可变费用和固定费用，最好根据可变费用和固定费用之和进行成本分析。

（3）其他。用缩尺地图表示顾客的位置、现有设施的配置方位及工厂的位置，并整理各候选地址的配送路线及距离等资料。对必备车辆数、作业人员数、装卸方式、装卸机械费用等要与成本分析结合起来考虑。

### 3．地址筛选

在对所取得的上述资料进行充分的整理和分析，考虑各种因素的影响并对需求进行预测后，就可以初步确定选址范围，即确定初始候选地点了。

### 4．定量分析

针对不同情况选用不同的模型进行计算，得出结果。如对多个仓库进行选址时，可采用奎汉•哈姆勃兹模型、鲍摩•瓦尔夫模型、CELP法等，如果是对单一仓库进行选址，可采用重心法等。

### 5．结果评价

结合市场适应性、购置土地条件、服务质量等条件对计算所得结果进行评价，看其是否具有现实意义及可行性。

**6. 复查**

分析其他影响因素对计算结果的相对影响程度，分别赋予它们一定的权重，采用加权法对计算结果进行复查。如果复查通过，则原计算结果即为最终结果；如果复查发现原计算结果不适用，则返回继续计算，直至得到最终结果为止。

**7. 确定选址结果**

在用加权法复查通过后，计算所得的结果即可作为最终计算结果；但是，所得解不一定为最优解，可能只是符合条件的满意解。

## 二、几种选址方法的介绍

### （一）重心法选址

重心法是单设施选址中常用的模型。在这种方法中选址因素只包含运输费率和该点的货物运输量，在数学上被归纳为静态连续选址模型。

重心法设有一系列点分别代表供应商位置和需求点位置，各自有一定量物品需要以一定的运输费率运往待定仓库或从仓库运出，那么仓库应该处于什么位置？计算方法如下：

$$\min TC = \sum_i V_i R_i d_i$$

式中：$TC$——总运输成本；

$\quad\quad V_i$——$i$点的运输量；

$\quad\quad R_i$——到$i$点的运输费率；

$\quad\quad d_i$——从拟建的仓库到$i$点的距离；

$$d_i = \sqrt{(x+x_i)^2 + (y-y_i)^2}$$

式中：$x$，$y$——新建仓库的坐标；

$\quad\quad x_i$，$y_i$——供应商和需求点位置坐标。

根据运输费用最低的原则进行，在选址计算时，作出两个假设：

（1）运输费用只与仓库和配货点的直线距离有关，不考虑城市交通状况；

（2）选择仓库地址时，不考虑仓库选址所在地理位置的地产价格。

### （二）加权因素法选址

若在设施选址中仅对影响设施选址的非经济因素进行量化分析评价，一般可以采用加权因素法。

加权因素法的应用步骤是：

（1）对设施选址涉及的非经济因素通过决策者或专家打分，再用求平均值的方法确定各非经济因素的权重，权重大小可界定为1—10。

（2）专家对各非经济因素就每个备选厂址进行评级，可分为五级，用五个元音字母A、E、I、O、U表示。各个级别分别对应不同的分数，A=4分、E=3分、I=2分、O=1分、U=0

分。评价等级及分值见表1-2。

表1-2　评价等级及分值

| 等级 | 符号 | 含义 | 评价分值 |
|------|------|------|----------|
| 优 | A | 近于完美 | 4 |
| 良 | E | 特别好 | 3 |
| 中 | I | 达到主要效果 | 2 |
| 尚可 | O | 效果一般 | 1 |
| 差 | U | 效果欠佳 | 0 |

（3）将某非经济因素的权重乘以其对应选址方案的级别分数，得到该因素所得分数。

（4）将各方案的各种非经济因素所得分数相加，即得各方案分数，分数最高的方案即为最佳选址方案。可利用表1-3的方案加权因素评价表确定最终方案。

表1-3　方案加权因素评价表

| 序号 | 评价因素 | 方案及评价等级 | | | | | 备注 |
|------|----------|------|------|------|------|------|------|
| | | I | II | III | IV | V | |
| 1 | 因素1 | $W_{11}$ | $W_{21}$ | $W_{31}$ | $W_{41}$ | $W_{51}$ | |
| 2 | 因素2 | $W_{12}$ | $W_{22}$ | $W_{32}$ | $W_{42}$ | $W_{52}$ | |
| …… | …… | …… | …… | …… | …… | …… | |
| n | 因素n | $W_{1n}$ | $W_{2n}$ | $W_{3n}$ | $W_{4n}$ | $W_{5n}$ | |
| 总分 | | $T_1$ | $T_2$ | $T_3$ | $T_4$ | $T_5$ | |

## （三）因次分析法选址

因次分析法是将经济因素（成本因素）和非经济因素（非成本因素）按照相对重要程度统一起来，确定各种因素的重要性因子和各个因素的权重比率，按重要程度计算各方案的厂址重要性指标，以厂址重要性指标最高的方案作为最佳方案。

因次分析法设经济因素的相对重要性为$M$，非经济因素的相对重要性为$N$，经济因素和非经济因素重要程度之比为$m:n$，则$M=\dfrac{m}{m+n}$，$N=\dfrac{n}{m+n}$。

### 1. 确定经济因素的重要性因子

设有i个备选厂址方案，每个备选厂址方案的各种经济因素所反映的货币量之和即该备选厂址方案的经济成本，则：

$$T_i = \frac{\dfrac{1}{C_i}}{\sum \dfrac{1}{C_i}}$$

式中：$C_i$——i点的运输成本；

$T_i$——经济因素重要性因子。

在上式中，取成本的倒数进行比较是为了和非经济因素统一，因为非经济因素越重要其指标应该越大，经济成本就越高，经济性就越差，所以取成本倒数进行比较，计算结果数值大者经济性好。

### 2. 确定非经济因素的重要性因子

非经济因素的重要性因子的计算分三个步骤：

（1）确定单一非经济因素对于不同候选厂址的重要性。即就单一因素将被选厂址两两比较，令较好的比重值为1，较差的比重值为0。将各方案的比重除以所有方案所得比重之和，得到单一因素相对于不同厂址的重要性因子$T_d$，计算公式为：

$$T_d = \frac{\dfrac{1}{W_j}}{\sum \dfrac{1}{W_j}}$$

式中：$T_d$——单一因素对于备选厂址 j 的重要性因子；

　　　$W_j$——单一因素所获得比重值；

　　　$\sum W_j$——单一因素对于各备选厂址的总比重和。

（2）确定各个因素的权重比率。对于不同的因素，确定其权重比率$G_i$可以用上面步骤两两相比的方法，也可以由专家根据经验确定，所有因素的权重比率之和为1。

（3）将单一因素的重要性因子乘以其权重，将各种因素的乘积相加，得到非经济因素对各个候选厂址的重要性因子$T_f$，计算公式为：

$$T_f = \sum (G_i \cdot Td_i)$$

式中：$Td_i$——非经济因素 I 对备选厂址的重要程度；

　　　$G_i$——非经济因素 I 的权重比率。

将经济因素的重要性因子和非经济因素的重要性因子按重要程度叠加，得到该厂址的重要性指标。

$$C_i = M \cdot T_j + N \cdot T_f$$

式中：$T_j$——经济因素重要性因子；

　　　$T_f$——非经济因素重要性因子；

　　　$M$——经济因素的相对重要性；

　　　$C_i$——厂址方案的重要性指标（选最高者为最佳方案）。

**活动设计**：某公司拟建一个爆竹加工厂，有三处备选厂址，方案分别为A、B、C，重要经济因素成本如表1-4所示，非经济因素主要考虑政策法规、气候因素和安全因素。就政策因素而言，A方案最宽松，B方案次之，C方案最次；就气候因素而言，A、B两个方案相平，C方案次之；就安全因素而言，C方案最好，B方案次之，A方案最差。据专家评估，三种非经济因素比重为：政策法规因素0.5、气候因素0.4、安全因素0.1，非经济因素比较如表1-5所示。要求用因次分析法确定最佳厂址。

表1-4　重要经济因素成本

| 经济因素 | 成本（万元） | | |
|---|---|---|---|
| | A方案 | B方案 | C方案 |
| 原材料 | 300 | 260 | 285 |
| 劳动力 | 40 | 48 | 52 |
| 运输费 | 22 | 29 | 26 |
| 其他费用 | 8 | 17 | 12 |
| 总成本 | 370 | 354 | 375 |

表1-5　非经济因素比较

| 非经济因素 | 政策条件 | 气候因素 | 安全因素 |
|---|---|---|---|
| A方案 | 好 | 较好 | 一般 |
| B方案 | 较好 | 较好 | 较好 |
| C方案 | 一般 | 一般 | 好 |
| 权重指数 | 0.5 | 0.4 | 0.1 |

1）首先确定经济性因素的重要因子 $T_j$

$$\frac{1}{C_1}=1/370=2.703\times10^{-3}$$

$$\frac{1}{C_2}=1/354=2.833\times10^{-3}$$

$$\frac{1}{C_3}=1/375=2.667\times10^{-3}$$

则：

$$\sum\frac{1}{C_1}=8.203\times10^{-3}$$

$$T_1=\frac{\dfrac{1}{C_1}}{\sum\dfrac{1}{C_1}}=0.330$$

同理：$T_2=0.354$

$T_3=0.325$

2）确定非经济因素的重要性因子 $T_f$

首先确定单一因素的重要性因子：

①政策法规因素比较见表1-6。

表1-6　政策法规因素比较

| 厂址 | 两两相比 | | | 比重和 | 主观评比值 |
|---|---|---|---|---|---|
| | A-B | A-C | B-C | | |
| A | 1 | 1 | | 2 | 2/3 |
| B | 0 | | 1 | 1 | 1/3 |
| C | | 0 | 0 | 0 | 0 |

②气候因素比较见表1-7。

表1-7　气候因素比较

| 厂址 | 两两相比 | | | 比重和 | 主观评比值 |
|---|---|---|---|---|---|
| | A-B | A-C | B-C | | |
| A | 1 | 1 | | 2 | 2/4 |
| B | 1 | | 1 | 2 | 1/4 |
| C | | 0 | 0 | 0 | 0 |

③安全因素比较见表1-8。

表1-8　安全因素比较

| 厂址 | 两两相比 | | | 比重和 | 主观评比值 |
|---|---|---|---|---|---|
| | A-B | A-C | B-C | | |
| A | 0 | 0 | | 0 | 0 |
| B | 1 | | 0 | 1 | 1/3 |
| C | | 1 | 1 | 2 | 2/3 |

3）各非经济因素汇总见表1-9。

表1-9　各非经济因素汇总

| 因素 | A方案 | B方案 | C方案 | 权重 |
|---|---|---|---|---|
| 政策法规 | 2/3 | 1/3 | 0 | 0.5 |
| 气候条件 | 2/4 | 2/4 | 0 | 0.4 |
| 安全因素 | 0 | 1/3 | 2/3 | 0.1 |

4）计算各选址方案非经济因素重要性因子$T_f$

$T_1 = 2/3 \times 0.5 + 2/4 \times 0.4 + 0 \times 0.1 = 0.533$

$T_2 = 1/3 \times 0.5 + 2/4 \times 0.4 + 1/3 \times 0.1 = 0.4$

$T_3 = 0 \times 0.5 + 0 \times 0.4 + 2/3 \times 0.1 = 0.067$

5）计算总的重要性指标$C_i$

$$C_i = M \cdot T_j + N \cdot T_f$$

假定经济因素和非经济因素同等重要，则：

$$M = N = \frac{m}{m+n} = 0.5$$

$C_1 = 0.5 \times 0.330 + 0.5 \times 0.533 = 0.4315$

$C_2 = 0.5 \times 0.343 + 0.5 \times 0.4 = 0.3726$

$C_3 = 0.5 \times 0.325 + 0.5 \times 0.067 = 0.196$

根据以上计算，A方案重要性指标最高，故选A方案作为建厂厂址。

假定经济因素权重为0.7，非经济因素权重为0.3，则：

$M = 0.7$；$N = 0.3$

$C_1 = 0.7 \times 0.330 + 0.3 \times 0.533 = 0.3909$

$$C_2=0.7\times0.343+0.3\times0.4=0.3601$$
$$C_3=0.7\times0.325+0.3\times0.067=0.2485$$

根据以上计算，A方案重要性指标最高，故选A方案的建厂厂址。

此例中，并未涉及交通运输条件、土地增值、供应商位置分布、人力资源状况等非经济因素因子分析，只是对政策法规、气候条件、安全因素进行了非经济因素分子分析，在实际业务中需要因地、因时地在众多因素分子中择取应用，同时可以运用德尔菲法进行专家评价，几种方法结合使用。

**相关链接**

### 一、仓库选址的基本原则

仓库选址是一项涉及社会、经济和技术因素的综合性工作，不仅要考虑本企业生产经营的需要，还要考虑仓库所在地区和地点的生产、消费、经营对本企业的影响，同时要考虑本企业对周围环境的影响，经多方案比较论证，选出投料省、建设快、运营费用低，具有最佳经济效益、环境效益和社会效益的库址。这是仓库选址的基本原则，具体表现为：

（1）符合所在地区、城市、乡镇总体规划布局。

（2）符合土地管理、水土保持等法律法规的有关规定，节约用地，不占用良田及经济效益高的土地。

（3）有利于保护环境与名胜景观，不污染水源，并符合现行环境保护法律法规的规定。

（4）便于利用当地自然条件、资源条件、运输条件及公共设施等。

### 二、仓库选址策略

#### （一）市场定位策略

市场定位策略是指将仓库选在离最终用户最近的地方。仓库的地理定位接近主要客户，会增长供应商的供货距离，但缩短了向客户进行第二程运输的距离，这样可以提高客户服务水平。

市场定位策略最常用于食品分销仓库的建设，这些仓库通常接近所要服务的各超级市场的中心，使多品种、小批量库存补充的经济性得以实现。制造业的生产物流系统中把零部件或常用工具存放在生产线旁也是"市场定位策略"的应用，它可以保证"适时供应"。

影响这种仓库位置的因素主要包括运输成本、订货周期、产品敏感性、订货规模、当地运输的可获得性和要达到的客户服务水平。

#### （二）制造定位策略

制造定位策略是指将仓库选在接近产地的地方，通常用来集运制造商的产成品。产成品从工厂被移送到仓库，再从仓库里将全部种类的物品运往客户。这些仓库的基本功能是支持制造商采用集运费率运输产成品。

对于产品种类多的企业，产成品运输的经济性来源于大规模整车和集装箱运输。同时，如果一个制造商能够利用这种仓库以单一订货单的运输费率为客户提供服务，还能产生竞争差别优势。

影响这种仓库位置的因素主要包括原材料的保存时间、产成品组合中的品种数、客户订购的产品种类和运输合并率。

### （三）中间定位策略

中间定位策略是指把仓库选在最终用户和制造商之间的中点位置。中间定位仓库的客户服务水平通常高于制造定位的仓库，但低于市场定位的仓库。企业如果必须提供较高的服务水平和提供由几个供应商制造的产品，就需要采用这种策略，为客户提供库存补充和集运服务。

仓库选址所要考虑的因素在某些情况下是非常简单的，而在某些情况下却异常复杂，尤其是在关系国计民生的战略储备仓库的选址时，这种复杂性就更加突出。

## 三、仓库选址的基本思路

### （一）选择国家

随着生产全球化的趋势不断增强，在全球范围内选择建设仓库的地点已经成为许多跨国经营企业面对的问题。在全球范围内选择建库地址时，需要考虑以下问题：

（1）各国政府的政策以及政策的稳定性；

（2）各国的文化和经济背景；

（3）各国在全球市场中的位置及重要程度；

（4）劳动供给情况，包括劳动力的工作能力、工作态度和成本；

（5）生产供应能力和通讯技术水平；

（6）税收、汇率等情况。

### （二）选择地区

在同一个国家里，不同地区、不同城市的生产力发展水平可能存在较大差异，所以要根据以下因素进行选择：

（1）企业目标；

（2）地区吸引力，包括文化、税收、气候等因素；

（3）劳动力供应及其成本；

（4）公用设施的供应及其成本；

（5）土地及建筑成本；

（6）环境管理措施。因为环境管理等非量化因素有可能对仓库选址产生更为显著的影响。

### （三）选择具体位置

一个城市的东西南北部均存在各个方面的差异，在选择建库地址时要注意的因素主要包括：

（1）场所的大小和成本；

（2）（高速）公路、铁路、水路和空运系统；

（3）与外部协作方的距离；

（4）环境影响因素，包括地形、地质、气象、污染源及污染程度等；

（5）劳动力的态度。

### 四、仓库选址的影响因素

仓库选址需要考虑的因素非常多，涉及方面也较多，不同类型的仓库不尽相同。地区选择和地点选择的考虑因素也有差异。前者注重宏观因素，后者还需考虑微观的具体条件。综合起来，库址选择应考虑三个方面的主要因素：政治政策因素、经济因素及自然条件因素。

#### （一）政治政策因素

规划要符合国家的法律法规，由于国家政策与地方政策的影响，可能给企业带来很大的便利或者不便。因此充分了解地方政策不仅是必要的而且非常重要，对企业的长远发展起着十分重要的作用。

#### （二）经济因素

仓储企业成立的一个先决条件是要符合当地的经济发展需要。没有有效的需求，再好的仓储企业都无法生存，因此，经济环境成为仓库规划中的第二大要素。经济环境因素有很多，通常包括：

（1）货物流量的大小。如果没有足够的货物流量，仓储中心的规模效益便不能发挥。

（2）货物的流向。货物的流向决定着仓储中心的工作内容与设施、设备的配备。不同仓储中心的规划将决定是否将仓储中心或相关设施靠近用户，还是靠近生产厂家。

（3）城市的规模扩张与发展。仓储中心的选址既要考虑城市扩张的速度与方向，又要考虑仓储容量与进、存、出。因此，仓储的选址要与地市的经济发展相适应。

（4）交通便利。公路、铁路、水路等设施至少要有两种以上运输方式，仓储中心的功能才能充分发挥出来。

（5）仓储服务的对象及其功能以及仓库的特殊性，决定了仓库规划时仓库的选址。

#### （三）自然环境因素

包括地理因素与气候因素，地理因素包括地形地貌，周围企业、水、地震等影响因素。地理因素不仅影响投资，对将来货物的保管与流动都有十分重要的影响。气候因素即当地自然气候条件变化情况，包括温度变化、湿度变化、盐分、降雨量、风向、风力、山洪等。

确定库址选择方案时，应根据具体要求加以侧重。当要求出现相互矛盾时，应注重主要问题的解决，根据关键影响因素确定可行方案。

### 能力训练

1. 某企业有两个生产厂（$P_1$、$P_2$），分别生产A、B两种产品，供应三个目标市场（$M_1$、$M_2$、$M_3$），地理坐标如图1-1所示。各个点的运输总量及运输费率如表1-10所示。现欲设置一个中转仓库，A、B两种产品通过该仓库向三个市场供货。

（1）请用重心法求出仓库的最优选址（只需求出初始选址即可）。

（2）计算初始选址点对应的运输总成本。

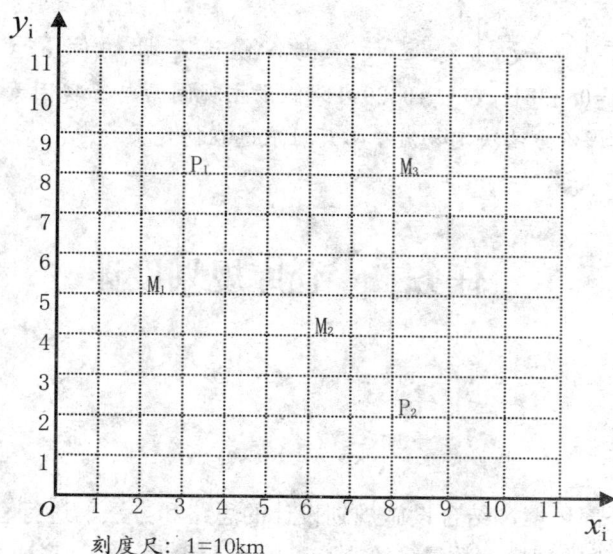

刻度尺: 1=10km

图1-1 地理坐标

表1-10 各目标市场的运输总量及运输费率

| 节点 | 产品 | 运输总量/件 | 运输费率/[元/（件/公里）] | 坐 标 | |
|---|---|---|---|---|---|
| | | | | $X_i$ | $Y_i$ |
| $P_1$ | A | 5000 | 0.04 | 3 | 8 |
| $P_2$ | B | 7000 | 0.04 | 8 | 2 |
| $M_1$ | A、B | 3500 | 0.095 | 2 | 5 |
| $M_2$ | A、B | 3000 | 0.095 | 6 | 4 |
| $M_3$ | A、B | 5500 | 0.095 | 8 | 8 |

2. 某公司准备建立一个物流中心，共有三处建厂地点可供选择，各地点每年经营费用如表1-11所示，三处厂址非成本因素优劣比较和各因素加权指数如表1-12所示。

表1-11 每年经营费用

单位：万元

| 厂址 | 劳动力 | 运输费用 | 税收 | 能源费用 | 其他 |
|---|---|---|---|---|---|
| A | 200 | 140 | 180 | 220 | 180 |
| B | 240 | 100 | 240 | 300 | 100 |
| C | 290 | 80 | 250 | 240 | 140 |

表1-12 非成本因素比较

| 厂址 | 当地欢迎程度 | 可利用的劳动力情况 | 竞争对手 |
|---|---|---|---|
| A | 很好 | 好 | 一般 |
| B | 较好 | 很好 | 较多 |
| C | 好 | 一般 | 少 |
| 加权指数 | 0.3 | 0.3 | 0.4 |

现根据 $OM_y = \left[ C_i \sum \dfrac{1}{C_i} \right]^{-1}$，已计算出各候选厂址的位置量度值 $OM_i$ 分别为：$OM_A=0.3197$；$OM_B=0.3381$；$OM_C=0.2941$；假设主观因素与客观因素同等重要，比重值 $x = 0.5$，试用综合因素评价方法决定物流中心厂址应选在何处。

# 任务二　仓库规划设计

## 任务书

根据企业内外部环境，结合设施规划设计的思路和方法，进行仓库类型和经营模式的选择，明确仓库建设的规模、数量，绘制仓库的布置和设计图，形成仓库规划设计文档。

## 任务目标

**1. 技能目标：** 能够对仓库经营模式和类型进行分析、评价和选择；能够进行仓库规模、数量、面积决策；并能对仓库布置与设计进行合理化决策分析。

**2. 知识目标：** 了解仓库的分类；熟悉仓库规划的原则、功能和实施过程；掌握影响仓库规模、数量决策的因素和相关模型，掌握PQRST因素分析法。

**3. 素质延伸：** 培养学生信息收集的能力、分析解决生产实践问题的能力、撰写决策报告的能力；注重社会责任感、参与意识的培养与陶冶。

## 理论知识

### 一、仓库筹划准备

筹划准备主要涉及信息、数据、资料的收集和相关活动设施需求的预测。根据PQRST因素法，收集的信息、数据和资料主要包括以下几个方面：

P：仓库要存放的物品有哪些、有多少类型、采用什么包装、储存有什么要求，这些数据确定了收发、储存等作业区的总体类型。

Q：仓库总的吞吐量是多少、各物品有多少数量，这些数据确定了仓库的大体面积。同时需求量的取得、出货数量、库存数量的多少也直接影响到仓库作业能力和设施设计以及设备的配置。

R：包括物品移动路径，既涉及搬运设备的选择和仓库通道的设计，同时涵盖运输线路、仓库节点的衔接问题。

S：仓库的服务品质。主要涉及仓储功能水平、仓储增值服务水平、货品缺货率、交货时间等，辅助设施对仓库功能的完成也很重要。

T：时间性是仓库设计要着重考虑的因素，例如市场的竞争和顾客服务快速响应的要求使得仓库必须用自动设施设备才能达到快和准的基本要求。另外，库存周期和交货时间也会影响仓库的设计。

除此之外，还应收集仓储服务对象即客户的信息（E）和储存对象价值以及相关成本信息（C）。客户不同，订单形态、出货时间、出货形态都会呈现不同的特点；仓储对象的价值与仓储成本有密切联系，而且仓库建设的成本预算也会直接影响到仓库的集中化程度和规模，没有足够的建设投资，理想的规划则不能实现。

## 二、仓库总体规划

该阶段要实现DATA到INFORMATION的转变，进而完成相关决策。

### （一）常见趋势分析模型
#### 1. 倾向变动趋势模型（如图1-2所示）

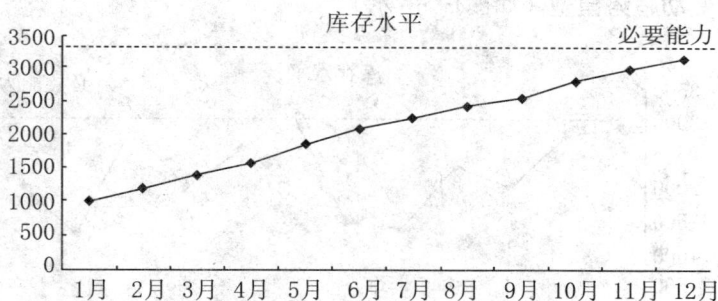

图1-2　倾向变动趋势

该种库存需求量长期趋势有持续递增的趋向，应配合周期的成长趋势加以判断。规划时应以中期的需求量为规模依据，若需考虑长期递增的需求，则可以预留空间或考虑设备扩充的弹性，以分阶段投资方式设置。

#### 2. 季节变动趋势模型（如图1-3所示）

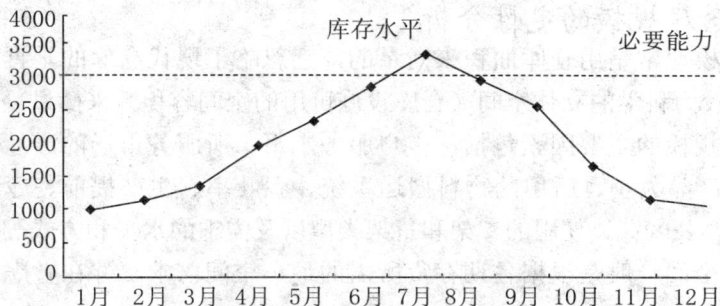

图1-3　季节变动趋势

该种库存需求量有季节性变动的明显趋势，如果季节变动的差距超过3倍，可考虑以部分外包或租用设备等方式避免设施过多造成平时的闲置。另外，在淡季时应争取互补性的货品业务以增加仓储设施利用率。

### 3．循环变动趋势模型（如图1-4所示）

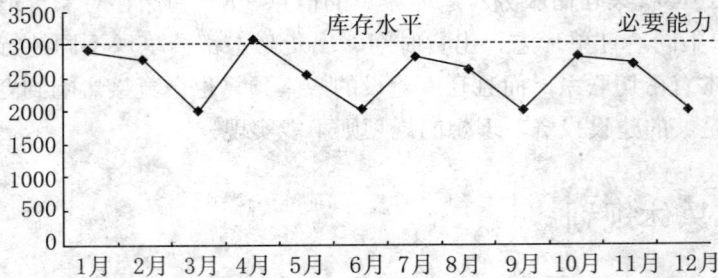

**图1-4　循环变动趋势**

该种库存需求量有以季度为单位的周期性变动趋势，如果高低峰差距不大且周期较短，可以作周期变动内的最大值规划，后续资料分析可缩至以某一周期为单位从而简化分析作业。

### 4．不规则变动趋势模型（如图1-5所示）

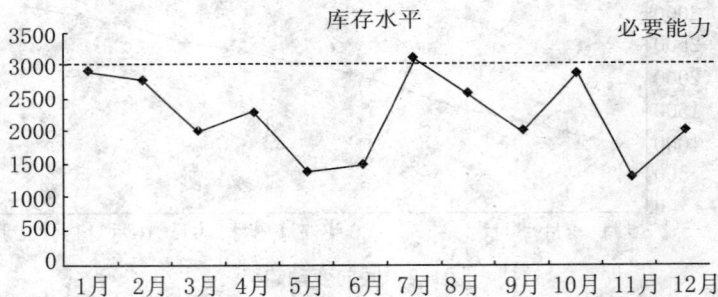

**图1-5　不规则变动趋势**

该种库存需求量无明显规则的变动趋势，系统较难规划，宜规划通用型的设施，以增加运用的弹性；仓储货位也以容易调整及扩充为宜，以应付可能突增的作业需求量。

### （二）仓库规模的定性分析

仓库的规模通常是用仓库面积来衡量的，它忽略了现代仓库的垂直存储能力，因此现在提倡使用较为科学的立体空间（仓库设施可用的空间容积）来衡量。

影响仓库规模的主要因素包括：客户服务水平、所服务市场的产品数目、投入市场的产业数目、产品大小、所用的物料搬运系统、吞吐率、生产提前、库存布置、通道要求、仓库中的办公区域、使用的支架和货架类型以及需求的水平和方式等。

仓库最小空间一般是根据各期存货所需的最小空间需求，并在考虑其他因素的基础上适当增加容量。

　　企业在确定仓库的规模时，一般根据其存货速度（用周转率来衡量）以及在最大程度上"直接送货"给客户（通过一个地区性仓库或者批发商的仓库）的特征来计算工厂/批发商的仓库所需的面积，再在每种主要产品基本储存空间的基础上增加通道、站台以及垂直和水平存储提供的场地面积。通过处理计划销售量、存货周转以及直接运输给客户的流经存货，可精确地计算出将来所需的仓库空间。如表1-13列举出了影响存储空间需求的决定因素。

表1-13　存储空间需求的决定因素

| 增加存储空间需求 | 减少存储空间需求 |
|---|---|
| 市场或者公司扩张 | 产品或销售减少 |
| 较短的产品生命周期 | 存储单位数量的减少 |
| 库存存储单元数目增加 | 需求变动较少（包括较长的产品生命周期） |
| 基于快速反应的直接交货 | 客户处理存储交货 |
| 消除分销商 | 制造批量规模较小 |
| 扩展至特定商品 | 交易数量较小 |
| 出口/进口货物 | 存货周转较短 |
| 产品流程加长 | 信息较完善 |
| 最小制造批量规模的增加 | 快速运输 |
| 最快反应时间的要求 | 接驳式转运 |
| 通货膨胀或者提前购买 | 承运商合并 |

## （三）仓库数量决策

　　确定仓库的数量一般要考虑四个因素：销售机会损失的成本、存货成本、仓库成本以及运输成本。图1-6表明了除销售机会损失的成本以外其他成本与仓库数量之间的关系。

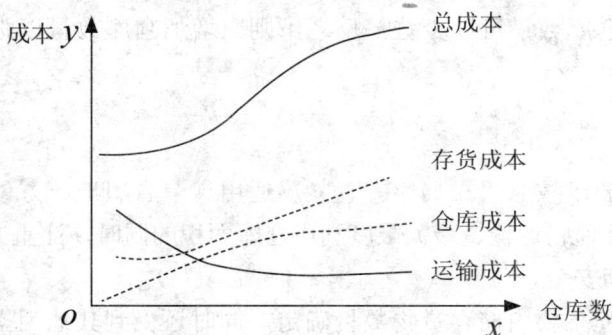

图1-6　物流总成本与仓库数量之间的关系

　　从图1-6中可以看出，由于在每个地点都应存有安全库存的所有产品，库存成本将随着设施数目的增加而增加；更多的仓库意味着拥有、租赁或租用更多空间，也意味着仓库成本的增加，但仓库达到一定数量后，其增加趋势将会减缓。同时，如果仓库数太多，将会导致进出运输成本的综合增加。

　　另外，客户的购买方式和服务需要、运输服务水平、中转供货的比例以及计算机等其他信息技术的使用也将影响到仓库的数目。

### 1. 客户服务的需要

企业要想提供高水平的物流服务，就需要较高的物流成本来支持，其中措施之一就是设立较多的仓库网点。对于企业来讲，商品的可替代程度与所需的客户水平之间存在着很强的相关关系。当企业的服务反应速度远远低于竞争对手时，它的销售量就会大受影响。如果客户在需要时买不到产品，那么再好的广告和促销活动都不起作用。当客户对服务标准要求很高时，就需要更多的仓库来及时满足客户要求。

### 2. 运输服务的水平

如果需要快速的客户服务，那么就要选择快速的运输服务。如果不能提供合适的运输服务，就要增加仓库数量来满足客户对交货期的要求。

### 3. 中转供货的比例

中转供货比例的大小对仓库需求的影响非常大，当一个地区或企业中转供货的比例小，而直达供货的比例大时，这个区域或企业的仓库数量就会比较少，而单个仓库的规模则会比较大；反之，当这个地区或企业中转供货的比例大，而直达供货的比例小时，这个区域或企业需要的仓库数量就会比较多。

### 4. 计算机的应用

计算机的普及和使用成本的降低使应用模型及配套软件在现代化仓库中得以应用，利用计算机可以改善仓库布局和设施、控制库存、处理订单，从而提高仓库资源利用率和运作效率，使仓库网点规划中空间与数量之间的矛盾得以缓解，实现以较少数量的仓库满足现有用户需求的目标。

### 5. 单个仓库的规模

单个仓库的规模越大，其单位投资就越低，而且可采用处理大规模货物的设备，因此单位仓储成本也会降低。因此，从仓库规模看，当单个仓库的规模大且计算机管理运用程度高的时候，仓库数量可以少些；反之，则应增加仓库数量以弥补其容量及服务能力的不足。

## （四）仓库面积决策

仓库平面布置要求按照"布局整齐、紧凑适用、节省用地、方便生产、便于管理"的原则来进行，保证通畅运输、最大限度利用仓库面积的同时，注重方便仓储作业、充分利用设施设备、仓储安全。

仓库的库场面积主要由储存货物数量确定，同时还受到其他因素的制约，例如地面结构的承重能力影响单位面积堆存量，货物的包装强度影响堆存高度，库房内装卸搬运货物的机械化程度影响库房面积的确定等。

库场面积可按下面公式计算：

$$A = \frac{E}{\lambda q}$$

式中：$A$——库场面积（m²）；

　　　$\lambda$——库场面积的利用系数，为有效面积（有效面积是实际可供堆存货物的面积，等于总面积除去办公室、通道、堆货间距、货堆与墙之间的距离等）与总面积的百分比；

$q$——单位有效面积货物堆存量（$t/m^2$），该值可以根据实际堆存情况进行测定，也可在有关手册中查得；

$E$——库场堆存容积（t），可按下式进行计算。

$$E=\frac{Q\times K_1}{T}\times t$$

式中：$Q$——年库场货物总储量（t）；

$T$——仓库年营运天数，一般取350～360天；

$t$——货物在货场的平均堆存期；

$K_1$——库场不平衡系数。

$$K_1=\frac{H_{max}}{\lambda q}$$

式中：$H_{max}$——月最大货物堆存量（吨/天）；

$H$——月平均货物堆存量（吨/天）。

### 1. 仓库总面积

仓库总面积指从仓库外墙线算起，整个围墙内所占的全部面积。仓库的生活区、行政区或库外专用线也应包括在总面积之内。

仓库总面积$F$可用下式计算：

$$F=\frac{\sum S}{\lambda}$$

式中：$F$——仓库的总面积（$m^2$）；

$\sum S$——仓库实用面积之和（$m^2$）；

$\lambda$——仓库面积利用系数。

### 2. 仓库建筑面积

仓库建筑面积指仓库内所有建筑物所占平面面积之和。若有多层建筑，则还应加上多层面积的累计数。仓库建筑面积包括：生产性建筑面积（包括库房、货场、货棚所占建筑面积之和），辅助生产性建筑面积（包括机修车间、车库、变电所等所占建筑面积之和）和行政生活建筑面积（包括办公室、食堂、员工宿舍等所占面积之和）。

### 3. 仓库使用面积

仓库使用面积指仓库内可以用来存放商品的面积之和，即库房、货棚、货场的使用面积之和。其中库房的使用面积为库房建筑面积减去外墙、内柱、间隔墙等设施等所占的面积。

### 4. 仓库有效面积

仓库有效面积指在库房、货棚、货场内计划用于储存商品的面积之和。

### 5. 仓库实用面积

仓库实用面积指在仓库使用面积中，实际用来堆放商品所占的面积，即库房使用面积减去必需的通道、垛距、墙距及收发、验收、备料等作业区后所剩余的面积。

库房的实用面积S可用下式计算：

$$S=\frac{Q}{q}$$

式中：$S$——库房（或货棚、货场）的实用面积（m²）；

$Q$——库房（或货棚、货场）的最高储存量（t）；

$q$——单位面积商品储存量（t/m²）。

## （五）仓库平面布置与设计

仓库平面布置指对仓库的各个部分——存货区、入库检验区、理货区、流通加工区、配送备货区、通道以及辅助作业区在规定范围内进行全面合理的安排。仓库平面布置是否合理，将对仓储作业的效率、储存质量、储存成本和仓库盈利目标的实现产生很大影响。

### 1. 影响仓库平面布置的因素

（1）仓库的专业化程度

仓库专业化程度主要与库存物品的种类有关，库存物品种类越多，仓库的专业化程度越低，仓库平面布置的难度就越大；反之难度越小。各种物品的理化性质不同，储存物品种类不同，所要求的储存、保管、保养方法及装卸搬运方法也将有所不同。因此，在进行平面布置时，必须考虑不同的作业要求。

（2）仓库的规模和功能

仓储的规模越大、功能越多，则需要的设施设备就越多，设施设备之间的配套衔接成为平面布置中的重要问题，增加了布置的难度。反之则简单。

### 2. 仓库平面布置的要求

一个仓库通常由生产作业区、辅助生产区和行政生活区三大部分组成。

（1）生产作业区

它是仓库的主体部分，是商品储运活动的场所。主要包括储货区、铁路专运线、道路、装卸台等。

（2）辅助生产区

辅助生产区是为商品储运保管工作服务的辅助车间或服务站，包括车库、变电室、油库、维修车间等。

（3）行政生活区

行政生活区是仓库行政管理机构和员工办公及修憩生活的区域。一般设在仓库入口附近，便于业务接洽和管理，行政生活区与生产作业区应分开并保持一定距离，以保证仓库的安全，行政办公和居民生活的安静。

### 3. 仓库平面布置的注意事项

（1）仓库平面布置要适应仓储作业过程的要求，有利于仓储作业的顺利进行

首先注意仓库平面布置的物品流向，应该是单一的流向，尽可能采用单层设备，这样做造价低，资产的平均利用效率也高。其次，最短的搬运距离原则，应尽量减少迂回运输，专用线的布置应在库区中部，并根据作业方式、仓储商品品种、地理条件等，合理安

排库房、专用线与主干道的相对应。第三，最少的装卸环节原则，减少在库商品的装卸搬运次数和环节，商品的卸车、验收、堆码作业最好一次完成。第四，最大限度地利用空间原则，仓库总平面布置是立体设计，应有利于商品的合理存储和充分利用库容，在搬运设备大小、类型、转弯半径的限制下，尽量减少通道所占用的空间。

（2）仓库平面布置要有利于提高仓储经济效益

首先要因地制宜，充分考虑地形、地质条件，使之既能满足物品运输和存放的要求，又能避免大量的基础建设工程，并能保证仓库充分利用。其次，平面布置应与竖向布置相适应。所谓竖向布置，是指建立场地平面布局中每个因素，如库房、货场、转运线、道路、排水、供电、站台等，在地面标高线上的相互位置，既满足仓储生产上的要求，又利于排水，充分利用原有地形。第三，总平面布置应能充分、合理地使用机械化设备。我国目前普遍使用的是门式、桥式起重机等一类的固定设备，合理配置这类设备的数量和位置，并注意与其他设备的配套，便于开展机械化作业。

（3）仓库平面布置要有利于保证安全和职工的健康

仓库建设时严格执行《建筑设计防火规范》的规定，留有一定的防火间距，并有防火防盗安全设施，作业环境的安全卫生标准、环境绿化标准要符合国家的有关规定，有利于职工的身体健康。

## （六）仓库库房的结构设计

库房的结构对实现仓库的功能起着很重要的作用。因此，库房的结构设计应考虑以下几个方面。

### 1. 平房建筑和多层建筑

库房的结构，从出入库作业的合理化方面考虑，应尽可能采用平房建筑，这样储存产品就不必上下移动，因为利用电梯将储存产品从一个楼层搬运到另一个楼层费时费力，而且电梯往往也是产品流转中的一个瓶颈，许多材料搬运机通常都会竞相利用数量有限的电梯，影响库存作业效率。但是在城市内，尤其是在商业中心地区，这里的土地有限且昂贵，为了充分利用土地，多层建筑成为了最佳选择。在采用多层仓库时，要特别重视对上下楼通道的设计。

### 2. 仓库出入口和通道

仓库出入口的位置和数量是由建筑物主体结构、建筑物的开间、进深长度、库内货物堆码形式、出入库次数、出入库作业流程以及通道设置等因素所决定的。例如：面积为1500m²的一般仓库，可以设置4个出入口。普通仓库宽度、高度的尺寸大多为3.5～4m。出入口的开启方式多为拉门式、开启式以及卷帘式三种。出入口尺寸的大小是由卡车是否出入库内，所用叉车的种类、尺寸、台数、出入库次数，保管货物尺寸大小决定的。库内通道是保证库内作业顺畅的基本条件，通道应延伸至每一个货位，使每一个货位都可以直接进行作业，通道需要路面平整和平直，减少转弯和交叉现象。

### 3. 立柱间隔

库房内的立柱是出入库作业的障碍，会导致保管效率下降，因而立柱应尽可能减小。但当平房仓库横梁的长度超过25m，建立无柱仓库有困难时，则可设中间的梁间柱，使仓库成为有柱结构。不过在开间方向上的壁柱，虽然按柱子的大小可以每隔5～10m设一根，但是由于这个距离仅和门的宽度有关，仓库内又不显露出柱子，因此和梁间柱相比，设立柱比较简单。但是在开间方向上的柱间距必须和隔墙、防火墙的位置，门、库内通道的位置、天花板的宽度或是库内开间的方向上设置的卡车停车站台长度等相匹配。多层仓库在不得已的情况下才采用库内有柱的结构，其适宜的柱距为：钢筋混凝土结构为6～8m，钢架、钢筋混凝土混合结构为8～10m，预应力钢筋混凝土结构为15m。实际上，多层仓库的柱距进深方向多为4～8.5m，开间方向多为5～11.5m。

### 4．天花板的高度

由于实现了仓库的机械化、自动化，因此对仓库天花板的高度也提出了要求。即使用叉车的时候，标准提升高度是3m；而使用多段式高门架叉车的时候要达到6m。另外，从托盘装载货物的高度看，包括托盘的厚度在内，密度大且不稳定的货物，通常以1.2m为标准；密度小而稳定的货物，通常以1.6m为标准。以其倍数（层数）来看，1.2m/层×4层=4.8m，1.6m/层×3层=4.8m，因此，仓库的天花板最低高度应该是5～6m。

### 5．地面

地面构造的主要考虑因素是地面的耐压强度，地面的承载力必需根据承载货物的种类或堆码高度具体研究。通常，平房普通仓库1m²地面承载力为2.5～3吨，其次是3～3.5吨。多层仓库层数增加，地面承受负荷能力减少，一层是2.5～3吨，二层是2～2.5吨，三层是2～2.5吨，四层是1.5～2吨，五层是1～1.5吨甚至更小。地面的负荷能力是由保管货物的重量、所使用的装卸机械的总重量、楼板骨架的跨度等决定的。流通仓库的地面承载力，则必须还要保证重型叉车作业时具有足够的受力。

## 三、决策分析

仓库作为物流的重要节点设施，无论是储存型仓库、配送型仓库还是物流中心型仓库，其设置对企业的战略发展都有至关重要的影响。仓库的规划可以在SLP法的基础上进行PQRST因素法分析，确定优化的规划方案。参考SLP法，可按图1-7所示步骤形成决策方案。

```
        ┌─────────────────────────┐
        │   输入数据 P、Q、R、S、T   │
        └─────────────────────────┘
                     ↑
        ┌─────────────────────────┐
        │        规划资料分析        │
        └─────────────────────────┘
                     ↑
        ┌─────────────────────────┐
        │          流程分析         │
        └─────────────────────────┘
                     ↑
        ┌─────────────────────────┐
        │          区域分析         │
        └─────────────────────────┘
            ↙                 ↘
┌──────────────────┐   ┌──────────────────┐
│   物流相关性分析   │   │   活动相关性分析   │
└──────────────────┘   └──────────────────┘
            ↘                 ↙
        ┌─────────────────────────┐
        │        总体平面布置        │
        └─────────────────────────┘
                     ↓
┌────────────┐    ↕    ┌────────────┐
│   修正条件   │ ⇄  ⇄ │   实际制约   │
└────────────┘         └────────────┘
                     ↓
┌─────────┬─────────┬──────────┐
│  方案Ⅰ  │  方案Ⅱ  │ 方案Ⅲ… │
└─────────┴─────────┴──────────┘
                     ↓
        ┌─────────────────────────┐
        │          方案评价         │
        └─────────────────────────┘
                     ↓
        ┌─────────────────────────┐
        │         确定最佳方案       │
        └─────────────────────────┘
```

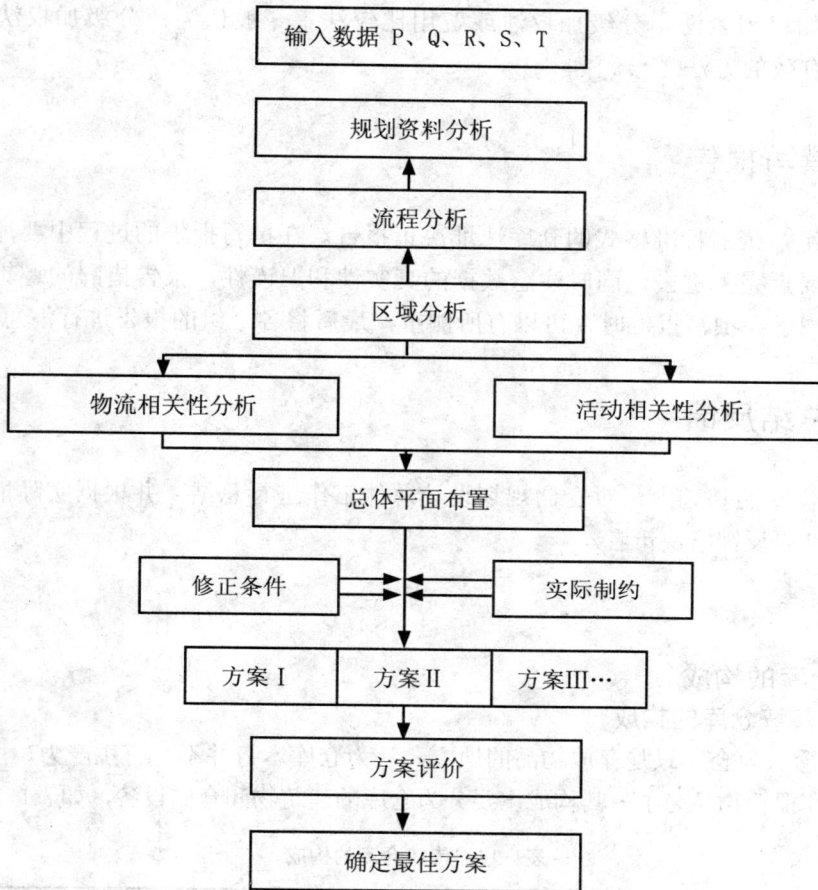

**图1-7　SLP法工作流程图**

输入数据阶段，即输入P、Q、R、S、T相关信息，并分析它们之间的相互关系。一个优化的设施布置应当使储存的运输距离最短、费用最低。为了进一步清楚地表明各生产单位之间的运量，可以根据各生产单位之间运量表绘出运量相关线图，以便帮助找出最合理的布置。通过存货的流向及流量分析，可以初步确定各个生产运作单位的相对位置，但还不够理想，还要进一步对生产运作单位之间的相互关系进行分析，以便确定它们之间活动的相对重要性和密切程度，进而确定相应设施的位置和接近程度。然后进行面积确定，计算各生产运作单位及其相应设施需要的空间和面积，并和可以利用的面积进行平衡，绘制面积关系图。将各个生产运作单位和相关设施允许占用的面积画在流量与活动相关图上，就成为面积关系图，这实质上就是一个粗略的布置图。之后调整面积关系和位置规划图，面积关系图只是一个理想方案，一般不能直接采用，必须结合一些具体条件加以修正和调整，例如存货运输方法、仓储手段、环境条件、人员需要、建筑物特点、公用设备和辅助设施以及一些实际的限制条件，如费用成本、安全保险等。经过优化分析，可将那些没有多大价值的方案排除，剩下的方案都具有一定的优点和缺点，要选出最佳方案，必须进行相关评价。评价可用优缺点比较法、加权因素法、分级加权法或费用比较法。一般认为，分级加权法是评价布置方案中最有效的方法之一。

## 四、撰写报告

学生分组，撰写标准格式的仓库选址决策报告。在撰写报告的过程中要注意把以上分析的各个要点完善进去，同时注意数据的真实性和严谨性，报告措辞的逻辑性和规范性。每一组同学在撰写报告时，可以有所侧重，最后将各个组的报告进行汇总分析。

## 五、总结反馈

在以上步骤的基础上，对仓储规划设计总体工作进行总结，并根据实际情况进行修正，最终将结果反馈给决策者。

**相关链接**

### 一、仓库的构成

#### （一）传统仓库的构成

传统观念认为仓库只是存放物品的地方，认为仓库本身并不具有生产力，所以传统仓库是以存放和保管物品为主，其构成主要分为仓库的建筑物和仓储设备，如表1-14所示。

表1-14　传统仓库的构成

| 仓库构成 | | 说明 |
|---|---|---|
| 仓库的建筑物 | 主体建筑 | 仓库的主体建筑主要分为三大类：库房、料棚和露天堆场。其中库房是封闭式的建筑，是较为常见的仓库建筑，料棚是一种简易性的仓库，为半封闭的建筑，而露天堆场主要用于短期堆放物品或者堆放环境要求不太高的货物。 |
| | 辅助建筑 | 仓库的辅助建筑是指办公室、车库、修理间、装卸作业工具储存空间等建筑物，这些建筑物一般需要与存货区保持一定的安全间隔。 |
| | 辅助设施 | 辅助设施主要有通风设施、照明设施、取暖设施、地磅以及避雷设施等。 |
| 仓储设备 | 基本仓储设备 | 在仓储管理中用于储存、保管、装卸、搬运的相关设备。例如：货架设备，托盘等集装设备，起重机、堆垛机等起重设备，叉车、传送带、手推车等装卸搬运设备等。 |
| | 其他仓储设备 | 在仓储管理中用于辅助性作业的相关设备，如消防安全设备、保养检验设备、计量设备等。 |

#### （二）自动化立体仓库的构成

自动化立体仓库是现代货架储存系统和自动化系统发展的产物，由于自动化立体仓库具有很高的空间利用率和很强的入出库能力，便于形成先进的物流系统，目前已成为企业物流和生产管理不可缺少的仓储技术，越来越受到企业的重视。自动化立体仓库是由高层货架、巷道堆垛起重机（有轨堆垛机）、入出库输送机系统、自动化控制系统、**计算机仓库管理系统**及其周边设备组成，可对集装单元物品实现机械化自动存取和控制作业的仓库，其构成如图1-8所示。

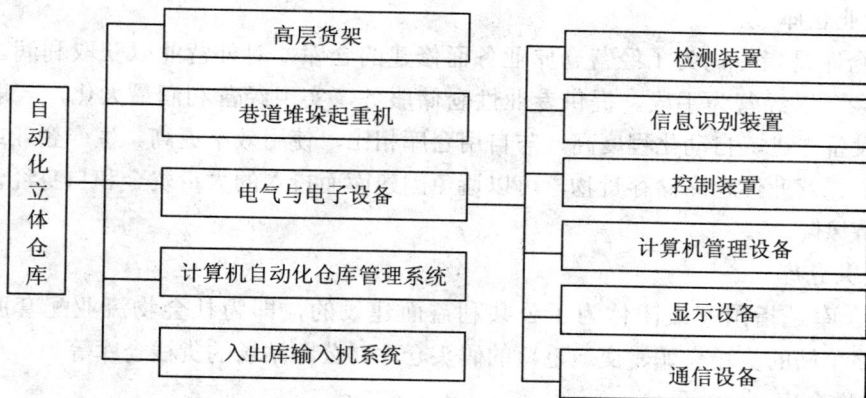

```
┌──────────────┐
│    高层货架    │
└──────────────┘
┌──────────────┐         ┌──────────────┐
│  巷道堆垛起重机  │        │    检测装置    │
└──────────────┘         └──────────────┘
┌──────────────┐         ┌──────────────┐
│   电气与电子设备  │        │   信息识别装置   │
└──────────────┘         └──────────────┘
┌──────────────────┐     ┌──────────────┐
│ 计算机自动化仓库管理系统 │   │    控制装置    │
└──────────────────┘     └──────────────┘
┌──────────────┐         ┌──────────────┐
│  入出库输入机系统 │        │  计算机管理设备   │
└──────────────┘         └──────────────┘
                         ┌──────────────┐
                         │    显示设备    │
                         └──────────────┘
                         ┌──────────────┐
                         │    通信设备    │
                         └──────────────┘
自动化立体仓库
```

**图1-8 自动化立体仓库的构成**

**1. 高层货架**

高层货架是立体仓库的主要构筑物。货架的高度是自动化立体仓库的主要参数，直接决定了仓库的运营成本。小于5m的为低层货架，5～15m的为中层货架，15m以上的为高层货架。采用高层货架进行立体储存，能有效利用空间，减少占地面积，降低土地购置费用。

**2. 巷道堆垛起重机**

巷道式堆垛机又可分为单立柱堆垛机和双立柱堆垛机，有单方向和双方向两种存取货方式，通过巷道堆垛起重机实现货物的有效堆垛，其控制精度、停准精度、保护措施也日趋完善，是自动化立体仓库的主要搬运和取送设备。

**3. 电气与电子设备**

自动化仓库中的电气与电子设备主要指检测装置、信息识别装置、控制装置、计算机管理设备、显示设备、通讯等设备等。

**4. 计算机自动化仓库管理系统**

计算机自动化仓库管理系统是立体仓库的指挥中心，通过该系统实现数据的有效输入、转换和输出，控制自动化仓库的作业活动，辅助仓储管理。

**5. 入出库输入机系统**

入出库输入机系统通过传送链（如皮带链、流利链、辊筒链等）辅助巷道堆垛机进行入库、出库的传输作业，提高运行效率。

## 二、仓库的分类

为了适应不同货物的特性和形态要求，以及物流系统自身的发展，仓库的作用和地位也有所不同，按照不同的标准，可以将仓库分为不同的类型。

### （一）按照仓库经营者的性质划分

**1. 自有仓库**

自有仓库是指各企业为了保管本公司的原料、半成品和产成品而建设的仓库。仓库的建设、保管物品的管理以及出入库等业务均处于本公司管理责任范围内。对于生产或流通企业而言，自有仓库较为常见，为了本企业经营的需要而修建附属仓库，完全用于储存本企业的货物或商品。

### 2. 营业仓库

营业仓库是指专门为了经营仓储业务而修建的仓库，对外营业以获取利润。营业仓库面向社会，以经营为手段，提供专业性仓储服务，实现经营利润最大化，一般规模较大，仓储设备先进，自动化程度高，与自用仓库相比，使用效率更高。生产企业或销售企业租赁或委托营业性仓库储存货物，可以避免因建库而投入的大量资金和自身经营仓库所带来的经济风险。

### 3. 公共仓库

公共仓库是指国家或团体为了公共利益而建设的，即为社会物流业配套服务的仓库，如铁路车站的货场仓库、交通港口的码头仓库、公路站场的货栈仓库等。

### 4. 保税仓库

保税仓库指经海关批准，在海关监管下，专供存放未办理关税手续而入境或过境货物的场所。入境存入保税仓库的货物可暂时免纳进口关税和免领进口许可证，在海关规定的存储期内复运出境或办理正式进口手续。比如供加工贸易、加工成品复出口的进口料件，海关批准的暂缓纳税的货物，转口贸易的暂存货物等都属于保税仓库允许存放的范围。

### （二）按照仓库的功能划分

### 1. 储存型仓库

储存型仓库是传统的以保管和储存货物为主的仓库，不参与流通、配送加工等作业活动，这种仓库主要是对货物进行保管，以解决生产和消费的不均衡。例如，为调节生产的季节性与消费的常年性之间的不均衡，将季节性生产的大米储存到第二年卖。

### 2. 中转型仓库

中转型仓库处于货物运输系统的中间环节，以节点的形式存放待转运的货物。这类仓库是货物在不同运输方式之间的转换节点或者是同种运输方式的衔接节点，一般设在水路运输的港口码头、铁路和公路运输的场站附近。

### 3. 配送型仓库

配送型仓库除具有保管功能之外，还具有装配、简单加工、包装、理货以及配送功能，具有运转快、附加值高、时间性强的特点，从而减少流通过程中商品停滞所耗的费用。该类型仓库主要为特定的用户服务，追求的是发货、配送和流通加工环节的功能，强调配送效率和出入库频率而弱化了储存功能，很大程度上减轻了客户自身的采购和仓储压力，货物流动性较强。

### 4. 加工型仓库

加工型仓库主要是进行流通加工，随着物流企业仓储的发展，仓库的加工作业功能对辅助储运、促进销售、强化服务起着愈加重要的作用，除商品储存外，对商品进行挑选、整理、分级、包装、信息处理等，以便于商品适应消费市场的需要。

#### 5．物流中心型仓库

物流中心型仓库是一种面向社会提供公共物流服务的仓库，具有采购、储存、流通加工、发货配送等功能，是功能齐全的综合性仓库。其特点是货物在库的保管时间短、周转率高、出入库率高、配套设施齐全、机械化自动化和信息化程度高，并提供多种服务，物流中心型仓库一般辐射范围大、物流服务水平高。

### （三）按照保管物品的种类划分

#### 1．原料、产品仓库

这种仓库是企业为了保证生产和销售的连续性，专门用于存储原材料、半成品或成品的仓库。

#### 2．商品、物资综合仓库

这种仓库是商业、物资、外贸部门为了保证市场供应，解决季节时差，用于存储各种商品、物资的综合性仓库。

#### 3．农副产品仓库

这种仓库是经营农副产品的企业专门用于存储农副产品的仓库，或经过短暂存储进行加工后再运出的中转仓库，如国家粮食储备库。

#### 4．战略物资储备仓库

这种仓库是由国家或一个主管部门修建的仓库，用于储备各种战略物资，应对自然灾害和意外事件，也包括部队后勤物资仓库等。

### （四）按照保管条件划分

#### 1．普通仓库

普通仓库是指一般的常温仓库，储存的货物以干货为主，货物对存储场所没有特殊要求，与之配套的装卸搬运设备多数采用通用性设备，库房构造都较为简单，适用范围广。

#### 2．冷藏、保温、恒温、保湿仓库

这类仓库是指所储存货物对仓库内的温度和湿度有特别要求的仓库，在仓库内部设有专门的温度、湿度控制装备。具体又可以细分为冷藏仓库、保温仓库、恒温仓库、保湿仓库、冷冻仓库等。

#### 3．特种仓库

特种仓库指针对货物的特殊性能或特别保管条件而设计的专业仓库，其建筑构造和安全设施也都与普通仓库不同。如为具有易燃易爆性、腐蚀性、放射性、毒害性的危险化学品等而设立的专用仓库。

#### 4．水上仓库

水上仓库是将水面作为货物储存场所的仓库，如漂浮在水面储存货物的趸船、囤货船、浮驳等。

### （五）按照建筑结构形态划分

#### 1．平房仓库

平房仓库是最常见、使用很广泛的一种仓库建筑类型，多为结构简单的平房，建设投资较少且作业方式简单，适于叉车等搬运设备，缺点是仓储容量较小。

### 2．多层仓库

多层仓库指两层或两层以上的仓库建筑物，因受土地限制一般建设在城市拥挤地区，可以减少土地占用面积，多采用先进的自动化搬运设备以克服货物上下移动作业不便的问题，提高仓容量。

### 3．立体仓库

立体仓库又称高层货架仓库，是一种特殊的单层仓库。它利用高层货架堆放货物，一般与之配套的是在库内采用自动化的搬运设备，当采用自动化的堆存和搬运设备时，便成为自动化立体仓库。

### 4．其他建筑形式仓库

其他建筑形式的仓库还有露天堆场、简易仓库和筒仓等。露天堆场是用于货物露天堆放的场所，一般所堆放货物都是大宗原材料，或不怕受潮的货物；简易仓库是指临时搭建的代用仓库的场所；筒仓是用于存放散装的小颗粒或粉末状货物的封闭式仓库，一般至于高架之上，如存放水泥、化肥等。

## 三、仓储方案的类型

### （一）自营

企业自己拥有仓库的所有权以及使用权。这样企业具有较大的自由，能比较快地适应市场的变化，灵活度较高，且经营成本比外包低，但是初期投资较高。

### （二）外包

第三方物流公司：企业可以将各种货物存放到第三方物流公司的仓库中，由第三方公司代为管理，企业需支付一定的费用。适合于库存期较短的货物。

租赁公司：长期租用某一完整的仓库空间，仓库所有权为他人所有，租用者仅拥有仓储作业的控制权。适合于存放期较长的货物。

### （三）自有仓储与外包仓储的成本比较（如图1-9所示）

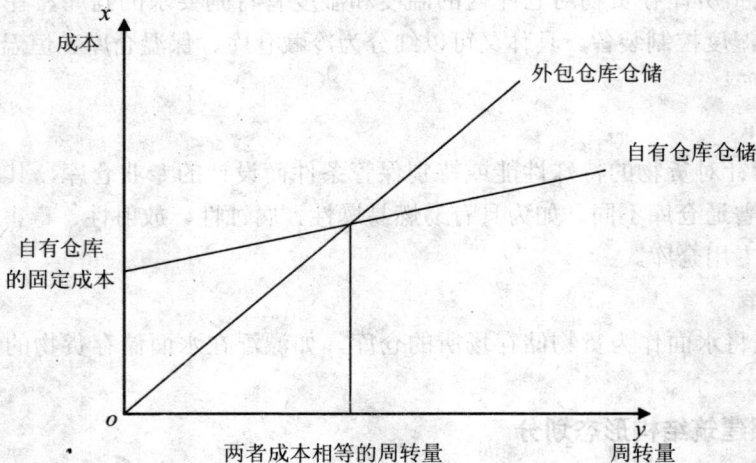

图1-9　自有仓库仓储与外包仓储的成本比较

## 能力训练

1. 将学生分为三组，安排第一组到制造企业仓库参观，观摩日常工作流程和相关单据的填写，并写出制造企业仓库管理总结；安排第二组学生到连锁超市调查连锁超市日常出入库管理盘点情况，并写出连锁企业仓库管理总结；安排第三组学生到现场招聘会，收集企业招聘仓储管理员的相关要求，并写出仓储管理员人才市场分析报告。

2. 案例分析。

### 家乐福配送中心选址情况

根据经典的零售学理论，一个大卖场的选址需要经过几个方面的测算：第一，商圈里的人口消费能力。需要对这些地区进行进一步的细化，计算这片区域内各个小区的详细的人口规模和特征，计算不同区域内人口的数量和密度、年龄分布、文化水平、职业分布、人均可支配收入等指标。家乐福的做法还会更细致一些，根据这些小区的远近程度和居民可支配收入，再划定重要的销售区域和普通的销售区域。第二，需要研究这片区域内的城市交通和周边商圈的竞争情况。设在上海的大卖场都非常聪明，例如，家乐福古北店周围的公交线路不多，家乐福就干脆自己租用公交车在一些固定的小区穿行，方便这些较远的小区居民上门一次性购起一周的生活用品。

当然，未来潜在的销售区域会受到很多竞争对手的挤压，所以家乐福也会将未来所有的竞争对手考虑进去。

家乐福自己的一份资料指出，有60%的顾客在34岁以下，70%是女性，有28%的人步行，45%通过公共汽车而来。所以很明显，大卖场可以依据这些目标顾客的信息来微调自己的商品线。能体现家乐福用心的是，家乐福在上海的每家店都有小小的不同。例如，在虹桥店，因为周围的高收入群体和外国侨民比较多，其中外国侨民占到了家乐福消费群体的40%，所以虹桥店里的外国商品特别多。南方商场的家乐福因为周围的居住小区比较分散，便在商场里开了电影院和麦当劳，增加自己吸引较远人群的力度。青岛的家乐福做得更到位，因为有15%的顾客是韩国人，所以干脆做了许多韩文招牌。

**案例思考题：**

（1）按仓库所起的作用分类，家乐福属于何种仓库？

（2）结合案例，谈谈仓库选址需要考虑哪些因素？

（3）结合案例分析仓库选址的注意事项。

# 学习情境二　入库组织与作业

入库组织与作业在本课程中属于重要内容之一，入库的工作质量，直接影响到商品的储存保管以及出库作业等工作的顺利进行，该任务的掌握对后面任务的实施有重要影响。通过该任务的学习能使学生熟练掌握仓储实务中的入库作业流程。

本学习情境的具体实施过程包括三个任务：①货物入库准备；②入库货物检验；③货物入库手续办理。如图2-1所示。

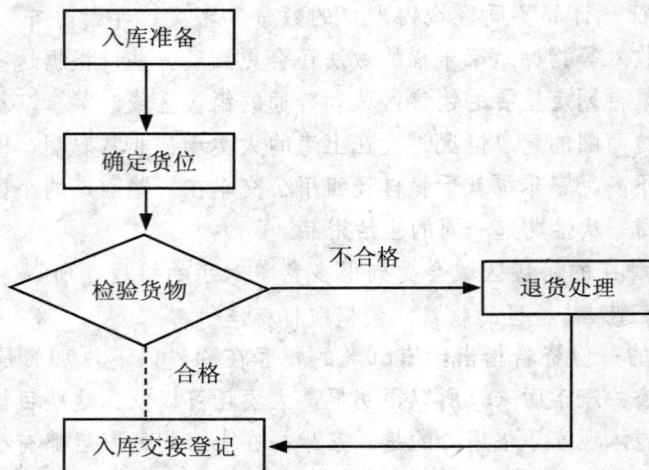

图2-1　入库组织与作业的实施过程

## 学习目标

**1. 技能目标：** 能够整合仓库资源，做好入库货物的接收准备工作；能够熟练完成入库货物的接运、验收操作，处理特殊情况；能够熟练地应用仓储管理软件进行输单操作等入库登记的手续；能够熟练使用与入库作业相关的仓储设施与设备；能够熟练进行入库现场指挥和入库交接管理工作。

**2. 知识目标：** 熟练掌握货物入库环节的操作流程及相关知识；具备处理特殊情况的应变能力与一定的仓储管理软件知识；掌握仓储设施与设备的种类及其功能知识；了解货物接收、验收的方式方法。

**3. 素质延伸：** 具备团队合作的职业素养，能够与货主、送货司机、上下级同事以及相关工作人员协作；具备勤劳、踏实、负责的工作态度。

## 任务导入

### 999集团的存货内控制度（以入库为例）

999集团进库业务的流程、步骤完成时间、涉及部门及岗位步骤说明。

一、仓库收料员/仓库质检员

供应商送货至仓库，仓库收料员核对到货计划和供应商发运单，仓库质检员协助收料员检验外观是否完好、标签与物料是否一致、供应商是否已经核准，收料员与供应商送货员共同清点数目。

二、仓库收料员/仓库质检员

质检员和收料员初检合格的物料进入仓库待检区，收料员开临时入库单，供应商送货员和收料员分别在临时入库单上签字，临时入库单一式四联，第一联存根联，第二联仓库记账联，第三联客户联，第四联总统计员记账联。收料员将第三联客户联交供应商送货员，第二联仓库记账联和第四联总统计记账联每日汇总交仓库统计员，仓库统计员将第二联作为仓库三级明细账记账凭证，将第四联传递给总统计员，作为仓库二级明细账记账凭证，第一联收料员留存。

三、仓库收料员/供应部

采购经理初检不合格的物料，收料员拒收，填写物料拒收记录并通知供应部采购经理。

四、仓库质检员/质量技术部

仓库质检员对进入待检区的物料，根据取样标准进行随机抽样，开出请验单。请验单一式两联，第一联连同送检物料交质量技术部质检员，第二联仓库质检员留存。

五、质量技术部质检员

质量技术部质检员完成检验程序，出具质检报告书。

六、出具质检

报告当日质量技术部质检员/仓库质检员/供应部总统计员质检报告书（一式四联），第一联质量技术部留存，其余三联交仓库质检员，仓库质检员将第二联与对应请验单一并留存，第三联和第四联交仓库统计员和总统计员出具质检报告。当日仓库质检员/仓库收料员/仓库质检员通知收料员质检结果，在货物位置卡上填上质检报告书，出具日期和检验结果，收料员将物料由待检区移入合格区或不合格区放置并出具质检报告。当日仓库质检员/供应部采购经理/仓库质检员将不合格物料的检验结果通知供应部采购经理，由采购经理联系供应商补货出具质检报告。当日仓库统计员/总统计员/仓库统计员收到质检合格报告书，做备查登记并将第四联传递给总统计员，总统计员开出正式入库单，作为仓库二级明细账的物料入库凭证并出具质检报告。当日仓库统计员/总统计员/仓库统计员收到质检不合格报告书，作入库冲红单并将质检报告书第四联传递给总统计员，总统计员作备查登记单据及报告，包括：临时入库单、正式入库单、请验单、质检报告书、物料拒收记录。

**分析归纳**：在存货的内部控制制度上，999集团是成功的案例，成功在企业存货内部控制的每个环节都强调程序化、规范化，严格按程序办事，某一个环节出现问题，会很快在其他环节发现，杜绝个人作弊的可能。

# 任务一　货物入库准备

## 任务书

仓库应根据仓储文件（如仓储合同、入库单、入库计划），使用叉车、托盘和商品称量工具等，完成入库车辆调度，仓位、货位、人员及设备安排等，并在仓储管理软件中完成相应的预入库安排，以便货物能按时入库，保证入库过程顺利进行。仓库的入库准备需要由仓库的业务部门、仓库管理部门、设备作业部门分工合作，共同做好货物入库工作。

## 任务目标

**1．技能目标：**能够熟练安排对入库车辆的调度，能够准确安排货仓和货位，能够基本合理地组织理货现场所需要的人员与设备、工具等，能够熟练地运用电脑输印货物预入库凭证。

**2．知识目标：**能够基本说出仓库设备的种类、功能和操作要点，能够熟练应用货位编码知识，能够熟练应用仓储管理软件等。

**3．素质延伸：**具备系统的思想，全局的观念，培养学生精益求精、效率最大化的意识。

## 理论知识

## 一、货物入库接收准备工作

### 1．熟悉入库货物

仓库业务、管理人员应认真查阅入库货物资料，必要时向存货人询问，掌握入库货物的品种、规格、数量、包装状态、单个体积、到库确切时间、货物存期、货物的理化特性、保管的要求等，据此进行精确和妥善的库场安排、准备。

### 2．掌握仓库库场情况

了解在货物入库期间和保管期间仓库的库容、设备、人员的变动情况，以便安排工作。必要时对仓库进行清查，清理归位，以便腾出仓容。如有必须使用重型设备操作的货物，一定要确保该货位可使用设备。

### 3．制订仓储计划

仓库业务部门根据货物情况、仓库情况、设备情况，制订仓储计划，并将任务下达到各相应的作业单位、管理部门。

### 4．仓库妥善安排货位

仓库部门根据入库货物的性能、数量、类别，结合仓库分区分类保管的要求，核算货位大小，根据货位使用原则，妥善安排货位、验收场地，确定堆垛方式、苫垫方案。

### 5. 做好货位准备工作

仓库员要及时进行货位准备，彻底清洁货位，清除残留物，清理排水管道（沟），必要时安排消毒、除虫、铺地。详细检查照明、通风等设备，发现损坏及时报修。

### 6. 准备苫垫材料、作业用具

在货物入库前，根据所确定的苫垫方案准备相应的材料，并组织衬垫铺设作业。对作业所需的用具要准备妥当，以便能及时使用。

### 7. 验收准备

仓库理货人员根据货物情况和仓库管理制度，确定验收方法。准备好验收所需的点数、称量、测试、开箱装箱、丈量、移动照明等工具和用具。

### 8. 装卸搬运工艺设定

根据货物、货位、设备条件、人员等情况，合理科学地制定卸车搬运工艺，保证作业效率。

### 9. 文件单证准备

仓库员对货物入库所需的各种报表、单证、记录簿等，如入库记录、理货检验单、料卡、残损单等预填妥善，以备使用。

由于不同仓库、不同货物的性质不同，入库准备工作会有所差别，需要根据具体实际和仓库制度做好充分准备。

### 10. 货物入库涉及的工作人员

货物入库涉及的工作人员有输单员、送货车辆调度员、理货员、叉车司机、搬运工等。

## 二、仓库设施与设备

仓储工作中所使用的设备按其用途和特征可以分成装卸搬运设备、保管设备、计量设备、养护检验设备、通风保暖照明设备、消防安全设备、劳动防护设备以及其他用途设备和工具等。在仓库设备的具体管理中，则应根据仓库规模的大小进行恰当分类。

### （一）装卸搬运设备

装卸搬运设备是用于商品的出入库、库内堆码以及翻垛作业。这类设备对改进仓储管理，减轻劳动强度，提高收发货效率具有重要作用。

目前，我国仓库中所使用的装卸搬运设备通常分成三类：

#### 1. 装卸堆垛设备

装卸堆垛设备包括桥式起重机、轮胎式起重机、门式起重机、叉车、堆垛机、滑车、跳板以及滑板等。

#### 2. 搬运传送设备

搬运传送设备包括电平搬运车、皮带输送机、电梯以及手推车等。

#### 3. 成组搬运工具

成组搬运工具包括托盘、网络等。

### （二）保管设备

保管设备是用于保护仓储商品质量的设备。主要为以下几种：

**1. 苫垫用品**

起遮挡雨水和隔潮、通风等作用。包括：苫布（油布、塑料布等）、苫席、枕木、石条等。苫布、苫席用在露天堆场。

**2. 存货用具**

存货用具包括各种类型的货架、货橱。

货架：即存放货物的敞开式格架。根据仓库内的布置方式不同，货架可采用组合式或整体焊接式两种，整体式的制造成本较高，不便于货架的组合变化，因此较少采用。货架在批发、零售量大的仓库，特别是立体仓库中起很大的作用。它便于货物的进出，又能提高仓库容积利用率。

货橱：即存放货物的封闭式格架。主要用于存放比较贵重的或需要特别保护的商品。

### （三）计量设备

计量设备是用于商品进出时的计量、点数，以及货存期间的盘点、检查等。如：地磅、轨道秤、电子秤、电子记数器、流量仪、皮带秤、天平仪以及较原始的磅秤、卷尺等。随着仓储管理水平的提高，现代化自动计量设备将会被更广泛地应用。

### （四）养护检验设备

养护检验设备是指商品进入仓库验收和在库内保管、测试、化验以及防止商品变质、失效的机具、仪器。如：温度仪、测潮仪、吸潮器、烘干箱、风幕（设在库门处以隔内外温差）、空气调节器、商品质量化验仪器等。在规模较大的仓库这类设备使用较多。

### （五）通风保暖照明设备

通风保暖照明设备是根据商品保管和仓储作业的需要而设立的。

### （六）消防安全设备

消防安全设备是仓库必不可少的设备。它包括：报警器、消防车、手动抽水器、水枪、消防水源、砂土箱、消防云梯等。

## 三、货物入库需要准备的工具

（1）电脑及仓储管理软件。

（2）称量工具（如卷尺）。

（3）单据和表格（包括：进仓通知、预入单、小标签等）。

（4）其他：订书机或胶水、包装袋、签字笔等。

**相关链接**

### 一、托盘的分类

按照托盘的适用性，可以将托盘分为通用托盘和专用托盘两大类。

#### （一）按托盘的结构分类

**1. 平托盘**

托盘，一般是指平托盘（如图2-2所示）。由双层板或单层板加底脚支撑构成，无上层装置，在承载面和支撑面间夹以纵梁，可使用叉车或搬运车等进行作业。

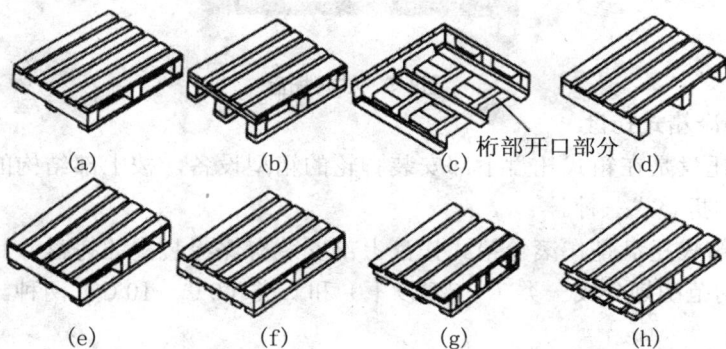

图2-2　平托盘

**2. 网箱托盘**（如图2-3所示）

以平托盘为底，上面有箱形装置。四壁围有网眼板或普通板，顶部可以有盖或无盖。可用于存放形状不规则的物料。

**3. 箱式托盘**（如图2-4所示）

有固定式、可卸式和折叠式三种，一般下部可叉装，上部可吊装，并可进行堆码（一般为四层）。金属箱式托盘可用于热加工车间集装熟料。

图2-3　网箱托盘

图2-4　箱式托盘

**4. 柱式托盘**（如图2-5所示）

柱式托盘是在平托盘基础上发展起来的，其特点是在不挤压货物的情况下可进行码垛（一般为四层）。托盘上的立柱大多采用可卸式，高度为1200mm左右，立柱的材料多为钢制，负荷重3吨，自重30千克左右。多用于包装物料、管材等的集装。柱形托盘还可进一步分成固定式（四角支柱与底盘固定联接在一起）和可拆装式，近年来在国外迅速推广。

图2-5　柱式托盘

### 5．滚轮保冷箱式托盘

滚轮箱式托盘是在箱式托盘下部安装脚轮的箱型设备，按上部结构的形式可分为固定式、可卸式和折叠式三种。

滚轮保冷箱式托盘是在滚轮箱式托盘上部安装有保冷装置的托盘，其保冷功能根据物品温度管理的范围划分成一类（-18℃以下）和二类（0℃～10℃）两种。

### 6．滑动板

滑动板是瓦楞纸、板纸或塑料制的板状托盘，也叫薄板托盘，具有轻、薄、价廉的特点，但需要带有特殊附件的叉车进行装卸。

### （二）按制作的材料分类

按制作的材料分，托盘有木托盘、胶合板托盘、钢托盘、铝托盘、纸制托盘、塑料托盘等多种。

### 1．塑料托盘

塑料托盘与钢托盘、木托盘相比具有质轻、平稳、美观、整体性好、无钉无刺、无味无毒、耐酸、耐碱、耐腐蚀、易冲洗消毒、不腐烂、不助燃、无静电火花、可回收等优点，使用寿命是木托盘的5～7倍，是现代化运输、包装、仓储的重要工具，是国际上规定的用于食品、水产品、医药、化学品、立体仓库等各企业之储存必备器材，但由于成本较高，使用尚未普及。

### 2．金属托盘

金属托盘的明显优点是承重能力强、结构牢靠、不易损坏；缺点也很明显，即自身重量大、容易锈蚀。

### 3．纸质托盘

纸质托盘因无虫害、环保、价格低廉以及承重能力强等优点，目前正成为关注的焦点。

常见的纸质托盘有四种：阿贝纸托盘：以牛皮纸为基本原料所生产的托盘；蜂窝纸托盘：以蜂窝纸为基本原料所生产的托盘；瓦楞纸托盘：以瓦楞纸为基本原料所生产的托盘；滑托盘：以高质牛皮纸为原料所生产的新型托盘。

正确使用纸质托盘的原则是：

（1）承载物应均匀平整地摆放在托盘上，保证托盘表面均匀受力。

（2）在使用叉车提升货物前，应保证叉车工作臂完全进入到托盘内（工作臂进入深度不应低于托盘2/3深度），提升货品时应保证叉车工作臂保持水平。

（3）使用叉车时，切勿直接推拉或撞击托盘，严重的碰撞会令纸托盘损毁。

（4）纸托盘是根据用户特殊需要而设计制造的。用户只能将该托盘用于专门货品。

（5）员工切勿站立在纸托盘上，以免破坏托盘的结构，同时避免对员工人身造成伤害。

（6）纸质托盘应放在室内干燥处，因为弄湿的纸托盘会影响承托效果。

### 4．冷冻托盘

冷冻托盘是指一种将特种产品所需环境及使用要求结合在一起的技术装置。这是一个冷冻装运设备（尺寸与一个装运托盘差不多），可放置于一辆普通的干燥货车内，作为一个"拼装"运输。它消除了对冷冻卡车的依赖性，使易坏产品的即时送货成为可能。像冷冻托盘这样的复合技术有助于一批产品迅速有效地流动，它通过控制温度以延长商品的寿命及适销性，被新鲜食品、鲜花、化工产品、医疗及冷凉食品所采用。

## 二、常用的货架类型

货架的分类方法有很多，在现代化的仓库中，常用的货架结构形式有层架式货架、托盘式货架、窄巷道型货架、驶入式货架、驶出式货架、流动式货架、后推式货架、旋转式货架、移动式货架、悬臂式货架和阁楼式货架等。

### （一）层架式货架

层架式货架（如图2-6所示）的应用非常广泛，层架结构简单，适用性强，有利于提高空间利用率，方便作业，是人工作业仓库主要存储设备。

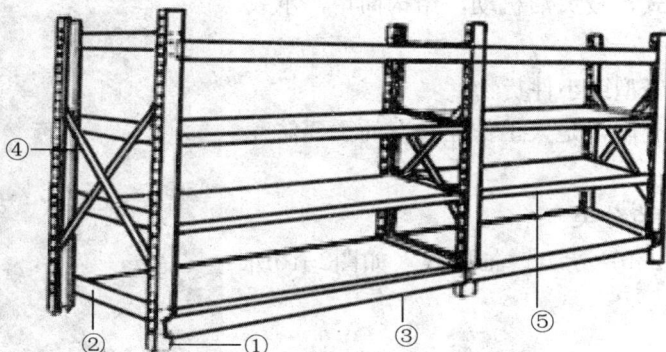

货架部件名称：　　　　　　　货架规格:mm

①—立柱　　　　　　　　　高　　1800～2500

②—托板　　　　　　　　　宽　　1000～1500

③—拉杆　　　　　　　　　深　　500～800

④—交叉　　　　　　　　　层数　3～5

⑤—层板　　　　　　　　　负载　100～150Kg/层

图2-6　层架式货架

### 1. 按存放货物的重量分类

按层架存放货物的重量分类，可以分为重、中型（如图2-7所示）和轻型层架（如图2-8所示）。

图2-7　重、中型货架

图2-8　轻型货架

（1）中、重型货架的特点和用途

①一般采用固定式层架，坚固、结实，承载能力强；

②储存大件或中、重型物资，配合叉车等使用；

③能充分利用仓容面积，提高仓储能力。

（2）轻型货架的特点和用途

①一般采用装配式，较灵活机动，结构简单，承载能力较差；

②适于人工存取轻型或小件货物；

③存放物资数量有限，是人工作业仓库的主要储存设备。

### 2. 按货架结构特点分类

有层格式（如图2-9所示）、抽屉式（如图2-10所示）等类型。

图2-9　层格式货架

图2-10　　抽屉式货架

（1）层格式货架特点和用途

①每格原则上只能放一种物品，不易混淆；

②其缺点是层与层之间光线暗，物料存放数量少；

③主要用于规格复杂、多样，必须互相间隔开的物品。

（2）抽屉式货架特点和用途

①主要用于存放中小型模具，通常每层承载量小于500千克；重型抽屉式货架可用于存放特重型模具和货物。

②可存放比较贵重或怕尘土、怕湿的小件物品。

**（二）托盘货架**

托盘货架是以托盘单元来保管货物的货架（如图2-11），是机械化、自动化货架仓库的主要组成部分。托盘货架使用广泛、通用性强。其结构是货架沿仓库的宽度方向分成若干排，其间有一条巷道，供堆垛起重机、叉车或其他搬运机械运行，每排货架沿仓库纵长方向分为若干列，在垂直方向又分成若干层，从而形成大量货格，得以用托盘存储货物。托盘货架的优点有：

（1）每一块托盘均能单独存入或移出，不需移动其他托盘。

（2）适用于各种类型的货物，可按货物尺寸要求调整横梁高度。

（3）配套设备简单，成本低，能快速安装及拆除。

（4）货物装卸迅速，主要适用于整托盘出/入库或手工拣选的场合。

这种货架适用于品种适中、批量一般的储存。通常以在高6m以下的3～5层为宜。此外，它的出/入库不受先后顺序的影响，一般叉车都可使用。

图2-11 托盘式货架

### （三）窄巷道型货架

窄巷道型货架的通道仅比托盘稍宽，继承了托盘式货架对托盘存储布局无严格要求的特点，能充分利用仓库面积和高度，具有中等存储密度。但是窄巷道货架需用特殊的叉车或起重机进行存取作业，同时还需要其他搬运机械配套，周转时间相比传统的货架长。由于货架不仅有储存托盘的功能，还需有支撑和加固搬运设备的功能，因此对结构强度和公差配合要求极为严格，必须综合考虑，精确设计、安装。窄巷道型货架也可以同时集成货物暂存平台，大幅度提高存储效率。

### （四）驶入式货架

如图2-12所示，是一种不以通道分割，连续性的整栋式货架，在支撑导轨上，托盘按深度方向存放，一个紧接着一个，这使得高密度存储成为可能，货物存取从货架同一侧进出，"先存后取，后存先取"。平衡重力式及前移式叉车可方便地驶入货架中间存取货物。

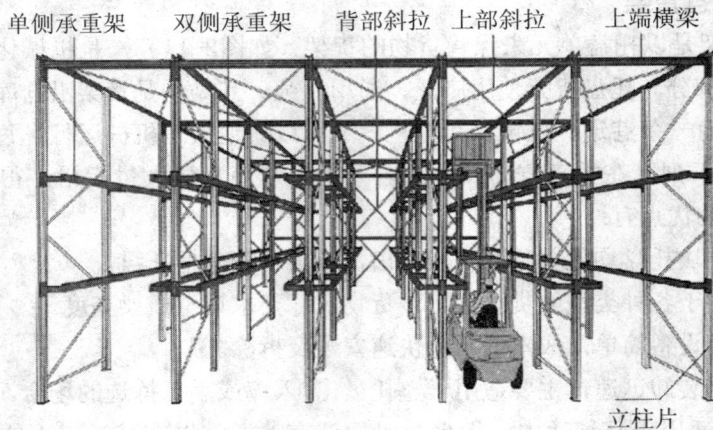

图2-12　驶入式货架

驶入式货架投资成本相对较低，因为叉车作业通道与货物保管场所合一，仓库面积利用率大大提高；但同一通道内的货物品种必须相同或同一通道内的货物必须一次完成出/入库作业。适用于横向尺寸较大、品种较少、数量较多且货物存取模式可预定的情况，常用来储存大批相同类型货物。由于其存储密度大，对地面空间利用率较高，常用于**冷库**等存储空间成本较高的地方。其特点是：储存密度高、仓容利用率高，库容利用率可达90%；存取性差，适合少品种大批量储存；托盘质量和规格要求较高，托盘长度需在1300mm以上，不宜太长太重物品的存储。

### （五）驶出式货架

驶出式货架与驶入式货架不同之处在于驶出式货架是贯通的，前后均可安排存取通道，可实现先进先出管理。如图2-13所示。

**图2-13  驶出式货架**

### （六）流动式货架

流动式货架又称重力式货架，如图2-14所示。这种货架的一端较高，其通道作为**放**大货架用，另一侧较低，倾斜布置，其通道作为出货用。由于货物放在滚轮上，货架向出货方向倾斜，因此可以利用重力使货物向出口方向自动下滑，以待取出。存货时托盘从**货**架斜坡高端送入滑道，通过滚轮下滑，逐个存放；取货时从斜坡底端取出货物，其后的托盘逐一向下滑动待取，托盘货物在每一条滑道中依次流入流出。这种储存方式在排与排之间没有作业通道，大大提高了仓库面积利用率。仓库利用率极高，运营成本较低，使用时，最好同一排、同一层上存放相同的货物或一次同时入库和出库的货物。此外，当通道较长时，在导轨上应设置制动滚道，以防止终端加速度太大。

流动式货架的使用特点如下：

（1）适用于大量储存、短时发货的货物。

（2）适用于先进先出货品的存放。

（3）空间利用率可达85%。

（4）适合与一般叉车配套存取货物。

（5）高度受限，一般在6m以下。

托盘流动式货架的储存空间比一般托盘货架的储存空间多50%左右。

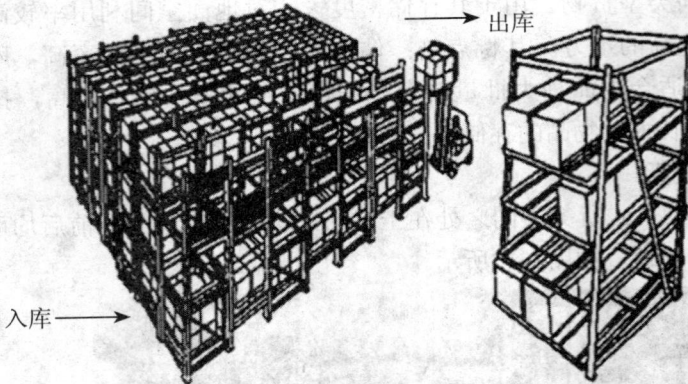

图2-14 流动式货架

### （七）旋转式货架

旋转式货架操作简单，存取作业迅速，适用于电子原件、精密机械等小批量、多品种小物品的储存及管理。通过计算机控制，可实现自动存取和自动管理。此外，旋转式货架的空间利用率很高。其特点为：

（1）节省人力，增加空间。

（2）由标准化的组件构成，可适用于各种空间配置。

（3）存取入/出口固定，货品不易丢失。

（4）计算机快速检索和寻找储位，拣货快捷。

（5）取料口高度符合人机学，作业人员可长时间工作。

旋转式货架又可分为水平旋转式货架和垂直旋转式货架两种。

①水平旋转式货架（如图2-15所示）的结构特点是：本身在动力输送机械的带动下可在水平面内沿着一定的环形路线运行。需要提取某种货物时，操作人员给出相应的指令，相应的一组货架便开始运转，当装有该货物的货架到达拣选位置时，货架便停止运转。操作人员即可从中拣出货物，然后再给指令，使货架回位。

图2-15 水平旋转式货架      图2-16 垂直旋转式货架

②垂直旋转式货架（如图2-16所示）与水平旋转式货架的结构原理相似，只是改变了旋转方向，将货架在水平面内的旋转运动改为在垂直面内的旋转运动。作业人员通过操作盘向货架系统发出指令，货架系统则根据操作指令既可以正转也可反转，使需要提取的货物降落到最下面的取货位置上。这种垂直循环式货架特别适用于储存小件物品。

### （八）移动式货架

移动式货架（如图2-17所示）是一种在货架的底部安装有运行车轮，可在地面上运行的货架，按驱动方式不同可分为人力推动式、摇把驱动式和电动式货架。

移动式货架因为只需要一个作业通道，可以提高仓库面积的利用率，广泛应用于办公室存放文档，图书馆存放档案文献，金融部门存放票据，工厂车间及仓库存放工具、物料等。适用于库存品种多，出入库频率较低的仓库；或库存频率较高，但可按巷道顺序出入库的仓库。

移动式货架的特点是：

（1）储存量较大，能大大节省空间。

（2）适合少品种、大批量、低频率保管。

（3）节省面积，地面使用率高达80％。

（4）可直接存取每一项货品，不受先进先出的限制。

（5）高度可达12m，单位面积的储存量可达托盘货架的2倍。

图2-17　移动式货架

### （九）后推式货架

后推式货架（如图2-18所示）是一种高密度托盘储存系统，它是将相同货物的托盘**存入**二、三和四倍深度又稍微向上倾斜可伸缩的轨道货架上，托盘的存放和取出是在同一**通道**上进行的，存入时叉车将托盘逐个推入货架深处，取出时托盘借重力逐个前移，因而**最先**放入的托盘是在最后取出的。该系统既能达到驶入型货架的仓容量，又能达到托盘流**动式**货架的取出能力。

后推式货架的特点是：

（1）当某产品的托盘数量较大而又不要求"先进先出"时，能简化工作程序，效益**极为**显著。

（2）可缩短拣取时间，不需要特殊的搬运设备。

（3）由于储存面积较多，通道较少，故空间利用率和生产率高。

（4）能避免高密度储存货架在装卸作业中常易产生的货损现象。

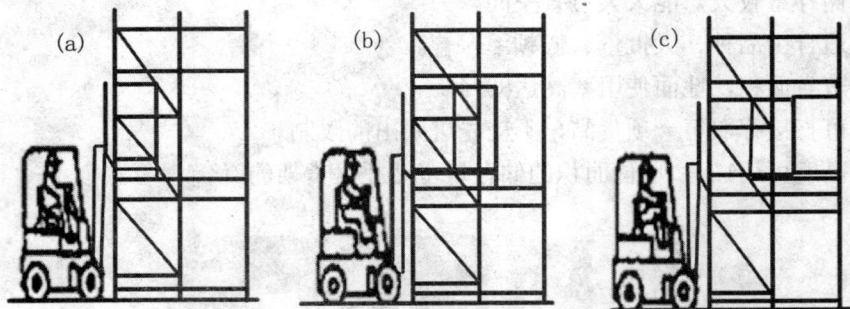

图2-18 后推式货架

### （十）悬臂式货架

悬臂式货架（如图2-19所示），适合存储长、大件货物和不规则货物，诸如钢铁、**木材**、塑料等，其前伸的悬臂具有结构轻巧、载重能力好的特点。如果增加搁板，特别适**合**空间小、高度低的库房，一般高在6m以下为宜，空间利用率低，约35%～50%。

图2-19 悬臂式货架

### （十一）阁楼式货架

阁楼式货架（如图2-20所示）采用木板、花纹板、钢板等材料做楼板，可灵活设计成二层及多层，适用于五金工具、电子器材、机械零配件等物品的小包装散件储存。存放多品种、少批量货物时可充分利用空间。

阁楼式货架的特点为：

（1）提高储存高度，有效增加空间利用率。

（2）上层不适合重型搬运设备行走，仅放轻量物品。如上层存放箱、包和散件，下层存放托盘。

（3）存取作业效率低。

（4）用于仓库场地有限而存放物品品种较多的仓库。

（5）用于存放储存期较长的中小件货物。

图2-20 阁楼式货架

## 三、叉车

以下我们将具体介绍在仓储系统中常用的几种叉车类型。

### （一）手动托盘车与电动托盘车

手动托盘车（如图2-21a所示）、电动托盘车都是用于平面点到点搬运的工具。小巧灵活的体型使手动托盘车几乎适用于任何场合，但是由于是人工操作，搬运2吨或以上重量的物品相对比较吃力，所以通常用于15m左右的短距离频繁作业，尤其是装卸货区域。在未来物流各环节中，手动托盘车也将承担各个运输环节之间的衔接作用，在每一辆货车上都配备一辆手动托盘车，将使得装卸作业更加快捷方便，并且不受场地限制。

当平面搬运距离在30m左右时，步行式的电动托盘车（如图2-21b所示）无疑是最佳选择，行驶速度通过手柄上的无级变速开关控制，跟随操作人员的步行速度，在降低人员疲劳度的同时，保证了操作的安全性。如主要搬运路线距离在30m以上至70m左右时，可以采用带踏板的电动托盘车，如图2-21c所示。驾驶员站立驾驶，速度与人工搬运相比可提高60%左右。

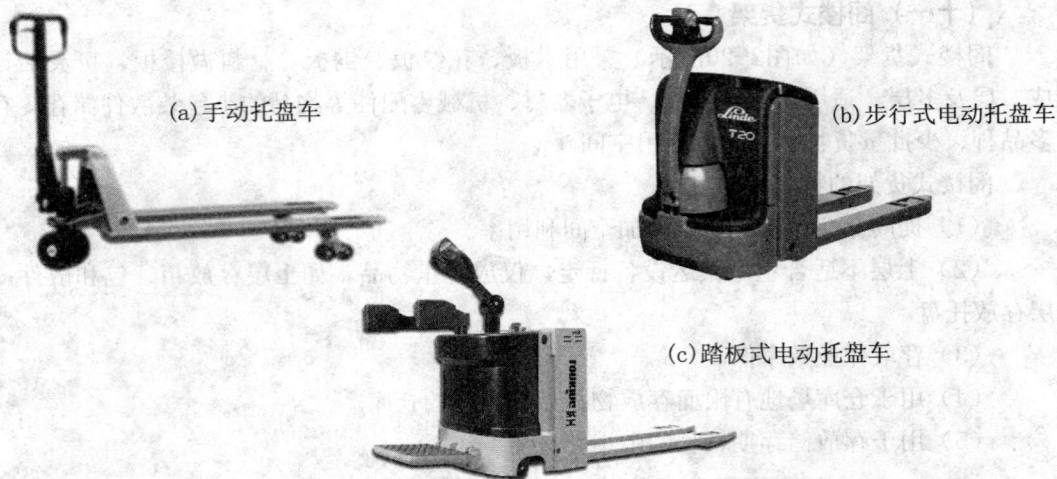

(a)手动托盘车　　　　(b)步行式电动托盘车

(c)踏板式电动托盘车

图2-21　手动托盘车与电动托盘搬运车

### (二) 电动托盘堆垛机

电动托盘堆垛机（如图2-22所示）是一种轻型的室内用提升堆垛设备，车身比较轻巧，通过车身前部的支撑臂加长配重的力臂，以平衡载荷。由于支点在载荷重心的外侧，配重力臂远大于荷载力臂，所以较小的配重即可提升起较大的载荷。以某企业生产的电动托盘堆垛机为例，额定载荷1.4t，而自重仅955kg，车长、车宽、转弯半径也相对较小，这些特点使其在楼层式仓库或其他空间较小的储存环境中尤为适用。该系列载重范围为1～1.6t，最大提升高度为5350cm。3～4m的背靠背式重型托盘货架为其最常用也是最能发挥其效益的环境，它是小型仓库经济的选择。

使用电动托盘堆垛机也有一定的限制，由于货叉需与支撑臂同时伸入托盘底部才可操作托盘，故双面板无法使用；同样在使用驶入型货架时，出于平衡与承重的考虑，通常将托盘双面的一例作为叉车操作面，此时电动托盘堆垛机也无法使用。配合使用电动托盘堆垛机的货架设计，常常会在底层高出地面约10cm处安装横梁，第一层货物搁于底梁而非地面以便于叉车定位。

图2-22　电动托盘堆垛机

## （三）平衡重式叉车

在车体前方设有货叉和门架，而在车体尾部设有平衡重的装卸作业车辆，称平衡重式叉车，简称叉车。这是使用范围最广泛的一个系列。由于没有支撑臂，需要较长的轴距与较大的配重来平衡荷载，所以车身尺寸与重量很大，需要较大的作业空间。同时，货叉直接从前轮的前方叉取货物，对容器没有任何要求；底盘较高，使用橡胶胎或充气胎，使其具有很强的爬坡能力与地面适应能力，因此，适用于装卸货物及室外搬运。

以内燃机为动力的平衡重式叉车，简称内燃叉车（如图2-23a所示）。按动力可分为柴油、汽油、液化石油气三种类型。按传动方式分又可分为机械传动、液力传动、静压传动几种形式。静压传动是目前内燃叉车最理想、最先进的传动方式，主要特点是起步柔和、无级变速、换向迅速、维修简单、可靠性高。在户外短距离频繁往返搬运时采用静压传动型内燃叉车效率较高。

以电瓶为动力的平衡重式叉车简称电瓶叉车（如图2-23b所示）。电瓶叉车操作容易，无废气污染，适合室内作业，随环保要求的提高，此类叉车需求有较快的增长，尤其是中、小吨位的叉车。电瓶叉车可进一步分为三轮与四轮，前轮驱动与后轮驱动。转向与驱动都称为后轮驱动，优点是成本较低，相对前轮驱动来说较容易定位，缺点是当在光滑的地板及斜坡行走、载荷提升时驱动轮压力减小，致使驱动轮打滑，因此，大多数的电瓶叉车都采用双马达前轮驱动。三轮平衡重叉车与四轮平衡重叉车相比，转弯半径小，比较灵活，最适用于集装箱内部掏箱作业。现在，一些叉车生产厂家将交流技术用于电动平衡重叉车，使得叉车性能整体得到提高的同时，后期维护成本大大降低，此项技术被称为叉车的未来技术。

(a) 内燃叉车　　　　　　　　　　(b) 电瓶叉车

**图2-23　平衡重式叉车**

## （四）前伸式叉车

前伸式叉车（如图2-24所示）的门架（或货叉）可以前后移动，它结合了有支撑臂的电动堆垛机与无支撑臂的平衡重叉车的优点，当门架（欧洲设计多为门架前伸，美国设计多为货叉前伸）前伸至顶端，载荷重心落在支点外侧，此时相当于平衡重叉车；当门架完全收回后，载荷重心落在支点内侧，此时即相当于电动堆垛机。这两种性能的结合，使得在保证操作灵活性及高荷载性能的同时，体积与自重不会增加很多，可最大限度地节省作业空间。

这一系列设备目前已逐渐成为室内高架存取的主要工具。现在，前伸式叉车最大提升高度已达到11.5m，载重范围从1t到2.5t，并且研发出用于存取长管件的多向前伸式叉车、室内外通用型前伸式叉车等特殊用途的产品。

前伸式叉车最具效益的操作高度为6～8m，相当于建筑物高度在10m左右。此高度也是目前最常见的卖场、配送中心、物流中心、企业中心仓库的建筑高度。在此高度范围内，操作人员视线可及，定位快捷，效率较高。当操作高度大于8m时，使用前伸式叉车在叉取定位时需要加装高度指示器、高度选择器或者摄像头等辅助装置。

图2-24　前伸式叉车

### （五）VNA系列叉车

如果仓库面积较小，高度较高，同时需要很大的储存量及较高的搬运效率，在不想花费巨大的投资于自动仓库时，高架堆垛机是唯一的也是最佳的选择。通常把高架堆垛机及高位拣料车称为VNA，其最主要的特点是货叉可作三向旋转，或直接从两侧叉取货物，在巷道中无需转弯，因此所需的巷道空间是最小的。VNA系列最大提升高度超过14m，巷道宽度通常在1600mm左右，载重最大为1.5t，在制药行业、电子电器行业使用较为普遍。

高架堆垛机又可分为上人式和不上人式两种，驾驶舱作为主提升，随门架同时上升称为上人式，优点是任何高度都可以保持水平操作视线，保证最佳视野以提高操作安全性。同时由于操作者可以触及货架任何位置的货物，故可以同时用于拣货及盘点作业。

为了使高架堆垛机在通道内始终保持直线行驶，有磁导及机械式导引两种方式。磁导由于必须在巷道中央切割埋上磁导线，容易破坏地面并且不易搬迁调整，故目前使用最多的是机械式导引。采用机械式导引需要与货架配合，在巷道的两侧安装钢轨，通过车身导轮及其他辅助装置导入巷道并沿直线行驶。VNA系列叉车又称为系统车，需考虑的各方面配合及影响较多。

**相关链接**

### 物料入库管理制度实例

#### ××企业物料入库管理制度

#### 第1章　总　则

**第一条**　为规范物料入库操作，确保入库物料质量，特制定本制度。

**第二条**　凡进入本公司仓库的物料，均依本制度执行。

## 第2章　物料入库的程序

**第三条**　协助入库物料的验收工作。

**第四条**　安排入库物料的货位。

1．本着安全、方便、节约的原则，合理安排货位。

2．安排货位时考虑物料自身的自然属性，尽力避免物料因储位不当发生霉腐、锈蚀、熔化、干裂、挥发等变化。

3．尽可能缩短入库作业时间。

4．以最少的仓容，储存最大限量的物料，提高仓容使用率。

**第五条**　监督入库物料的搬运工作。

1．监督搬运人员将相同的物料集中起来，分批送到预先安排的货位，要做到进一批、清一批，严格防止物料互串和数量溢缺。

2．一般来说，分类工作应努力争取送货单位的配合，在装车启运前，就做到数量准、批次清。

3．对于批次多和批量小的入库物料，分类工作一般可由入库专员在单货核对、清点件数过程中同时进行，也可在搬运时一起进行。

4．搬运过程中，要尽量做到"一次连续搬运到位"，力求避免入库物料在搬运途中的停顿和重复劳动。

5．对有些批量大、包装整齐，送货单位又具备机械操作条件的入库物料，要争取送货单位的配合，利用托盘实行定额装载，从而提高计数准确率，缩短卸车时间，加速物料入库。

**第六条**　选择入库物料的堆码方式。

入库物料主要有四种堆码方式，其优点及适用范围如表2-1所示。

**表2-1　物料的堆码方式详表**

| 堆码方式 | 简介 | 优点 | 适用范围 |
|---|---|---|---|
| 散堆方式 | 即将无包装的散货在库场上堆成货堆的存放方式，是目前物料库场堆存的一种趋势 | 简便，便于采用现代化的大型机械设备，节省包装费用，提高仓容的利用率，降低运费 | 特别适用于大宗散货，如煤炭、矿石、散粮和散化肥等 |
| 垛堆方式 | 1．指对包装物料或大（长）件物料进行堆码<br>2．操作方式具体包括直叠式、压缝式、通风式、缩脚式、交叠式、牵制式以及栽桩式等 | 合理的堆码方式可以增加堆高，提高仓容利用率，有利于保护物料 | |
| 货架方式 | 即采用通用或者专用的货架进行物料堆码的方式 | 通过货架能够提高仓库的利用率，减少物料存取时的差错 | 适合于存放小件物料或不宜堆高的物料 |
| 成组堆码方式 | 1．即采用成组工具使物料的堆存单元扩大<br>2．常用的成组工具有货板、托盘和网络等 | 成组堆码一般每垛3～4层，这种方式可以提高仓库利用率，实现物料的安全搬运和堆存，提高劳动效率，加快物料流转的速度 | |

**第七条** 物料正式堆垛时，必须具备以下五个条件。

1. 物料的数量、质量已经彻底查清。

2. 物料包装完好，标志清楚。

3. 外表的玷污、尘土等都已经被清除，不影响物料的质量。

4. 受潮、锈蚀以及已经发生某些质量变化或质量不合格的部分，已经加工恢复或者已经剔出的另行处理，不得与合格品混堆。

5. 为便于机械化操作，金属材料等应该打捆的已经打捆，机电产品和仪器仪表等可集中装箱的已经装入合用的包装箱。

**第八条** 了解堆垛场地的要求。

1. 库内堆垛。库内堆垛时，垛应该在墙基线和柱基线以外，垛底需要垫高。

2. 货棚内堆垛。货棚需要防止雨雪渗透，货棚内的两侧或者四周必须有排水沟或管道，货棚内的地坪应该高于货棚外的地面，最好铺垫沙石并夯实。堆垛时要垫垛，一般应该垫高30～40cm。

3. 露天堆垛。堆垛场地应该坚实、平坦、干燥、无积水、无杂草，场地必须高于四周地面，垛底还应该垫高40cm，四周必须排水通畅。

**第九条** 物料堆垛时，应遵守如下基本要求。

1. 合理。垛形必须适合物料的性能特点，不同品种、型号、规格、牌号、等级、批次、产地、单价的物料，均应该分开堆垛，以便合理保管，并要合理地确定堆垛之间的距离和走道宽度，便于装卸、搬运和检查。垛与垛之间的距离一般为0.5～0.8m，主要通道约为2.5～4m。

2. 牢固。货垛必须不偏不斜、不歪不倒、不压坏底层的物料和地坪，与屋顶、梁柱、墙壁保持一定距离，确保堆垛牢固安全。

3. 定量。每行每层的数量力求成整数，过秤的物料不成整数时，每层应该明显分隔，标明重量，便于清点发货。

4. 整齐。垛形有一定的规格，各个垛排列整齐有序，包装标志朝外。

5. 节约。堆垛时，应考虑节省货位，提高仓库的利用率；还应考虑节省人力的要求，提高搬运人员的工作效率。

**第十条** 堆垛前的准备工作。

1. 计算物料的占地面积。按进货的数量、体积、重量和形状，计算货垛的占地面积、垛高，并计划好垛形。对于箱装、规格整齐划一的商品，占地面积可按以下的公式计算：

占地面积＝（总件数÷可堆层数）×该件物料的底面积

或占地面积＝总重量÷（层数×单位面积重量）

式中：可堆层数＝（地坪）单位面积最大负荷量÷单位面积重量

单位面积重量＝每件物料毛重÷该件物料的底面积

在计算占地面积，确定垛高时，必须注意上层物料的重量不超过物料商品或其容器可负担的压力。整个货垛的压力不能超过地坪的最大载重荷量。

2. 做好机械、人力、材料的准备。垛底应该打扫干净，并放上必备的垫墩、垫木等垫垛材料，如果需要密封货垛，还需要准备密封货垛的材料等。

3. 检查用于识别的条形码是否完好。

### 第3章 办理物料入库手续

**第十一条**　利用数据采集系统，进行到货入库清点工作，检查物料的状态。收货扫描时，如果系统不接受，应及时找信息技术部门查明原因，确认此批物料是否收进。

**第十二条**　建立物料明细卡。

1. 物料明细卡能够直接反映该垛物料的品名、型号、规格、数量、单位及进出动态和积存数。

2. 物料明细卡应按"入库通知单"所列的内容逐项填写。物料入库堆码完毕后，应立即建立卡片，一垛一卡。

3. 物料明细卡通常有两种处理方式。

（1）实施专人专责的管理责任制，即由入库主管集中保存管理。

（2）将填制的卡直接挂在物料的垛位上。挂放位置要明显、牢固。此法便于随时与实物核对，有利于物料进出业务的及时进行，可以提高保管人员的工作效率。

**第十三条**　入库物料的登账。

1. 物料入库后，仓库应建立实物保管明细账，登记物料进库、出库、结存的详细情况。

2. 实物保管明细账按物料的品名、型号、规格、单价、货主等分别建立账户。此账本采用活页式，按物料的种类和编号顺序排列。在账页上要注明货位号和档案号，以便查对。

3. 实物保管明细账必须严格按照物料的出入库凭证及时登记，填写清楚、准确。记账发生错误时，要按划红线更正法更正。账页记完后，应将结存数结转新账页，旧账页应保存备查。

4. 用来登账的凭证要妥善保管，装订成册，不得遗失。

5. 实物保管人员要经常核对，保证账、卡、物相符。

**第十四条**　建立仓库工作的档案。

1. 仓库建档工作，即将物资入库业务作业全过程的有关资料证件进行整理、核对，建立成资料档案。

2. 目的。建档工作有利于物料管理和客户联系，还可为将来发生争议时提供凭据，同时也有助于总结和积累仓储管理的经验，为物资的保管、出库业务创造良好的条件。

3. 仓库工作档案的资料范围。

（1）物料到达仓库前的各种凭证、运输资料。

（2）物料入库验收时的各种凭证、资料。

（3）物料保管期间的各种业务技术资料。

（4）物料出库和托运时的各种业务凭证、资料。

4. 建档工作的具体要求。

（1）一物一档：建立物料档案应该是一物（一票）一档。

（2）统一编号：物料档案应进行统一编号，并在档案上注明货位号。同时，在实物保管明细账上注明档案号，以便查阅。

（3）妥善保管：物料档案应存放在专用的柜子里，由专人负责保管。

**第十五条** 签单。

物料验收入库后，应及时按照"仓库商品验收记录"要求签回单据，以便向供货方或货主表明收到商品的情况。另外，如果出现短少等情况，也可作为货主向供货方交涉的依据，所以签单必须准确无误。

### 第4章 入库注意事项

**第十六条** 物料入库时，必须票货同行，根据合法凭证收货，及时清点数量。入库专员要审核对方交给的随货同行单据，票货逐一核对检查，将商品按指定地点入库验收。

**第十七条** 物料入库时，必须按规定办理收货。入库专员验收单货相符，要在随货同行联上签字，加盖商品入库"货已收讫"专用章。

**第十八条** 验收过程中，若发现单货不符、差错损失或质量问题，入库专员应当立即与有关部门联系，并在随货同行联上加以注明，做好记录。

**第十九条** 同种物料不同包装或使用代用品包装，应问明情况，并在入库单上注明后才能办理入库手续。

**第二十条** 送货上门车辆，无装卸工人的经双方协商同意，仓库可有偿代为卸车，费用标准按《储运劳务收费办法》执行。

**第二十一条** 物料验收后，需入库主管签字、复核员盖章；入账后，注明存放区号、库号，票据传到相关部门。

**第二十二条** 临时入库的物料，要填写临时入库票，由入库专员、入库主管签字、盖章。

**第二十三条** 入库主管接到正式入库单后，应当即根据单上所注的商品名称、件数仔细点验，加盖"货已收讫"章。同时，保管员签字、复核员盖章，将回执退回委托单位。

**第二十四条** 在下列情况下，仓库可以拒收不合法入库发运凭证。

1. 字迹模糊、有涂改等。

2. 错送，即发运单上所列收货仓库非本仓库。

3. 单货不符。

4. 物料严重残损。

5. 质量包装不符合规定。

6. 违反国家生产标准的商品。

### 第5章 附 则

**第二十五条** 本制度由仓储部制定，其修改权、解释权归仓储部所有。

**第二十六条** 本制度经总经理审批后，自颁布之日起执行。

**能力训练**

1. 货物入库前都需要做好哪些准备工作？
2. 结合本校物流实验室仓库设备，说出它们的种类、功能和操作要点等。

# 任务二　入库货物检验

## 任务书

商品验收是按照验收业务作业流程，核对凭证等规定的程序和手续，对入库商品进行数量和质量检验的经济技术活动的总称。凡商品进入仓库储存，必须经过检查验收，只有验收后的商品才可入库保管。商品验收涉及多项作业技术。

使用理货称量工具或扫描仪器，根据进仓通知单和货物预入库凭证，合理安排叉车搬运及卸货人员，在指定的卸货场地进行货物验收，并准确、快速地做好货物入库登记工作。

## 任务目标

**1. 技能目标：** 能够熟练进行货物入库的理货操作，能够准确地计量货物的重量和体积并准确地清点货物数量。

**2. 知识目标：** 能够熟练掌握理货操作的基本流程；能够熟练正确地确定货位；能够熟练完成货物的接收、检验工作；能够做好理货现场的组织指挥工作。

**3. 素质延伸：** 培养高效团结的工作作风、吃苦耐劳的工作意志、灵活机动地处理突发事故的创新意识及认真踏实的工作习惯。

## 理论知识

## 一、理货员验收入库货物的工作流程

（1）接收送货司机递交的进货通知单和货物预入库单，指挥司机将卸货车辆正确停放在卸货位置。

（2）指挥卸货人员将车辆上的货物卸下并打托。

（3）查看货物包装情况，查看货物的缺损情况，清点货物数量，测量货物体积，并在预入库单上做好验货信息的记录。

（4）填写货物小票信息，并在已经查验好的每托货物上面张贴小票。

（5）指挥叉车司机及时将已经查验过的货物搬运和堆放到指定的货位。

（6）做好与送货司机的协调工作，及时向仓库主管反映入库货物中的意外事故。

## 二、确定货位

仓库货位是仓库内具体存放货物的位置。库场除通道、机动作业场地外便是存货的货位。为了使仓库管理有序、操作规范，存货位置能准确表示，人们根据仓库的结构、功能，按照一定的要求将仓库存货位置进行分块分位，形成货位。每一个货位都用一个编号表示，以便区别。货位确定并进行标识后，一般不能随意改变。货位可大可小，有大至几千平方米的散货货位，有小至仅有零点几平方米的橱架货位，根据具体的所存货物情况确定。货位分为场地货位、货架货位，有的相邻货位可以串通合并使用，而有的可能会预先已安装地坪，无需垫垛。

### （一）货位使用方式

仓库货位的使用有三种方式。

#### 1. 固定货物的货位

货位只用于存放确定的货物，使用时要严格区分，绝不能混用、串用。长期货源的计划库存、配送中心等大都采用固定方式。固定货位便于拣选、查找货物，货物固定，可以对货位进行有针对性的装备，有利于提高货物保管质量，但是仓容利用率较低。

#### 2. 不固定货物的货位

货物任意存放在空闲的货位，不加分类。不固定货位有利于提高仓容利用率，但是仓库内显得混乱，不便于查找和管理。对于周转极快的专业流通仓库，货物保管时间极短，大都采用不固定方式。不固定货物的货位储藏，在物流管理信息系统中的仓储管理模块功能十分完备的条件下，能实现充分利用仓容，方便查找的长处。采用不固定货位的方式，仍然要遵循仓储的分类安全原则。

#### 3. 分类固定货物的货位

对货位进行分区、分片管理，同一区内只存放一类货物，但在同一区内的货位则采用不固定使用的方式。这种方式有利于货物保管，比较方便查找货物，仓容利用率可以提高。大多数储存仓库都使用这种方式。

### （二）选择货位的原则

#### 1. 根据货物的尺寸、数量、特性、保管要求选择货位

货位的通风、光照、温度、排水、防风雨雪等条件要满足货物保管的需要；货位尺寸与货物尺寸匹配，特别是大件、长件货物要能存入所选货位；货位的容量与数量接近；选择货位时要考虑相近货物的情况，防止与相近货物相忌而互相影响；对需要经常检查的货物，存放在方便检查的货位。

### 2．保证先进先出、缓不围急

"先进先出"是仓储保管的重要原则，能避免货物过期变质等。在货位安排时要避免后进货物围堵先进货物。存期较长的货物，不能围堵存期短的货物。

### 3．出入库频率高，使用方便的货位

需持续入库或者持续出库的货物，应安排在靠近出口的货位，方便出入。流动性差的货物，可以离出入口较远。同样的道理，存期短的货物应安排在出/入口附近。

### 4．小票集中、大不围小、重近轻远

多种小批量货物，应合用一个货位或者集中在一个货位区，避免夹存在大批量货物的货位中，以便查找。重货应离装卸作业区最近，以减少搬运作业量或者可以直接用装卸设备进行堆垛作业。使用货架时，重货放在货架下层，需要人力搬运的重货，存放在齐腰高度的货位。

### 5．方便操作

所安排的货位要能保证搬运、堆垛、上架等作业的方便；要有足够的机动作业场地，能使用机械进行直达作业。

### 6．作业分布均匀

尽可能避免仓库内或者同条作业线路上多项作业同时进行，相互妨碍的现象发生。

## 三、接货

接货是指接货方与托运方或承运方办清业务交接手续，保质保量、安全及时地将货物接运回库的过程。

货物除了一部分由供货单位直接运到仓库交货外，大部分要经过铁路、公路、航空等运输工具转运。凡经过运输部门转运的货物，均需经过仓库接运后才能进行入库存验收。因此，接货是货物入库业务流程的第一道作业环节，也是仓库直接与外部发生的经济联系。其工作好坏直接影响商品的验收和入库后的保管。

接货的主要任务是及时而准确地向交通运输部门提取入库商品。要求手续清楚，责任分明，为仓库验收工作创造有利条件。

### （一）常见的接货方式

#### 1．到车站、码头接货

这是由外地托运单位委托铁路、水运、民航、邮局等部门将货物运到本埠车站、码头、民航站、邮局后，仓库依据到货通知单派车提运货物的作业活动。在提货时，提货人应注意做好以下几项工作：

（1）提货前的准备。提货人对所提取的商品的品名、型号、特性和一般保管知识、装卸搬运注意事项等进行了解；提货人应提前做好接运货物的准备工作，如准备好相应的运输装卸工具，腾出货物存放的场地等；提货人应主动了解到货时间和交货情况，以便组织相应的装卸人员、机具和车辆按时前往提货。

（2）提货时。提货人应根据运单以及有关资料详细核对品名、规格、数量等；提货人要注意货物的外观质量，查看包装、封印是否完好，有无沾污、受潮、水渍、油渍等异状。若有疑点或不符，应当场要求运输部门检查，并做出记录，由相关人员签字，以便以后处理。

（3）货物到库后。提货员应与保管员密切配合，尽量做到提货、运输、验收、入库、堆码一条龙作业，从而缩短入库验收时间，并办理内部交接手续。

**2. 到货主单位提取货物**

这是仓库受托运方的委托，直接到供货单位提货的一种形式。这种提货形式的作业内容和程序主要是：当仓库接到托运通知单后，做好提货准备，并将提货与货物的初步验收工作结合进行。因此，接运人员要按照验收注意事项提货，必要时可由验收人员参与提货。在供货人员在场的情况下，当场进行验收。

**3. 托运单位送货到库**

存货单位或供货单位将商品直接送到仓库储存时，仓库保管员或验收人员根据托运单与送货人员当场办理验收交接手续，检查外包装，确保无质量及数量问题，做好入库记录。若有差错，由送货人员签字证明，据此向有关部门提出索赔。

**4. 专用线接货**

专用线是公路、铁路联合运输的一种形式。其作业内容与程序为：

仓库接到专用线到货通知后，应立即确定卸货货位，力求缩短场内搬运距离；组织好卸车所需要的机械、人员以及有关资料，做好卸车准备。

车皮到达后，引导对位，进行检查。看车皮封闭情况是否完好；根据运单和有关资料核对到货品名、规格、标志和清点件数；检查包装是否损坏或有无散包；检查是否有进水、受潮或其他损坏现象。若发现异常，应请运输部门派人复查并作出记录。

卸车时要注意为商品验收和入库保管提供便利条件，分清车号、品名、规格，做到不混不乱；保证包装完好，不碰坏，不压坏，更不得自行打开包装。应根据商品的性质合理堆放，以免混淆。卸车后在商品上应标明车号和卸车日期。

编制卸车记录，记明卸车货位规格、数量，连同有关证件和资料尽快向保管员交待清楚，办好内部交接手续。

## （二）货运交接责任划分

货物在交给运输部门和承运单位前发生的损失和由于发货单位工作差错，对货物处理不当等原因造成的损失，由发货单位负责。

从中转单位、承运单位接收货物起，到货物交付给收货单位或依照规定移交其他单位为止，所发生的损失，由中转单位和承运单位负责。但由于自然灾害，货物本身性质和发货、收货单位的责任所造成的损失，承运单位不负责。

货物到达收货地，收货单位与中转或承运单位办好交接手续后所发生的损失，或由于收货单位工作差错发生的损失，均由收货单位负责。

## 四、货物入库检验

货物入库检验分为数量检验和质量检验。货物数量检验包括毛重、净重的确定，件数理算，体积丈量等。质量检验则是对货物外表、内容的质量进行判定。入库货物的质量检验包括外观质量查验和内在质量检验。一般情况下，或者合同没有约定检验事项时，仓库仅对货物的品种、规格、数量、外包状况，以及无需开箱、拆捆，直观可辨的质量情况进行检验；对于内容的检验则根据合同约定、作业特性确定，如需要进行配装作业的仓储，就要检验所有货物的品质和状态。

### （一）商品验收环节

#### 1．验收准备

仓库接到到货通知后，应根据商品的性质和批量提前做好验收前的准备工作，大致包括以下内容：

（1）人员准备。安排好负责质量验收的技术人员或用料单位的专业技术人员，以及配合数量验收的装卸搬运人员。

（2）资料准备。收集并熟悉待验商品的有关文件，例如技术标准、订货合同等。

（3）器具准备。准备好验收用的检验工具，例如衡器、量具等，并校验准确。

（4）货位准备。确定验收入库时的存放货位，计算和准备堆码苫垫等材料。

（5）设备准备。大批量商品的数量验收，必须要有装卸搬运机械的配合，应做好设备的申请调用。

此外，对于某些特殊商品的验收，例如毒害品、腐蚀品、放射品等，还要准备相应的防护用品。

#### 2．核对凭证

商品入库时必须具备下列凭证：

（1）入库通知单和订货合同副本，这是仓库接受商品的凭证。

（2）供货单位提供的材质证明书、装箱单、磅码单、发货明细表等。

（3）根据商品承运单位提供的运单，若商品在入库前发现残损情况，还要有承运部门提供的货运记录或普通记录，作为向责任方交涉的依据。

核对凭证，也就是将上述凭证加以整理后全面核对。入库通知单、订货合同副本要与供货单位提供的所有凭证逐一核对，相符后可进行下一步实物检验。

#### 3．实物检验

所谓实物检验，就是根据入库单和有关技术资料对实物进行数量和质量检验。

（1）数量检验。数量检验是保证物资数量准确不可缺少的重要步骤，一般在质量验收之前，由仓库保管职能机构组织进行。按商品性质和包装情况，数量检验分为三种形式，即计件、检斤、检尺求积。

①计件是按件数供货或以件数为计量单位的商品，做数量验收时的件数清点。一般情况下，计件商品应逐一点清。固定包装物的小件商品，如果包装完好，打开包装对保管

不利。国内货物只检查外包装，不拆包检查。进口商品按合同或惯例办理。

②检斤是按重量供货或以重量为计量单位的商品，做数量验收时的称重。金属材料、某些化工产品多半是检斤验收。按理论换算重量供应的商品，先要通过检尺，例如金属材料中的板材、型材等。然后按规定的换算方法换算成重量验收。对于进口商品，原则上应全部检斤，但如果订货合同规定按理论换算重量交货，则按合同规定办理。所有检斤的商品，都应填写磅码单。

③检尺求积是对以体积为计量单位的商品，例如木材、竹材、砂石等，先检尺，后求体积所做的数量验收。

凡是经过数量检验的商品，都应该填写磅码单。

做数量验收之前，还应根据商品来源，包装好坏或有关部门规定，确定对到库商品是采取抽验还是全验方式。

一般情况下，数量检验应全验，即按件数全部进行点数，按重量供货的全部检斤，按理论重量供货的全部检尺，后换算为重量，以实际检验结果的数量为实收数。

有关全验和抽验，如果商品管理机构有统一规定，则可按规定办理。

（2）质量检验。质量检验包括外观检验、尺寸检验、机械物理性能检验和化学成分检验四种形式。仓库一般只作外观检验和尺寸精度检验，后两种检验如果有必要，则由仓库技术管理职能机构取样，委托专门检验机构检验。

①商品的外观检验。在仓库中，质量验收主要指商品外观检验，由仓库保管职能机构组织进行。外观检验是指通过"看、闻、听、摇、拍、摸"等感官检验方法，检验商品的包装外形或装饰有无缺陷；检查商品包装的牢固程度；检查商品有无损伤例如撞击、变形、破碎等；检查商品是否被雨、雪、油污等污染，有无潮湿、霉腐、生虫等。外观有缺陷，有时可能影响其质量，所以，对外观有严重缺陷的商品，要单独存放，防止混杂，等待处理。凡经过外观检验的商品，都应该填写"检验记录单"。商品的外观检验，大大简化了仓库的质量验收工作，避免了各个部门反复进行质量检验的现象，从而节省了大量人力、物力和时间。

②商品的尺寸检验。该步骤由仓库的技术管理职能部门组织进行。进行尺寸精度检验的商品，主要是金属材料中的型材、部分机电产品和少数建筑材料。不同型材的尺寸检验各有特点，例如椭圆材主要检验直径和圆度；管材主要检验壁厚和内径；板材主要检验厚度及其均匀度等。对部分机电产品的检验，一般请用料单位的指派员进行。尺寸精度检验是一项技术性强，较费时间的工作，检验的工作量大，并且有些产品质量特征只有通过破坏性检验才能测到。所以，一般采用抽验的方式进行。

③理化检验。是对商品内在质量和物理化学性质所进行的检验，一般主要对进口商品进行理化检验。对商品内在质量的检验要求一定的技术知识和检验手段，目前仓库多不具备这些条件，所以一般由专门的技术检验部门进行理化检验。

以上质量检验是商品交货时或入库前的验收。在某些特殊情况下，尚有完工时期的验收和制造时期的验收，也就是在供货单位完工和正在制造的过程中，由需方派员到供货单位检验。应当指出，即使在供货单位检验合格的商品，或者因为运输条件不良，或者因为质量不稳定，也会在进库时发生质量问题，所以交货时入库前的检验在任何情况下都是必要的。

此外，在现代仓库管理中由于对商品通过条形码实行信息化管理，因而，在商品验收中应对该商品的条形码与商品数据库内已登录资料的相符性进行核对。

### （二）检验方法和标准

货物质量检验的方法要根据仓储合同约定，合同没有约定的，按照货物的特性和仓库的习惯确定。由于新产品不断出现，不同货物具有不同的质量标准，仓库应认真研究各种检验方法，必要时要求客户、货主提供检验方法和标准，或者要求收货人共同参与检验。仓库成立专职检验队伍是提高检验水平的有效方法。货物检验的主要方法有以下几种。

#### 1. 视觉检验

在光线充足的情况下，观察货物的状态、颜色、结构等表面状况，检查有无变形、破损、脱落、变色、结块等损害情况，以判定其质量。

#### 2. 听觉检验

通过摇动、搬动、轻度敲击等行为，听取其声音，判定质量。

#### 3. 触觉检验

利用手感鉴定货物的细度、光滑度、粘度、柔软程度等，判定质量。

#### 4. 嗅觉、味觉检验

通过货物特有的气味、滋味等测定、判定其质量。

#### 5. 测试仪器检验

利用各种专用测试仪器进行货物性质测定。如含水量、容重、粘度、成分、光谱等测试。

#### 6. 运行检验

对货物进行运行操作，如电器、车辆等，检查操作功能是否正常。

### （三）外观质量检验

#### 1. 包装检验

包装检验是对货物的外包装，也称为运输包装、工业包装的检验。检验包装有无撬开、开缝、挖洞、污染、破损、水渍和粘湿等不良情况。撬开、开缝、挖洞有可能是被盗的痕迹；污染为配装、堆存不当所造成；破损有可能因装卸、搬运作业不当或装载不当造成；水渍和粘湿是由于雨淋、渗透、落水，或内容渗漏、潮解造成。包装的含水量是影响货物保管质量的重要指标，一些包装物含水量高表明货物已经受损，需要进一步检验。常见包装物安全含水量见表2-2。

表2-2　几种包装物的安全含水量

| 包装材料 | 含水量 | 说明 |
|---|---|---|
| 木箱（外包装） | 18%～20% | 内装易霉、易锈商品 |
| | 18%～23% | 内装一般商品 |
| 纸箱 | 12%～14% | 五层瓦楞纸的外包装及纸板衬垫 |
| | 10%～12% | 三层瓦楞纸的包装及纸板衬垫 |
| 胶合板箱 | 15%～16% | |
| 布包 | 9%～10% | |

**2. 货物外观检验**

对无包装的货物，直接察看货物的表面，检查是否有生锈、破裂、脱落、撞击、刮痕等损害。

**3. 重量、尺寸检验**

对入库货物的单件重量、货物尺寸进行衡量和测量，确定货物的质量。

**4. 标签、标志检验**

货物的标签和标志是否具备、完整、清晰等。标签、标志与货物内容是否一致。

**5. 气味、颜色、手感检验**

通过货物的气味、颜色判定是否新鲜，有无变质。用手触摸、捏试，判定其有无结块、干涸、融化、含水量太高等现象。

**6. 打开外包装检验**

若外包装检验中判定内容有受损的可能，或者检验标准要求开包检验、点算包内细数时，应该打开包装进行检验。开包检验必须有两人以上在现场，检验后在箱件上印贴已验收的标志。需要封装的及时进行封装，包装已破损的应更换新包装。

## （四）内在质量检验

内在质量检验是对货物的内容进行检验，包括对物理结构、化学成分、使用功能等进行鉴定。内在质量检验由专业技术检验单位进行，经检验后出具检验报告说明货物质量。

## （五）入库货物检验的程度

入库货物检验程度是指对入库货物实施数量和质量检验的程度。分为全查和抽查，原则上应采用全查的方式，对于大批量、同包装、同规格、较难损坏、质量较高、可信赖的货物可以采用抽查的方式检验。在抽查中发现不符合要求的数量较多时，应扩大抽查范围，甚至全查。

**1. 数量检验的范围**

（1）不带包装的（散装）货物检斤率为100%，不清点件数；有包装的毛检斤率为100%，回皮率为5%～10%，清点件数为100%。

（2）定尺钢材检尺率为10%～20%；非定尺钢材检尺率为100%。

（3）贵重金属材料100%过净重。

（4）有标量或者标准定量的化工产品，按标量计算，核定总重量。

（5）同一包装、规格整齐、大批量的货物，包装严密、符合国家标准且有合格证的货物采取抽查的方式检验，抽查率为10%～20%。

### 2．质量检验的范围

（1）带包装的金属材料，抽验5%～10%；无包装的金属材料全部目测查验。

（2）入库量10台以内的机电设备，验收率为100%；100台以内，验收不低于10%；运输、起重设备100%查验。

（3）仪器仪表外观质量缺陷查验率为100%。

（4）易于发霉、变质、受潮、变色、污染、虫蛀、机械件损伤的货物，抽验率为5%～10%。

（5）外包装质量缺陷检验率为100%。

（6）对于供货稳定、信誉、质量较好的产品，特大批量货物可以采用抽查的方式检验质量。

（7）进口货物原则上100%逐件检验。

## （六）入库检验时间

对货物的数量、外表状况应在入库时进行检验；对货物的内容，在合同约定时间之内进行检验，或者按照仓储习惯在入库的10天之内，国外到货30天之内进行内容质量检验。

## （七）验收中问题的处理

在商品验收过程中，可能会发现诸如证件不齐、数量短缺、质量不符、价格不符等问题，应区别不同情况，及时处理。

### 1．证件不齐

在验收时如果发现入库凭证不齐或不符，仓库应将商品暂时存放，并及时向供货单位索取，待凭证到齐再验收入库。

### 2．数量短缺

数量短缺在规定磅差范围内的，可按原数入库；凡超过规定磅差范围的，应查对核实，做成验收记录和磅码单交主管部门会同货主向供货单位办理交涉。凡实际数量多于原发料量的，可由主管部门向供货单位退回多发数，或补发货款。反之，要查明原因，在哪个环节短少了，若属承运部门责任，应凭接运提货时索取的"货运记录"向承运部门索赔；若属供货方的责任，仓库部门应该拒收。

需要注意的是，在数量验收中，计件商品应及时验收，发现问题要按规定的手续，在规定的期限内向有关部门提出索赔要求。否则超过索赔期限，责任部门对形成的损失将不予负责。

### 3．质量不符

在商品验收过程中发现质量不符合规定时，若属承运部门责任，应凭接运提货处索取的"货运记录"向承运部门索赔；若属供货方的责任，应及时向供货单位办理退货、换货等交涉，或征得供货单位同意代为修理，或在不影响使用的前提下降价处理。商品规格不符或错发时，应先将规格对的予以入库，规格不对的做验收记录交给主管部门办理换货。

### 4.价格不符

在商品验收过程中发现价格不符的现象，供方多收部分应予拒付，少收部分经过检查核对后主动反映并及时更正。如果总额计算错误，应通知供货单位及时更正。

### 5.时间不符

凡入库通知单或其他证件已到，但在规定的时间内商品未到库时，应及时向存货单位反映，以便存货单位向供货单位或承运部门查询。

### 6.无存货单位

对仓库收到的无存货单位的商品，仓库收货后应及时查找该批货物的产权部门，主动与发货人联系了解货物的来龙去脉，并将其作为待处理商品，不得动用，依其现状做好记载，待查清后再作处理。

### 7.货物残损

发现货物出现残损、潮湿、少件情况时，必须取得承运部门的货运记录和普通记录。验收人员应将残损、潮湿、少件等详细情况记入商品验收记录，并和承运部门的记录一并交回存货单位处理。如属供货单位或承运部门的责任，由存货单位与供货单位和承运部门交涉处理；如系仓库责任（在提、接、运过程中发生的），则由仓库与库存单位协商处理或赔偿。

仓库在商品验收过程中，如发现商品数量与入库凭证不符、质量不符合规定、包装出现异常情况时，必须作出详细记录，商品检验记录表如表2-3所示。同时将有问题的商品另行堆放，并采取必要的措施，防止损失继续扩大，并立即通知业务部门或邀请有关单位现场察看，以便及时作出处理。

**表2-3 商品检验记录表**

编号：_____

| 供货商 | | 采购订单号 | | 入库通知单号 | | |
|---|---|---|---|---|---|---|
| 运单号 | | 合同号 | | 车号 | | |
| 发货日期 | | 到货日期 | | 验收日期 | | |
| 序号 | 商品名称 | 商品编码 | 规格型号 | 计量单位 | 应收数量 | 实际数量 | 差额 |
| | | | | | | | |
| | | | | | | | |
| | | | | | | | |
| | | | | | | | |
| | | | | | | | |

单位负责人：_____　　复核：_____　　检验员：_____

**相关链接**

## 物资验收管理表格

### 一、到货交接单（见表2-4）

表2-4 到货交接单

编号：_____ 日期： 年 月 日

| 收货人 | 发站 | 货物名称 | 标志标记 | 单位 | 件数 | 重量 | 货物存放处 | 车号 | 运单号 | 提料单号 |
|---|---|---|---|---|---|---|---|---|---|---|
| | | | | | | | | | | |
| | | | | | | | | | | |
| | | | | | | | | | | |
| | | | | | | | | | | |
| 备注 | | | | | | | | | | |

经办人：_____ 接收人：_____

### 二、物资验收单

1. 原材料验收单（见表2-5）

表2-5 原材料验收单

编号：_____ 订购单编号：_____ 日期： 年 月 日

| 进料时间 | 料号 | 厂商名称 | 订购数 | 交货数 |
|---|---|---|---|---|
| | | | | |
| 订单编号 | 发票规格 | 品名/规格 | 点收数 | 实收数 |
| | | | | |
| 检验任务 | 检验规格 | 检验状况 | 数量 | |
| AQL（允收水准）值 | | 严重、一般、轻微 | | |
| 检验数量 | 不良数 | 不良率 | 判定 | |
| | | | □ 允收 □ 拒收 □ 特采 □ 全检 | |
| 质量经理 | 仓储经理 | 验收主管 | 验收专员 | 备注 |
| | | | | |

## 2. 零配件验收单（见表2-6）

表2-6　零配件验收单

编号：_____　　　　　　　　　　　　填写日期：　　年　　月　　日

| 采购单号 | | 零件名称 | | | | | | | | | 编号 | | |
|---|---|---|---|---|---|---|---|---|---|---|---|---|---|
| 供应商 | | 数　　量 | | | | | | | | | | | |
| 验收任务 | 标准 | 抽样结果记录 | | | | | | | | | | | 备注 |
| | | 1 | 2 | 3 | 4 | 5 | 6 | 7 | 8 | 9 | 10 | 11 | |
| 1 | | | | | | | | | | | | | |
| 2 | | | | | | | | | | | | | |
| 3 | | | | | | | | | | | | | |
| … | | | | | | | | | | | | | |
| 验收结果 | | □ 及格<br>□ 不及格<br>□ 其他 | | | | | 审核 | | | | 验收专员 | | |

## 3. 外协品验收单（见表2-7）

表2-7　外协品验收单

编号：_____　　　　　　　　　　　　填写日期：　　年　　月　　日

| 承制厂商 | | 编　　号 | | 送货日期 | |
|---|---|---|---|---|---|
| 品　　名 | | 交货数量 | | 箱　　数 | |
| 实际点收数量 | | 点收人 | | 点收日期 | |
| 质量验收方式 | | □ 全检　　　□ 抽检　　　□ 免检 | | | |
| 项　　次 | 检验任务 | 规格值 | 实测值 | 判定 | |
| 1 | | | | | |
| 2 | | | | | |
| 3 | | | | | |
| … | | | | | |
| 综合判定 | | □ 允收　　□ 特采　　□ 选别　　□ 拒收 | | | |
| | 质量管理部 | | | 仓储部 | |
| 备注 | | | | | |

主管：_____　　检验员：_____　　　　主管：_____　　经办：_____

### 4. 货物验收单（见表2-8）

表2-8　货物验收单

订购单编号：＿＿＿＿＿＿＿　　　编号：＿＿＿＿＿＿＿　　　填写日期：　年　月　日

| 编号 | 名称 | 订购数量 | 规格符合 | | 单位 | 实收数量 | 单价 | 总价 |
|---|---|---|---|---|---|---|---|---|
| | | | 是 | 否 | | | | |
| | | | | | | | | |
| | | | | | | | | |
| | | | | | | | | |
| | | | | | | | | |
| 是否分批交货 | 是 | | 会计科目 | | 厂商供应 | | 合计 | |
| | 否 | | | | | | | |
| 检查方式 | 抽样（%不合格） | | 验收结果 | | 检查主管 | | 检查员 | |
| | 全数（个不合格） | | | | | | | |
| 总经理 | | 财务部 | | 核算员 | 仓储部 | | 采购部 | |
| | | 财务主管 | | | 仓储主管 | 验收专员 | 采购主管 | 制单员 |

## 三、物资验收日报表（见表2-9、表2-10）

表2-9　物资（国外）验收日报表

编号：＿＿＿＿＿＿＿　　　　　　　填写日期：　　年　　月　　日

| 国外来料 | | | | | | | | | | | | |
|---|---|---|---|---|---|---|---|---|---|---|---|---|
| 序号 | 品名 | 规格 | 数量 | 供应商 | 检验方式 | | 不合格 | 不良品数 | 主要不良表现 | 处置 | | |
| | | | | | 全检 | 抽检 | | | | 允收 | 拒收 | 选别 |
| | | | | | | | | | | | | |
| | | | | | | | | | | | | |
| | | | | | | | | | | | | |
| | | | | | | | | | | | | |

检验主管：＿＿＿＿＿＿＿　　　制表人：＿＿＿＿＿＿＿

表2-10　物资（国内）验收日报表

编号：＿＿＿＿＿＿＿　　　　　　　填写日期：　　年　　月　　日

| 国内来料 | | | | | | | | | | | | |
|---|---|---|---|---|---|---|---|---|---|---|---|---|
| 序号 | 品名 | 规格 | 数量 | 供应商 | 检验方式 | | 不合格 | 不良品数 | 主要不良表现 | 处置 | | |
| | | | | | 全检 | 抽检 | | | | 允收 | 拒收 | 选别 |
| | | | | | | | | | | | | |
| | | | | | | | | | | | | |
| | | | | | | | | | | | | |
| 本日备注： | | | | | | | | | | | | |

检验主管：＿＿＿＿＿＿＿　　　制表人：＿＿＿＿＿＿＿

## 四、物料拒收月统计表（见表2-11）

### 表2-11　物料拒收月统计表

月份：_____　　　　　　　　　　填写日期：　　年　　月　　日

| 序号 | 交货单编号 | 料名 | 料号 | 数量 | 供应商 | 供应商编号 | 交货日 | 不良内容 | 处理方法 |
|------|-----------|------|------|------|--------|-----------|--------|----------|----------|
| 1 | | | | | | | | | |
| 2 | | | | | | | | | |
| 3 | | | | | | | | | |
| ... | | | | | | | | | |
| 合计 | | | | | | | | | |

检验主管：_____　　　制表人：_____

### 能力训练

简述货物入库的检验流程以及注意事项。

# 任务三　货物入库手续办理

## 任务书

使用搬运堆垛设备和仓储管理软件、电脑等工具，通过检查、核对和电脑操作等方法，完成货物入库清理登记、电脑数据录入并输出正式入库凭证、搬运卸货等，完成费用核收以及凭证归档整理等工作。

## 任务目标

**1. 技能目标**：能够熟练指挥或操作叉车和堆垛设备，准确快速地将货物安放在指定的货位；能够正确熟练掌握装卸搬运作业方法；能够快速准确完成货物的入库手续办理工作；能够熟练做好货物入库账务的处理。

**2. 知识目标**：熟悉叉车、堆垛机、货架及托盘等使用的操作规范；能够安全有效地对货物进行装卸搬运作业；熟练运用账务处理和费用核收知识。

**3. 素质延伸**：训练学生在货物入库管理过程中树立安全意识和认真负责的工作态度。

**理论知识**

# 一、装卸搬运作业

搬运作业形式直接影响仓库的作业效率，是否重复行走，货物是否应合并搬运，都是管理者做决策时必须考虑的因素。

## （一）现代装卸搬运作业的分类

### 1. 按搬运移动的形态分类

装卸搬运作业根据货物搬运的移动形态可分为直流和间接移动两种运行体系：

（1）直流体系。是指不同货物各自由原点直接向终点移动的最短距离。流程密度较高，且移动距离短或适中时，应用此法较为经济，尤其在处理紧急订单时最为有效。

（2）间接移动体系。是指综合不同区域的各类货物共同搬运，使这些货物运用相同设备、依照相同的路线移动。根据移动特性又可将其分为通路体系和中间转运体系。

通路体系是指货物经事先确定的路线到达目的地，而路径相关的不同货物都能共同使用这条路线。适用于搬运密度不高，距离较长，且厂房布置不规则或扩散的情况，此时该系统是最经济的搬运方法。

中间转运体系是指货物由起点至终点，往往要经由中间转运站加以分类或指派，而后才能送达目的地。适用于货物流量不高，距离很长，厂房区域是方型或者控制功能特别重要的情况。

### 2. 按作业的手段和组织水平分类

（1）人工作业法。指完全依靠人力和人工使用无动力装卸搬运机械来完成装卸搬运的作业方式。

（2）机械化作业法。指以各种装卸搬运机械，完成商品装卸搬运的作业方式。这是目前装卸搬运作业的主流。

（3）综合机械化作业法。这是代表装卸搬运作业发展方向的作业方式。它要求作业机械设备和作业设施、作业环境的理想化配合，要求对装卸托运系统进行全面的组织、管理、协调，并采用自动化控制手段以取得高效率、高水平的装卸搬运作业。

### 3. 按装卸搬运设备作业特点分类

（1）间歇式作业法。指在装卸搬运作业过程中有重程和空程两个阶段，即在两次作业中存在一个空程准备作业的过程。如门式起重机、桥式起重机及叉车等作业。

（2）连续式作业法。指在装卸搬运作业过程中，设备连续不断地作业，不存在空程阶段。如带式输送机、链斗装车机等作业。

## （二）合理选择装卸搬运方式

货物移动的基本单元有三种形式：散装、个装或集装单元化。

### 1．散装商品的装卸搬运方式

它是最简单且最廉价的货物如煤炭、水泥、粮食等的装卸搬运方法。其优点是每次的运送量较大，但散装的搬运较容易破坏货物或造成边缘的损坏，应特别注意。目前可采用的方法有：

（1）重力作业法。即利用货物的势能来完成装卸搬运作业。

（2）倾翻作业法。即将运载工具中载货部分倾翻，而将货物卸出，如倾斜式货车。

（3）机械作业法。即通过抓、舀、铲等作业方式进行装卸托运，如链斗装卸机、单斗装卸机、挖掘机及自动抓斗的起重机、刮板机、移动式胶带机等装卸搬运。

（4）气力输送法。即利用风机在气力输送机的管内形成单向气流，依靠气体的流动或气压差来输送货物。

### 2．个装商品的装卸搬运方式

它主要针对体积很大的货物或易碎、贵重的货物。如电视机、电冰箱、玻璃器皿等均可采用成件包装即个装。它的装卸搬运可采用人工、胶带输送机、中小型叉车、水平生动输送机等装卸设备进行搬运作业。长、大、重货物如大型机器设备等，一般采用起重量为5t、10t及以上的移动式起重机装卸，如轮胎式、轨道式、履带式起重机，也可使用大型叉车。

### 3．单元商品的装卸搬运方式

累积到托盘、笼车等集装单元中的商品称为单元商品。单元商品的好处是可以保护货物并降低每单位的搬运成本及装卸成本，让搬运作业运行更加完善、经济。但多数单元包装是标准化形式，其大小、形态与设计都要一致，否则会造成资金浪费。

集装单元的类型有：捆扎类、托盘类、台车类、集装箱系统、其他容器等。其中，最常用的是托盘、台车、集装箱。

搬运托盘商品的主要工具是叉车。但在运量不大、运距较短，使用叉车不够经济、不够方便的场合，可采用托盘搬运车。自动化高层货架仓库，则是用自动导向车与自动堆垛起重机配套，进行现代化装卸搬运。

搬运集装箱商品的主要工具是集装箱装卸桥、集装箱跨车、集装箱正面吊机、集装箱叉车等专用装卸搬运设备。

## 二、货物入库交接和登记

入库货物经过点数、查验之后，可以安排卸货、入库堆码，表示仓库接收货物。卸货、搬运、堆垛作业完毕，与送货人办理交接手续，并建立仓库台账。

### （一）交接手续

交接手续是指仓库对收到的货物向送货人进行的确认，表示已接收货物。办理完交接手续，意味着划清了运输、送货部门和仓库的责任。完整的交接手续包括以下几个步骤：

### 1．接收货物

仓库以送货单（见表2-12）为依据，通过理货、查验货物，将不良的货物剔出、退回，或者编制残损单证等以明确责任，确定收到货物的确切数量、货物整体状态。

表2-12　送货单

| 品名 | 规格 | 单位 | 数量 | 单价 | 金额 | 说明 |
|------|------|------|------|------|------|------|
|  |  |  |  |  |  |  |
|  |  |  |  |  |  |  |
|  |  |  |  |  |  |  |
|  |  |  |  |  |  |  |
| 合计 |  |  |  |  |  |  |
| 合计金额（人民币大写）：<br>　　　　　万　　千　　百　　拾　　元　　角　　分 | | | | | | |
| 收货单位：（盖章）　　　　　制单：　　　　　经手人： | | | | | | |

送货单位：＿＿＿＿＿＿＿　　编号：＿＿＿＿＿＿＿　　日期：　年　月　日

### 2．接收文件

接收送货人送交的货物资料、运输的货运记录、普通记录等，以及随货的在运输单证上注明的相应文件，如图纸、准运证等。

### 3．签署单证

仓库与送货人或承运人共同在送货人交来的送货单（见表2-12）、到接货交接单（见表2-13）上签署和批注，并留存相应单据，提供相应的入库、查验、理货、残损单据，事故报告，由送货人或承运人签署。

表2-13　到接货交接单

| 收货人 | 发站 | 发货人 | 物资名称 | 标志标记 | 单位 | 件数 | 重量 | 存放地 | 车号 | 运单号 | 提货单号 |
|--------|------|--------|----------|----------|------|------|------|--------|------|--------|----------|
|  |  |  |  |  |  |  |  |  |  |  |  |
|  |  |  |  |  |  |  |  |  |  |  |  |
|  |  |  |  |  |  |  |  |  |  |  |  |
|  |  |  |  |  |  |  |  |  |  |  |  |
| 备注： | | | | | | | | | | | |
| 提货人：　　　　　　经办人：　　　　　　接收人： | | | | | | | | | | | |

### （二）登账

根据货物查验情况制作入库单（见表2-14），详细记录入库货物的实际情况。对短少、破损等现象在备注栏填写和说明。

表2-14　入库单

编号：＿＿＿＿＿＿＿＿

| 送货单位：　　　　　　　　　　　日期：　　年　月　日 入货仓库： | | | | | | | |
|---|---|---|---|---|---|---|---|
| 货物编号 | 品名 | 规格 | 单位 | 数量 | 检验 | 实收数量 | 备注 |
|  |  |  |  |  |  |  |  |
|  |  |  |  |  |  |  |  |
|  |  |  |  |  |  |  |  |
|  |  |  |  |  |  |  |  |
|  |  |  |  |  |  |  |  |
| 仓库收货人：　　　　　会计：　　　　　　　制单： | | | | | | | |
| 本单一式三联。第一联送货人联；第二联财务联；第三联仓库联。 | | | | | | | |

　　货物入库，仓库应建立详细反映物资仓储的明细账，登记货物进库、出库、结存的详细情况，用以记录库存货物的动态和出入库过程。

　　登账的主要内容有：物资名称、规格、数量、累计数或结存数、存货人或提货人、批次、金额，注明货位号或运输工具、接（发）货经办人。

## （三）立卡

　　货物入库或上架后，将货物名称、规格、数量或出入状态等内容填在料卡上，称为立卡。料卡又称为货卡、货牌（见表2-15），插放在货物下方的货架支架上或摆放在货垛正面的明显位置。

表2-15　料卡

编号：＿＿＿＿＿＿＿＿

| 物资名称：　　　　　规格：　　　　　单位：　　　　　单价： | | | | | |
|---|---|---|---|---|---|
| 年　月　日 | 送（提）货单位 | 入库量（＋） | 出库量（－） | 库存 | 经手人 |
|  |  |  |  |  |  |
|  |  |  |  |  |  |
|  |  |  |  |  |  |
|  |  |  |  |  |  |

## （四）建档

　　仓库应对所接收的货物建立存货档案或者客户档案，以便于货物管理和保持与客户的联系，也为将来可能发生的争议保留凭据，同时有助于总结和积累仓库保管经验，研究仓储管理规律。

　　存货档案应一货一档设置，将该货物入库、保管、交付的相应单证、报表、记录、作业安排、资料等的原件或者附件、复制件存档。存货档案应统一编号，妥善保管，长期保存。

存货档案的内容包括：

（1）货物的各种技术资料、合格证、装箱单、质量标准、送货单、发货清单等。

（2）货物运输单据、普通记录、货运记录、残损记录、装载图等。

（3）入库通知单、验收记录、磅码单、技术检验报告。

（4）保管期间的检查、保养作业、通风除湿、翻仓、事故等直接操作记录；存货期间的温度、湿度、特殊天气的记录等。

（5）出库凭证、交接签单、送出货单、检查报告等。

（6）回收的仓单、货垛牌、仓储合同、存货计划、收费存根等。

（7）其他有关货物仓储保管的特别文件和报告记录。

**相关链接**

物资入库管理中常见表格

**一、物料类别编号表**（见表2-16）

表2-16 物料类别编号表

制表人：_____          制表日期：  年  月  日

| 材料类别名称 | 类号 | 0 | 1 | 2 | 3 | 4 | 5 | 6 | 7 | 8 | … |
|---|---|---|---|---|---|---|---|---|---|---|---|
| 钢料 | 0 | | | | | | | | | | |
| 铁料 | 1 | | | | | | | | | | |
| 铝料 | 2 | | | | | | | | | | |
| 其他金属材料 | 3 | | | | | | | | | | |
| 五金材料 | 4 | | | | | | | | | | |
| 机器配件 | 5 | | | | | | | | | | |
| 建材 | 6 | | | | | | | | | | |
| 电器材料 | 7 | | | | | | | | | | |
| 门窗配件 | 8 | | | | | | | | | | |
| 工具 | 9 | | | | | | | | | | |
| 化工材料 | 10 | | | | | | | | | | |
| 焊料 | 11 | | | | | | | | | | |
| 杂项材料 | 12 | | | | | | | | | | |
| … | … | | | | | | | | | | |

## 二、物料编号一览表（见表2-17）

表2-17　物料编号一览表

编号：＿＿＿＿＿＿＿＿＿　　　　　　　　　　　　　　页次：＿＿＿＿＿＿＿

| 物料编号 | 类别 | 名称 | 规格 | 用途 | | 单价 | 供应商 | 代用件编号 |
| --- | --- | --- | --- | --- | --- | --- | --- | --- |
| | | | | 专 | 共 | | | |
| | | | | | | | | |
| | | | | | | | | |
| | | | | | | | | |
| | | | | | | | | |
| | | | | | | | | |

## 三、物资入库日报表（见表2-18）

表2-18　物资入库日报表

编号：＿＿＿＿＿＿＿＿＿　　　　　　　　　　入库日期：　年　　月　　日

| 物资检验 | | | | | 物品入库记录 | | | | |
| --- | --- | --- | --- | --- | --- | --- | --- | --- | --- |
| 物资名称 | 生产厂家 | 规格 | 检验单编号 | 入库单编号 | 入库数量 | 单价 | 总金额 | 储位 | 备注 |
| | | | | | | | | | |
| | | | | | | | | | |
| | | | | | | | | | |
| | | | | | | | | | |

填表人：＿＿＿＿＿＿＿＿　　　　　　　　　　审核：＿＿＿＿＿＿＿＿

## 四、物料入库通知单（见表2-19）

表2-19　物料入库通知单

编号：＿＿＿＿＿＿＿＿＿　　　　　　　　　　通知日期：　年　　月　　日

| 到货日期 | | 供货单位 | | 收货人 | |
| --- | --- | --- | --- | --- | --- |
| 入库日期 | | 合同单号 | | 储位 | |
| 验收日期 | | 运单号 | | 入库单号 | |

| 物料入库详细信息 | | | | | | | | | | |
| --- | --- | --- | --- | --- | --- | --- | --- | --- | --- | --- |
| 物料编号 | 物料名称 | 计量单位 | 数量 | | | | | 价格 | | 说明 |
| | | | 交货 | 多交 | 短交 | 退货 | 实收 | 质量 | 购入 | 基本 |
| | | | | | | | | | | |
| | | | | | | | | | | |
| | | | | | | | | | | |

能力训练

## 恒新公司配件入库管理制度

大连恒新零部件制造公司（以下简称恒新公司），隶属于大连市政府，是大连市五十家纳税大户之一。作为大连市重点企业，恒新公司原材料需求量很大，每年采购定额为4亿元，所以如何对库存进行管理和控制对企业的发展至关重要。

恒新公司在总结多年实践经验的基础上，制定出了下述入库管理制度，并取得了良好的效果。

1. 验收接运。到货接运是配件入库的第一步。它的主要任务是及时而准确地接受入库配件。在接运时，要对照货物运单认真检查，做到交接手续清楚、证件资料齐全，为验收工作创造有利条件。避免将已发生损失或误差的配件带入仓库，造成仓库的验收或保管出现问题。

2. 验收入库。凡要入库的配件，都必须经过严格的验收。物资验收时要按照一定的程序和手续，对物资数量和质量进行检查，以验证它是否符合订货合同的每一项规定。验收为配件的保管和使用提供可靠依据，验收记录是仓库对外提出换货、退货、索赔的重要凭证，因此，要求验收工作做到及时、准确，在规定期限内完成，要严格按照验收程序进行。

3. 验收作业程序。验收准备 → 核对资料 → 核验事物 → 做出验收记录。

（1）验收准备。搜集和熟悉验收凭证及有关订货资料，准备并校验相应的验收工具，准备装卸搬运设备、工具及材料；配备相应的人力，根据配件及保管要求，确定存放地点和保管方法。

（2）核对资料。凡要入库的零配件，应具备下列资料：入库通知单；供货单位提供的质量证明书、发货明细表、装箱单；承运部门提供的运单及必要证件。仓库需对上述各种资料进行整理和核对，无误后即可进行实物验收。

（3）核验实物。主要包括对零配件的数量和质量两方面进行检验。数量验收时查对所到配件的名称、规格、型号、件数等是否与入库通知单、运单、发货明细一致。需进行技术检验来确定其质量的，则应通知企业技术检验部门检验。

4. 办理入库手续。经验收无误后即可办理入库手续，进行登账、立卡、建立档案，妥善保管配件的各种证件、账单等资料。

（1）登账。仓库对每一品种规格及不同级别的物资都必须建立收、发、存明细账，它是及时、准确地反映物资储存动态的基础资料，登账时必须要以正式收发凭证为依据。

（2）立卡。立卡是一种活动的实物标签，它反映库存配件的名称、规格、型号、级别、储存定额和实存数量，一般直接挂在货位上。

（3）建立档案。历年来的技术资料及出入库有关资料应存入档案，以备查询及积累零配件保管经验。档案应一物一档，统一编号，以便查找。

案例思考题：

1. 结合所学知识分析恒新公司的配件入库管理制度的优点。

2. 恒新公司的配件入库管理还有哪些地方需要改进？

# 学习情境三　物品库内作业

　　物品的库内作业是指对商品进行合理地保存和经济管理。所谓合理保存是指将商品存放在适宜的场所和位置；所谓经济管理是指对商品实体和商品仓储信息进行科学的管理，包括对商品进行科学保养和维护，为货物提供良好的保管环境和条件，以及对库存商品有关的各种技术证件、单据、凭证、账卡等进行信息化管理。

　　本学习情境的具体实施包括四个任务：物品的分区分类与货位管理；物品的堆码与苫垫；盘点作业；库存控制。

## 学习目标

　　**1．技能目标：**能够利用科学合理的方法，正确分析和解决仓储库内作业中存在的简单问题。如能较熟练地进行物品分区分类和货位管理，掌握物品的堆码、苫垫作业方法，会进行在库物品盘点，会进行库存控制的ABC分析，会利用公式进行订货点和经济订购批量的确定。

　　**2．知识目标：**了解货位管理的基本步骤，堆码的基本原则和基本要求，商品盘点的主要内容，库存的概念；理解商品盘点的种类和范围，库存控制的内容和目标；熟悉仓库货区的布置与设计，堆垛的设计内容；熟练掌握物品分区分类作业和货位管理作业，物品堆码、苫垫作业方法，商品盘点的流程以及事后处理。

　　**3．素质延伸：**培养学生具有一般的管理素质，包括组织协调能力、评估能力、策划能力、控制能力，办事能力；能区分轻重缓急，处理事务有条有理。培养学生独立思考、勇于表达自己见解的习惯；培养正确的学习目的和学习态度，形成良好的团队合作意识。

## 任务导入

### ××连锁超市商品的盘点作业

　　◇　**总部盘点通知：**总公司营运部下达所有下属门店本营运年度的盘点任务，确定具体盘点时间，组织财务、审计、监盘小组到门店参与、监督门店的年度盘点。

　　◇　**门店盘点小组的成立：**门店在接到总部的通知后，提前于盘点日一个月前成立门店的盘点小组，全面进行年度盘点的准备工作。

　　◇　**盘点准备工作计划：**用倒计时的方式将盘点所需要进行的工作以清单的形式列印出来。

　　◇　**盘点区域的规划：**将所有需要盘点的区域进行编号规划，将不需要盘点的区域划分出去。

◇ 陈列图的确认：对整个门店所有需要盘点的区域的陈列图进行确认，并输入电脑系统。

◇ 准备文具：准备所有盘点需要的文具、用具等。

◇ 准备盘点表：在库存区预盘点之前，将所有的盘点表审核、准备完毕。

◇ 设置盘点图：将门店所有陈列区域的商品陈列图设置到电脑系统中。

◇ 人员安排：安排所有参加库存区盘点、陈列区盘点的人员，以及盘点指挥中心和盘点资料处理中心的人员。并详细安排工作时间、就餐时间、报道地点等。

◇ 商品整理：在盘点进行前，对销售区域、库存区域的所有待盘点的商品进行整理，使其符合盘点的要求。

◇ 盘点培训：组织对盘点小组人员的培训、管理层的培训、参加盘点人员的培训。

◇ 库存区预盘点：盘点日前一天对整个门店的库存区域进行提前盘点，但资料与陈列区的盘点资料一起输入。

◇ 停止营业：盘点前2小时门店停止营业，盘点公告则在一周前以广播、告示等方式通知顾客。

◇ 陈列区盘点：关店后进行陈列区的盘点。

◇ 盘点结果的确定：将陈列区、库存区的所有盘点数据输入电脑中心进行处理，并对差异报告进行分析、重盘等，最终确定本次的盘点库存金额，由财务部计算本营运年度的盘点损耗率。

◇ 盘点结束：盘点结束后，立即进行开店营业的恢复工作。包括系统恢复、收货恢复、楼面恢复以及盘点小组的收尾工作等。

# 任务一　物品的分区分类与货位管理

## 任务书

根据商品的类别、性能和特点，结合仓库的建筑结构情况、容量、装卸设备等条件，确定各储存区域存放商品的种类、数量，然后分类分区编成目录并绘制平面图。在商品分区分类的基础上进行的货位管理，其应遵循"确保商品安全、方便吞吐发运、力求节约仓容"等原则。

## 任务目标

**1．技能目标：** 能够对仓库货区进行合理布局设计，并对货位进行科学管理。

**2．知识目标：** 了解货位管理的基本步骤；熟悉仓库货区的布置与设计；掌握物品分区分类作业和货位管理作业。

**3．素质延伸：** 熟悉仓库的结构、布局，妥善安排货位，合理高效利用仓容。具有高度的责任感，忠于职守，廉洁奉公，热爱仓储工作，具有敬业精神。

**理论知识**

## 一、物品分区分类作业

### （一）按物品种类和性质分区分类

按物品种类和性质分区分类的方式就是按照库存物品的理化性质进行分类管理，是当前仓库普遍采用的方法，它是按物料的自然属性，把怕热、怕潮、怕冻、怕光、怕风等不同性质的物料分别归类，集中起来分区存放。例如化工品区、金属材料区、纺织品区、冷藏品区、危险品区等。在这样的分区分类方法下，理化性质相同的物品集中存放，便于仓库对库存物品采取相应的养护措施，同时还便于对同种库存物品进行清查盘点。从空间利用情况看，同种物品集中存放时可以进行集中堆码，便于提高仓库货位的利用率。

### （二）按库存物品的使用方向或不同货主分区分类

在仓库中经常有同样的物品分属于不同客户的情况，如果此时依然按照物品的性质来进行分区分类，串发的可能性就非常大。所以需要根据物品的所有权关系来进行分区分类管理，以便于仓库发货或货主提货。但这种方式非常容易造成货位的交叉占用，以及物品间相互产生影响。

### （三）按物料发往地区进行分区分类

这种方法主要适用于物料存放时间短的中转仓库。它是先按不同运输方式划分，如铁路、公路、水路等，再按物料运送的不同路线划分，最后按物料发往的不同地点划分。需要注意的是相互影响的物料以及运价悬殊的物料应分别堆放。

### （四）按物品的流时分区分类

这种方式主要适用于长期储存物品和短期储存物品混存在同一场所时，将长期储存物品与短期储存物品严格分开。一般短期储存物存放在离仓库门比较近的地方，方便物品出入。

### （五）混合货位规划

混合货位规划即综合考虑按理化性质分类和按使用方向分类的优缺点，对通用物品多按理化性质分类保管，专用物品则按使用方向分类保管。

## 二、货位管理作业

货位是指仓库中实际可用于堆放商品的面积。实施货位的选择是在商品分区分类的基础上进行的，所以货位的选择应遵循确保商品安全、方便吞吐发运、力求节约仓容的原则。

　　进入仓库储存的每一批物品在其理化性质、来源、去向、批号、保质期等各方面都有其独特性，仓库要为这些物品确定合理的货位，既要保证保管的需要，更要便于仓库的作业和管理。仓库需要按照物品自身的理化性质和储存要求，根据分库、分区、分类的原则，将物品固定区域与位置存放。此外，还应进一步在定置区域内以物品材质和型号规格等为顺序依次存放。实施货位管理的基本步骤如图3-1所示。

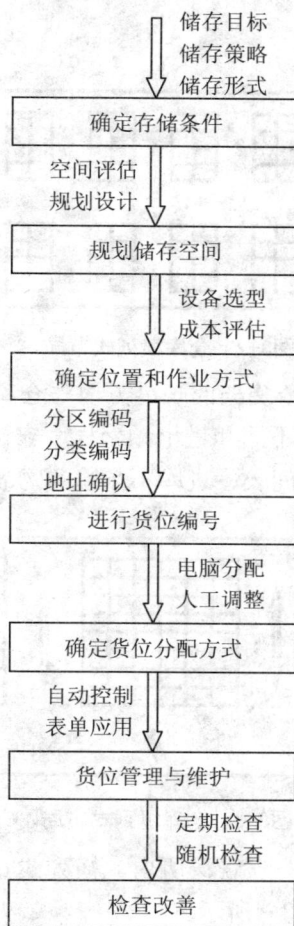

储存目标
储存策略
储存形式

**确定存储条件**

空间评估
规划设计

**规划储存空间**

设备选型
成本评估

**确定位置和作业方式**

分区编码
分类编码
地址确认

**进行货位编号**

电脑分配
人工调整

**确定货位分配方式**

自动控制
表单应用

**货位管理与维护**

定期检查
随机检查

**检查改善**

**图3-1　货位管理的基本步骤**

## 三、仓库货区的布局设计

　　仓库货区布置分为平面布置和空间布置。

### （一）平面布置
　　平面布置是指对货区内的货垛、通道、垛间距、收发货区等进行合理的规划，并正确处理它们的相对位置。平面布置的形式可以概括为垂直式和倾斜式。

### 1．垂直式布局

是指货垛或货架的排列与仓库的侧墙互相垂直或平行，具体包括横列式布局、纵列式布局和纵横式布局。

（1）横列式布局，是指货垛或货架的长度方向与仓库的侧墙互相垂直。这种布局的主要优点是：主通道长且宽，副通道短，整齐美观，便于存取查点，如果用于库房布局，还有利于通风和采光，如图3-2所示。

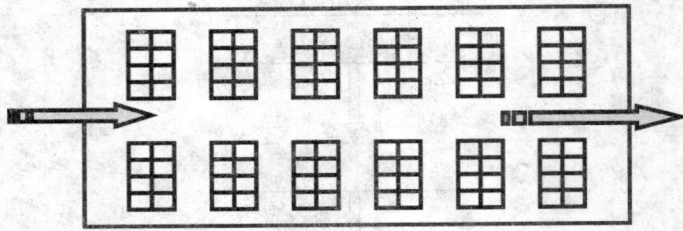

图3-2　仓库横列式布局

（2）纵列式布局，是指货垛或货架的长度方向与仓库侧墙平行。这种布局的优点主要是可以根据库存物品在库时间的不同和进出频繁程度安排货位。在库时间短、进出频繁的物品放置在主通道两侧；在库时间长、进库不频繁的物品放置在里侧。如图3-3所示。

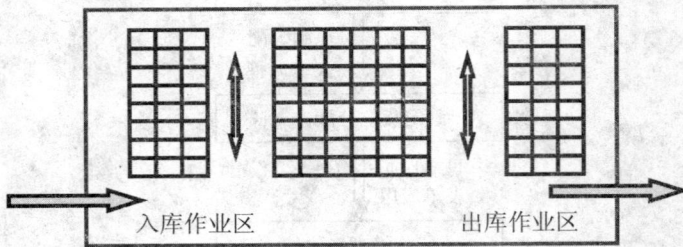

图3-3　仓库纵列式布局

（3）纵横式布局，是指在同一保管场所内，横列式布局和纵列式布局兼而有之，可以综合利用两种布局的优点。如图3-4所示。

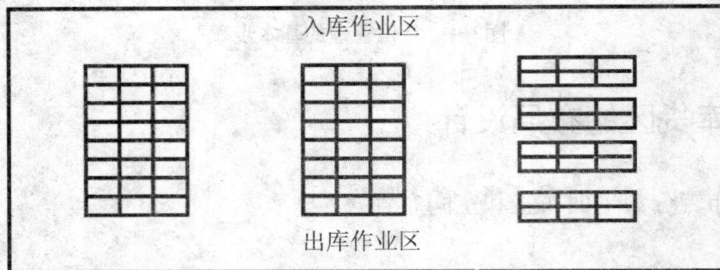

图3-4　纵横式布局

### 2. 倾斜式布局

是指货垛或货架与仓库侧墙或主通道成60°、45°或30°夹角。具体包括货垛倾斜式布局和通道倾斜式布局。

（1）货垛倾斜式布局，是横列式布局的变形，它是为了便于叉车作业、缩小叉车的回转角度、提高作业效率而采用的布局方式。如图3-5所示。

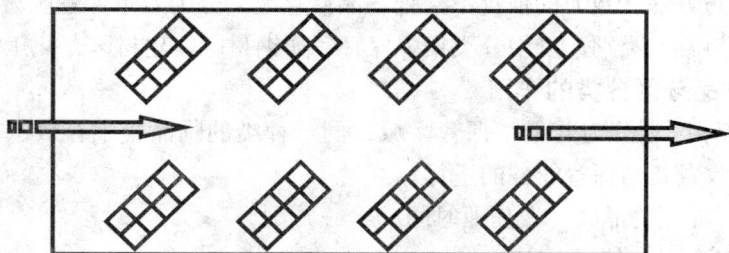

图3-5　货垛倾斜式布局

（2）通道倾斜式布局，是指仓库的通道斜穿保管区，把仓库划分为具有不同作业特点的区域，如大量存储和少量存储的保管区等，以便进行综合利用。这种布局形式复杂，货位和进出库路径较多。如图3-6所示。

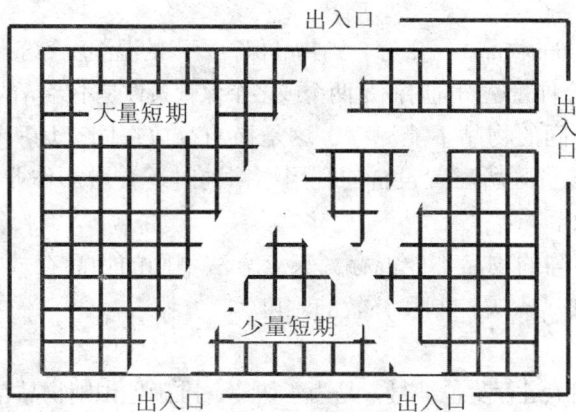

图3-6　通道倾斜式布局

## （二）空间布局

空间布局是指库存物品在仓库立体空间的布局，其目的在于充分有效地利用仓库空间。空间布局的主要形式有：就地堆码、上货架存放、加上平台、空中悬挂等。

**相关链接**

## 一、物品分区分类的含义、作用与原则

### （一）物品分区分类的含义

物品分区分类就是对储存物品在"四一致"（物品性能一致、养护措施一致、作业手段一致、消防方法一致）的前提下，把物品储存区划分为若干保管区域，根据物品大类和性能等划分为若干类别，以便分类集中保管，如钢材区、建材区、化工区等。

### （二）物品分区分类的作用

把物品储存区划分为若干个保管区域，同一种类的物品集中存放于相对固定的货区保管，有利于收发货与保管业务的进行。

（1）可以缩短物品收、发作业时间。

（2）可以合理地使用仓容。

（3）可以使保管员掌握物品进、出库活动规律，熟悉物品性能，提高保管技术水平。

（4）可以合理配置和使用机械设备，提高机械化操作程度。

### （三）物品分区分类的原则

（1）存放在同一货区的物品必须具有互容性。也就是说性质互有影响和相互抵触的物品不能同库保存。

（2）保管条件不同的物品不应混存。当物品保管要求的温湿度等条件不同时，不宜把它们存放在一起，因为在一个保管空间同时满足两个或多个保管条件是不经济的，更是不可能的。

（3）作业手段不同的物品不能混存。这是指当存放在同一场所中的物品体积和重量悬殊时，将严重影响该货区所配置设备的利用率，同时还会增加作业组合的复杂性和作业难度，使作业风险增加。

（4）灭火措施不同的物品不能混存。灭火方法不同的物品存放在一起，不仅使安全隐患大大增加，也增加了火灾控制和补救的难度。

## 二、货位编号

在分区分位的基础上进行货位编号，是为了快速、准确地识别物品存放的具体位置，提高收发货效率，便于仓库实施信息化、自动化管理。仓库应当对全部的货位予以统一编号，编好货位号之后，要在货位或者货架的明显处标明货位编号。编号的方法主要有地址法和品类群法。

### （一）地址法

地址法即用汉字（或英文字母）和数字进行统一编号。物品若在地面排列堆放，一般按照仓库—货区—货位的格式进行地址式的统一编号；物品若存放在货架上，具体的编号工作会有所不同，即从左往右依次是仓库号、货区号、货架号、架层数、货格号。这些是在实际工作中被广泛使用的办法。如：一批洗衣机在A仓库地面排列并堆放在托盘上，A-6-7的货位编号表示存放在A仓库的6号货区，排在第7排；一批手机存放在B仓库的货架上，B-2-3-4-5的货位编号表示存放在B仓库的2号货区，3号货架，第4层的第5格。

### （二）品类群法

品类群法是把一些相关性强的物品进行集合后，分成若干个品类群；再对每个品类

群进行编号。该方法主要适应于相关性强但品牌差异性大的物品，如服装类群、食品类群、日用化工类群、家电类群等。品类群法根据各个仓库的实际情况对库存物品进行编号。例如，C仓库集中储存了康佳、长虹、TCL、海尔等不同品类的家电产品，"C—彩电—康佳—29英寸—6"的货位编号，是指存放在C仓库彩电区域康佳品牌类别中29英寸货垛的第6排；而"C—海尔—彩电—29英寸—6"的货位编号，是指存放在C仓库海尔品牌区域中彩电类别29英寸货垛的第6排。

在实际工作中，为了提高效率、减少差错，仓库方面在做好货位编号工作后，不仅要在货位或货架的明显处标明货位编号，而且要在仓库调度室或仓库入口处贴挂货位平面示意图。

### 三、货位的存货方式

货位存货方式主要分为固定型和流动型两种。

#### （一）固定型

固定型是一种利用信息系统事先将货架进行分类、编号，并贴挂货架代码，各货架内装置的物品事先加以确定的货位存货方式。

在固定型管理方式下，各货架内装载的物品是一致的，这样从事物品备货作业较为容易，同时信息管理系统的建立也较为方便，这是因为只要第一次将货架编号以及物品代码输入计算机，就能很容易地掌握物品出入库动态，从而省去了反复不断进行库存统计的繁琐业务。与此同时，在库存发出以后，利用信息系统能很方便地掌握账目以及实际剩余在库量，及时补充库存。

#### （二）流动型

流动型指所有物品按顺序摆放在空货架中，不事先确定各类物品专用的货架。

流动型管理方式由于各货架内装载的物品是不断变化的，在物品变更登录时出差错的可能性较高。

固定型场所管理方式尽管具有准确和便利等优点，但是也有某些局限性，也就是说，固定型管理和流动型管理各有一定的适用范围。一般来讲，固定型管理适用于非季节性物品，重点客户的物品，以及库存物品种类比较多且性质差异较大的情况；而季节性物品或物流量变化剧烈的物品，由于周转较快，出入库频繁，流动型管理更为适用。

### 四、物品分区分类应考虑的因素

#### （一）物品储存条件

仓库中储存的物品在理化性质和生物特性上存在着较大差异，理化性质及生物特性不同的物品对储存环境有着不同的要求，在确定货区货位时必须考虑货品自身的特性及物品之间的特性差异，应严格遵守"四一致"原则，即"物品性能一致、养护措施一致、作业手段一致、消防方法一致"。

#### （二）仓容利用率

仓容利用率的高低是衡量仓库经营管理水平的重要指标，在对物品分区分类时在保证货品安全的前提下要尽可能提高仓容利用率，以期降低成本、提高利润。

#### （三）地坪载荷

地坪载荷即每单位面积地坪所能承受的最大设计压力（$t/m^2$），一般地坪载荷为$2t/m^2$，加强型地坪载荷为5t/m²以上，所以在对粗大、笨重物品确定货位时一定要考虑地坪的承受能力，若地坪承受不了巨大的压力（也就是我们所说的超载），地坪就会塌陷，造成货架或物品倾覆。地坪载荷的大小是在规划和设计仓库时，根据仓库储存对象而规划确定的，并不是越大越好，因为地坪载荷越大仓库施工费用越高。每个仓库的地坪载荷可以不同，一般仓储企业可以按地坪载荷不同划分为不同的区域。

### （四）仓库设施条件

仓库设施条件也是在对物品进行分区分类时所要考虑的一个重要条件，物品在属性、尺寸、单位重量、包装形态上存在差异，有些可在露天堆码存放，有些又必须入库上架存储，有些可在常温常湿条件下存储，而有些物品存储时需要严格的恒温恒湿。所以在对物品分区分类时一定要充分考虑到现有的仓库设施条件，以达到既能做到科学的分区分类又能经济、合理、高效地利用仓储设施设备。

## 五、货位选择应遵循的原则

### （一）确保物品安全原则

为确保物品质量安全，在货位选择时应注意以下几个方面的问题：

（1）怕潮、易霉、易锈的物品，应选择干燥或密封的货位。

（2）怕光、怕热、易溶的物品，应选择低温的货位。

（3）怕冻的物品，应选择不低于0℃的货位。

（4）易燃、易爆、有毒、腐蚀性、放射性的危险品，应存放在郊区仓库分类专储。

（5）性能相互抵触或有挥发性、会串味的物品，不能同区存储。

（6）消防灭火方法不同的物品，要分开储存。

（7）同一货区的物品中，存放外包装含水量过高的物品会影响邻垛物品的安全。

（8）同一货区储存的物品中，要考虑有无虫害感染的可能。

### （二）方便吞吐发运的原则

货位的选择，应符合方便吞吐的原则，要方便物品的进出库，尽可能缩短收发货的作业时间。除此之外，还应该兼顾以下几个方面：

（1）收发货方式。采取送货制的物品，由于分区理货、按车排货发货的作业需要，其储存货位应靠近理货、装车的场地；采取提货制的物品，其储存货位应靠近仓库出口，便于提货车辆的进出。

（2）操作方法和装卸设备。各种物品具有不同的包装形态、包装质地和体积重量，因而需要采用不同的操作方法和设备。所以，货位的选择必须考虑货区的装卸设备条件与仓储物品的操作方法适应。

（3）货物吞吐快慢。仓储物品的流转快慢不一，有着不同的活动规律。对于快进快出的物品，要选择有利于车辆进出库的货位；滞销久储的物品，货位不宜靠近仓库门；整进零出的物品，要考虑零星提货的条件；零进整出的物品，要考虑集中发运的能力。

### （三）尽量节约仓容的原则

货位的选择，还要符合节约的原则，以最小的仓容储存最大限量的物品。在货位负荷量和高度基本固定情况下，应从储存物品不同的体积、重量出发，使货位与物品的重量、体积紧密结合起来。例如，对于轻且体积大的物品，应安排在负荷量小、空间大的货位。对于实重物品，应安排在负荷量大而且相对位置低的货位。

除此之外，在货位的选择和具体使用时，还可以根据仓储物品吞吐快慢不一的现象，针对操作难易程度不同的特点，把热销和久储、操作困难和省力的物品搭配在同一货区储存，这样不仅能充分发挥仓容使用的效能，而且还能克服各个储存区域之间"忙闲"不均的现象。

## 能力训练

1. 举例说明货位管理的步骤。
2. 物品分区分类的注意事项是什么？

# 任务二　物品的堆码与苫垫

## 任务书

根据商品的特性、形状、规格、重量及包装质量等情况，同时综合考虑地面的负荷、储存的要求，将商品分别叠堆成各种码垛。

为使商品避免受潮、淋雨、暴晒等，保证所储存商品的质量，在商品堆码时按要求把货垛垫高，露天货物进行苫盖。

## 任务目标

**1. 技能目标：**熟悉堆码、苫垫作业技术，掌握堆垛作业要求。

**2. 知识目标：**了解堆码的基本原则和基本要求，熟悉堆垛设计的内容，熟练掌握物品堆码、苫垫作业方法。

**3. 素质延伸：**具有高度的责任感，忠于职守，具有丰富的商品作业知识，掌握商品性质和保管要求，能有针对性地采取堆码、苫垫措施提高仓储库内作业质量。

## 理论知识

## 一、物品的堆码作业

物品堆码是指根据物品的包装、外形、性质、特点、种类和数量，结合季节和气候情况，以及储存时间的长短，将物品按一定的规律码成各种形状的货垛。堆码的主要目的是便于对物品进行维护、查点等管理和提高仓库利用率。

## （一）散堆法

散堆法是指用堆扬机或者铲车在确定的货位后端起，直接将物品堆高，在达到预定的货垛高度时，逐步后推堆货，后端先形成立体梯形，最后成垛的一种方法。由于散货具有流动、散落性，堆货时不能堆到过于接近垛位四边的位置，以免散落使物品超出预定货位。

散堆法适用于露天存放的没有包装的大宗物品，如煤炭、矿石等，也可适用于库内少量存放的谷物、碎料等散装物品。

## （二）堆垛法

对于有包装（如箱、桶）的物品，包括裸装的计件物品，采取堆垛的方式储存。堆垛方式储存能够充分利用仓容，做到仓库内整齐，方便作业和保管。物品的堆码方式主要取决于物品本身的性质、形状、体积、包装等。一般情况下多采取平放，使重心最低，最大接触面向下，易于堆码，稳定牢固。

常见的堆码方式包括重叠式、纵横交错式、仰伏相间式、压缝式、通风式、栽柱式、衬垫式等。

### 1. 重叠式堆码

重叠式也称直堆法，是逐件、逐层向上重叠堆码，一件压一件的堆码方式。为了保证货垛稳定性，在一定层数后改变方向继续向上，或者长宽各减少一件继续向上堆放。该方法方便作业、计数，但稳定性较差。适用于袋装、箱装、箩筐装物品，以及平板、片式物品等。如图3-7所示。

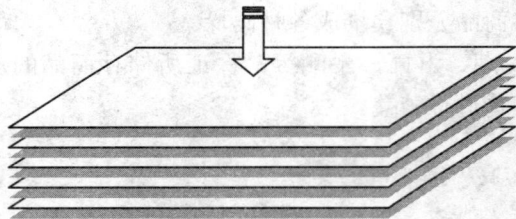

图3-7　重叠式堆码

### 2. 纵横交错式堆码

纵横交错式是指每层物品都改变方向向上堆放。适用于管材，捆装、长箱装物品等。该方法较为稳定，但操作不便。如图3-8所示。

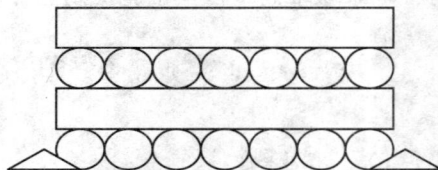

图3-8　纵横交错式堆码

### 3. 仰伏相间式堆码

对上下两面有大小差别或凹凸的物品，如槽钢、钢轨等，将物品仰放一层，再反一面伏放一层，仰伏相向相扣。该垛极为稳定，但操作不便。如图3-9所示。

图3-9 仰伏相间式堆码

### 4．压缝式堆码

将底层并排摆放，上层放在下层的两件物品之间。如图3-10所示。

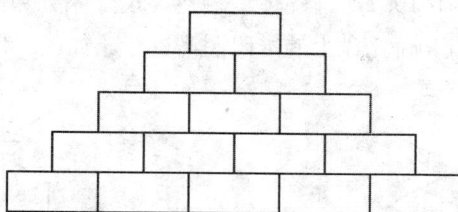

图3-10 压缝式堆码

### 5．通风式堆码

物品在堆码时，任意两件相邻的物品之间都留有空隙，以便通风。层与层之间采用压缝式或者纵横交错式。通风式堆码可以用于所有箱装、桶装以及裸装物品堆码，这种堆码方式能起到通风防潮、散湿散热的作用，如图3-11所示。

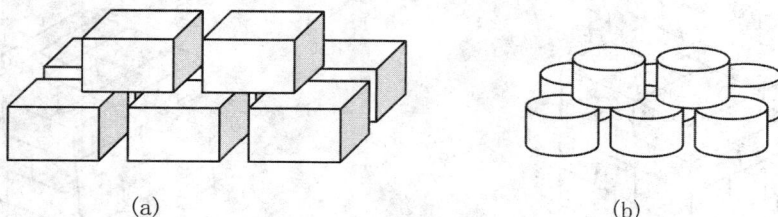

(a)                    (b)

图3-11 通风式堆码

### 6．栽柱式堆码

码放物品前先在堆垛两侧栽上木桩或者铁棒，然后将物品平码在桩与柱之间，几层后用铁丝将相对两边的柱拴连，再往上摆放物品。此法适用于棒材、管材等长条状物品。如图3-12所示。

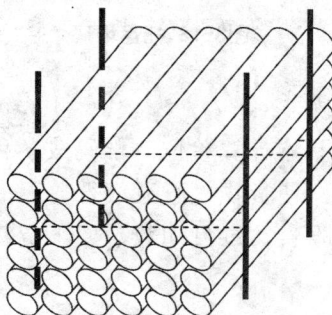

图3-12 栽柱式堆码

**7. 衬垫式堆码**

码垛时隔层或隔几层铺放衬垫物，衬垫物平整牢靠后，再往上码。适用于不规则且较重物品的堆码，如无包装电机、水泵等。

## （三）托盘上存放物品

由于托盘在物流系统中的运用得到普遍认同，因此就形成了物品在托盘上的堆码方式。托盘是具有标准规格尺寸的集装工具，因此，在托盘上堆码物品可以参照典型堆码图谱来进行。如硬质直方体物品可参照中华人民共和国国家标准GB/T4892-2008《硬质直方体运输包装尺寸系列》硬质直方体在1140mm×1140mm托盘上的堆码图谱进行。圆柱体物品可参照中华人民共和国国家标准GB/T13201-1997《圆柱体运输包装尺寸系列》圆柱体在1200mm×1000mm、1200mm×800mm、1140mm×1140mm托盘上的堆码图谱进行。如图3-13所示。

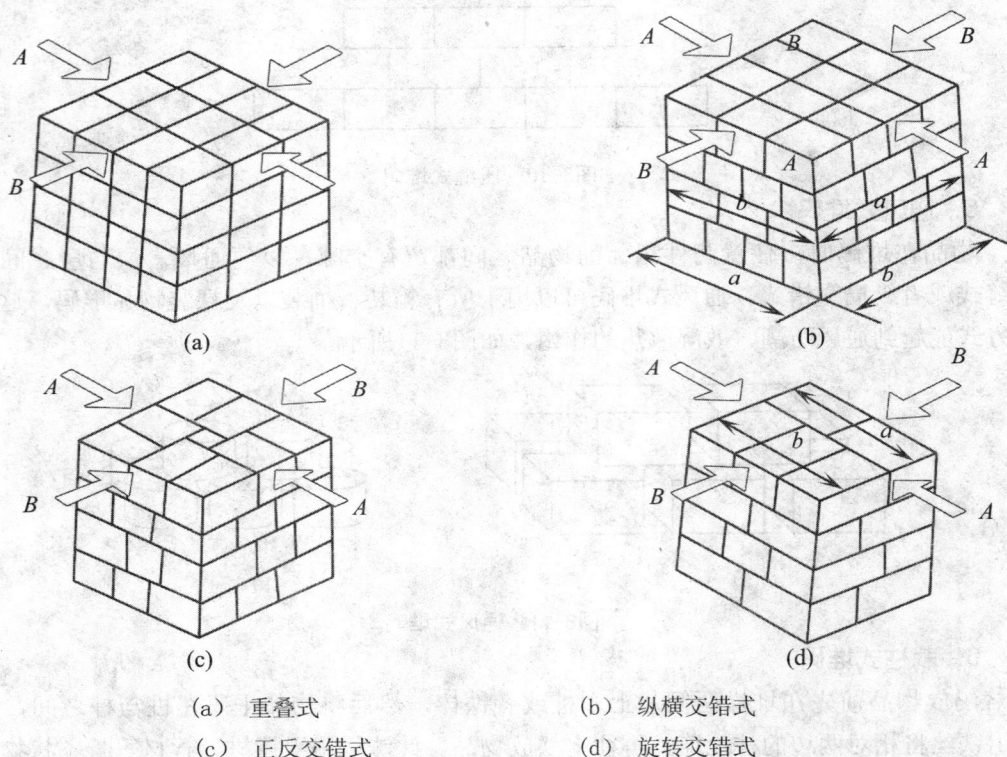

|  |  |
|---|---|
| （a）重叠式 | （b）纵横交错式 |
| （c）正反交错式 | （d）旋转交错式 |

**图3-13 托盘堆码**

## （四）"五五化"堆垛

"五五化"堆垛是以五为基本计算单位，堆码成各种总数为五的倍数的货垛，以五或五的倍数在固定区域内堆放，使货物"五五成行、五五成方、五五成包、五五成堆、五五成层"，堆放整齐，上下垂直，过目知数，便于货物的数量控制、清点盘存。如图3-14所示。

**图3-14　"五五化"堆垛示意图**

## 二、垫垛

常用的垫垛作业主要有以下三种：

### （一）码架式

即采用若干个码架，拼成所需货垛底面积的大小和形状，以备堆垛。码架，是用垫木为脚，上面钉有木条或木板的构架，专门用于垫垛。码架规格不一，常见的有 $2m×1m×0.2m$，$2m×1m×0.1m$。不同储存条件，所需码架的高度不同，例如多层库房使用的码架，高度一般为0.1m；平库房使用的码架，高度一般为0.2m；货棚、货场使用的码架高度一般为0.3～0.5m。

### （二）垫木式

垫木式是采用规格相同的若干根枕木或垫石，按货位的大小、形状排列，作为垛垫。枕木和垫石一般都是长方体的，其宽和高相等，约为0.2m，较长枕木约2m左右，而较短垫石为0.3m左右。这种垫垛方法最大的优点是拼拆方便，不用时节省储存空间。适用于底层库房及货棚、货场垫垛。

### （三）防潮纸式

即在垛底铺上一张防潮纸作为垛垫。常用芦席、油毡、塑料薄膜等防潮纸，适用于地面干燥的库房。储存的商品对通风要求不高时，可在垛底垫一层防潮纸防潮。

此外，若采用货架存货，或采用自动化立体仓库的高层货架存货，则货垛下面可以不用垫垛。

## 三、苫盖

苫盖是指采用专用苫盖材料对货垛进行遮盖，以减少自然环境中的阳光、雨雪、刮风、尘土等对物品的侵蚀、损害，并使物品由于自身理化性质所造成的自然损耗尽可能地减少，以保护物品存储期内的质量。

常用的苫盖材料有：帆布、芦席、竹席、塑料膜、铁皮铁瓦、玻璃钢瓦、塑料瓦等。

## （一）苫盖的基本要求

苫盖的目的是给物品遮阳、避雨、挡风、防尘。苫盖的要求如下：

### 1. 选择合适的苫盖材料

选用防火、无害的安全苫盖材料；苫盖材料不会对物品发生不良影响；成本低廉，不易损坏，能重复使用。

### 2. 苫盖牢固

每张苫盖材料都需要牢固固定，必要时在苫盖物外用绳索、绳网绑扎或者用重物镇压。

### 3. 苫盖接口处理

苫盖的接口要有一定深度的互相叠盖，不能迎风叠口或留空隙，苫盖必须拉挺、平整，不得有折叠和凹陷，防止积水。

### 4. 苫盖底部处理

苫盖的底部与垫垛齐平，不腾空或拖地，并牢固地绑扎在垫垛外侧或地面的绳桩上，衬垫材料不露出垛外，以防雨水顺延渗入垛内。

### 5. 加层苫盖

在雨水丰沛季节垛顶或者风口需要加层苫盖，确保雨淋不透。

## （二）苫盖方法

### 1. 就地苫盖法

这种方法直接将大面积苫盖材料覆盖在货垛上遮盖，一般采用大面积的帆布、油布、塑料膜等。就地苫盖法操作便利，但基本不具备通风条件。

### 2. 鱼鳞式苫盖法

将苫盖材料从货垛的底部开始，自下而上呈鱼鳞式逐层交叠围盖。该法一般采用面积较小的瓦、席等材料苫盖。鱼鳞式苫盖法具有较好的通风条件，但每件苫盖材料都需要固定，操作起来比较繁琐。

### 3. 活动棚苫盖法

将苫盖物料制作成一定形状的棚架，在物品堆垛完毕后，移动棚架到货垛加以遮盖，或者采用即时安装活动棚架的方式苫盖。该法较为快捷，具有良好的通风条件，但活动棚本身需要占用仓库空间，也需要较高的购置成本。

## 相关链接

### 一、堆码的基本原则和基本要求

#### （一）堆码的基本原则

##### 1. 分类存放

分类存放是仓库储存规划的基本要求，是保证物品质量的重要手段，因此也是堆码需要遵循的基本原则。

（1）不同类别的物品分类存放，甚至需要分区、分库存放。

（2）不同规格、不同批次的物品也要分位、分堆存放。

（3）残损物品要与原货分开。

（4）对于需要分拣的物品，在分拣之后，应分位存放，以免混串。

此外，分类存放还包括不同流向物品、不同经营方式物品的分类分存。

### 2．选择适当的搬运活性

为了减少作业时间、次数，提高仓库物流速度，应该根据物品作业的要求，合理选择物品的搬运活性。对搬运活性高的入库存放物品，也应注意摆放整齐，以免堵塞通道，浪费仓容。

### 3．面向通道，不围不堵

货垛以及存放物品的正面，尽可能面向通道，以便察看；另外，所有物品的货垛、货位都应有一面与通道相连，处在通道旁，以便对物品进行直接作业。只有在所有的货位都与通道相通时，才能保证不围不堵。

### （二）商品堆码操作要求

#### 1．牢固

操作工人必须严格遵守安全操作规程，防止建筑物超过安全负荷量。码垛必须不偏不斜、不歪不倒、牢固坚实，与屋顶、梁柱、墙壁保持一定的距离，确保堆垛的安全和牢固。

#### 2．合理

不同商品其性能、规格、尺寸不相同，应采用各种不同的垛形。不同品种、产地、等级、批次、单价的商品，应分开堆码，以便收发、保管。货垛的高度要适度，不能压坏底层商品和地坪，并以与屋顶、照明灯保持一定距离为宜；货垛的间距，走道的宽度，货垛与墙面、梁柱的距离等，都要合理、适度。垛距一般为0.5～0.8m，主要通道为2.5～4m。

#### 3．整齐

货垛应按一定的规格、尺寸叠放，排列整齐、规范。商品包装标识应一律向外，便于查找。

#### 4．定量

商品储存量不应超过仓储定额，即应储存在仓库的有效面积、地坪承压能力和可用高度允许的范围内。同时，应尽量采用"五五化"堆码方法，便于记数和盘点。

#### 5．节约

堆垛时应注意节省空间位置，适当、合理地安排货位的使用，提高仓容利用率。

## 二、堆垛设计的内容

### （一）货垛"五距"要求

货垛"五距"应符合安全规范要求。货垛的"五距"指的是垛距、墙距、柱距、顶距和灯距。堆垛时，不能依墙、靠柱、碰顶、贴灯，不能紧挨旁边的货垛，必须留有一定的间距。无论采用哪一种垛型，房内必须留出相应的通道，方便商品的进出和消防作业。

#### 1．垛距

货垛与货垛之间的必要距离，称为垛距，常以支道作为垛距。垛距能方便存取作业，起通风、散热的作用，方便消防工作。库房垛距一般为0.3～0.5m，货场垛距一般不少于0.5m。

#### 2．墙距

为了防止库房墙壁和货场围墙上的潮气对商品的影响，也为了散热通风、消防工作、建筑安全、收发作业，货垛必须留有墙距。墙距可分为库房墙距和货场墙距，其中，库房墙距又分为内墙距和外墙距。内墙距是指货物离没有窗户墙体的距离，此处潮气相对少些，一般距离为0.1～0.3m；外墙距是指货物离有窗户墙体的距离，这里湿度相对大些，一般距离为0.1～0.5m。

### 3．柱距

为了防止库房柱子的潮气影响货物，也为了保护仓库建筑物的安全，必须留有柱距。柱距一般为0.1～0.3m。

### 4．顶距

货垛堆放的最大高度与库房、货棚屋顶横梁间的距离，称为顶距。顶距能便于装卸搬运作业，能通风散热，有利于消防工作，有利于货物的收发、查点。顶距一般为0.5～0.9m，具体视情况而定。

### 5．灯距

货垛与照明灯之间的必要距离，称为灯距。为了确保储存商品的安全，防止照明灯发出的热量引起靠近商品燃烧而发生火灾，货垛必须留有足够的安全灯距，按规定应有不少于0.5m的安全距离。

## （二）堆码设计

为了达到堆码的基本要求，必须根据保管场所的实际情况、物品本身的特点、装卸搬运条件和技术作业过程的要求，对物品堆垛进行总体设计。设计的内容包括垛基、垛形、货垛参数、堆码方式、货垛苫盖、货垛加固等。

### 1．垛基

垛基是货垛的基础，其主要作用是承受整个货垛的重量，将物品的垂直压力传递给地基；将物品与地面隔开，起防水、防潮和通风的作用。垛基空间为搬运作业提供方便条件，因此，对垛基的基本要求是：将整垛货物的重量均匀地传递给地坪；保证良好的防潮和通风；保证垛基上存放的物品不发生变形。

### 2．垛形

垛形是指货垛的外部轮廓形状。按货垛底部的平面形状可以分为矩形、正方形、三角形、圆形、环形等。按货垛立面的形状可以分为矩形、正方形、三角形、梯形、半圆形，另外还可组成矩形—三角形、矩形—梯形、矩形—半圆形等复合形状。如图3-15所示。

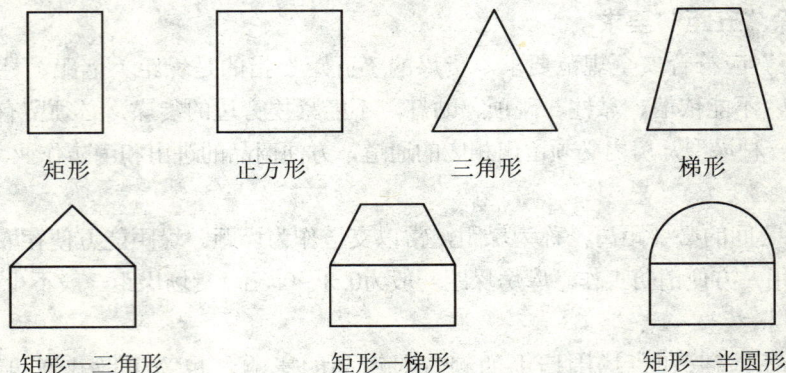

矩形　　　正方形　　　三角形　　　梯形

矩形—三角形　　　矩形—梯形　　　矩形—半圆形

图3-15　货垛立面示意图

不同垛形的货垛都有各自的特点。矩形、正方形垛易于堆码，便于盘点计数，库容整齐，但随着堆码高度的增加货垛稳定性就会下降。梯形、三角形和半圆形垛的稳定性好，便于苫盖，但是不便于盘点计数，也不利于仓库空间的利用。矩形—三角形等复合货垛恰好可以整合它们的优势，尤其是在露天存放的情况下必须加以考虑。

### 3. 货垛参数

货垛参数是指货垛的长、宽、高，即货垛的外形尺寸。

通常情况下，需要首先确定货垛的长度，例如长形材料的尺寸长度就是其货垛的长度，包装成件物品的垛长应为包装长度或宽度的整数倍。货垛的宽度应根据库存物品的性质、要求的保管条件、搬运方式、数量多少以及收发制度等确定，多以两个或五个单位包装为货垛宽度。货垛高度主要根据库房高度、地坪承载能力、物品本身及包装物的耐压能力、装卸搬运设备的类型和技术性能以及物品的理化性质等来确定。在条件允许的情况下应尽量提高货垛的高度，以提高仓库的空间利用率。

## 三、垫垛的目的与基本要求

垫垛是指在物品码垛前，在预定的货位地面位置，使用衬垫材料进行铺垫。常见的衬垫物有：枕木、废钢轨、货架板、木板、钢板等。

### （一）垫垛的目的

（1）使地面平整。

（2）使堆垛物品与地面隔开，防止地面潮气和积水浸湿物品。

（3）通过强度较大的衬垫物使重物的压力分散，避免损害地坪。

（4）使地面杂物、尘土与物品隔开。

（5）形成垛底通风层，有利于货垛通风排湿。

（6）使物品的泄漏物留存在衬垫之内，防止流动扩散，以便于收集和处理。

### （二）垫垛的基本要求

（1）确保所使用的衬垫物与拟存物品之间不会发生不良影响，并具有足够的抗压强度。

（2）地面要平整坚实，衬垫物要摆放平整，并保持同一方向。

（3）衬垫物间距适当，直接接触物品的衬垫面积与货垛底面积相同，衬垫物不伸出货垛外。

（4）要有足够的高度，露天堆场要达到0.3～0.5m，库房内0.2m即可。

### （三）垫垛物数量的确定

在仓库中存放质量大的物品时，如果不能有效分散物品对地面的压力，则有可能会对仓库地面造成损害，因此要考虑在物品底部和仓库地面之间衬垫木板或钢板。

衬垫物的使用量除考虑将压力控制在仓库地坪载荷限度之内外，还需要考虑这些库用耗材所产生的成本。因此，需要确定使压力小于地坪载荷的最少衬垫物数量。计算公式为：

$$n = \frac{Q_{物}}{l \times w \times q - Q_{自}}$$

式中：$n$——衬垫物数量；

$Q_物$——物品重量；

$l$——衬垫物长度；

$w$——衬垫物宽度；

$q$——仓库地坪承载能力；

$Q_自$——衬垫物自重。

## 能力训练

某仓库收到18块钢板，要在料场上堆码，要求必须有下垫和上盖，垛形既稳固安全又简易方便。假如你负责此事，如何处理以下问题：

1. 如何设计垛基？
2. 如何设计垛形？
3. 选择何种苫盖方法？

# 任务三　盘点作业

## 任务书

在库存过程中，有些货物因存放时间过长或保管不当其质量受到影响。为了对库存商品的数量进行有效控制，并查清商品在库中的质量状况，必须定期或不定期地对各储存场所进行清点、查核，这一过程就是盘点。

盘点是保证储存物品达到账、物、卡相符的重要措施之一。只有使库存物品经常保持数量准确和质量完好，仓储部门才能更有效地为生产、流通提供可靠保证。

## 任务目标

1. **技能目标**：能够对库存物品进行人工盘点。
2. **知识目标**：了解商品盘点的主要内容，理解商品盘点的种类和范围，掌握商品盘点的流程以及事后处理。
3. **素质延伸**：培养学生负责任的工作态度，细致认真的工作作风；形成良好的团队合作意识。

## 理论知识

实施盘点作业一般根据以下几个步骤进行：盘点前的计划、确定盘点时间、确定盘点方法、培训盘点人员、清理盘点现场、盘点、查清差异原因、盘点结果处理。盘点的基本工作程序如图3-16所示。

```
                    ┌──────────┐
                    │  盘点计划  │
                    └──────────┘
            ┌────────────┴────────────┐
     ┌────────────┐             ┌────────────┐
     │  确定盘点时间  │             │  确定盘点方法  │
     └────────────┘             └────────────┘
            └────────────┬────────────┘
                  ┌──────────────┐
                  │  盘点人员培训  │
                  └──────────────┘
                          │
                  ┌──────────────┐
                  │  清理盘点现场  │                ┌──────────┐
                  └──────────────┘         ┌─────│  初　盘  │
                          │                │     └──────────┘
                     (  盘点  )─────────────┤
                          │                │     ┌──────────┐
                  ┌──────────────┐         └─────│  复　盘  │
                  │  查清差异的原因 │                └──────────┘
                  └──────────────┘
                          │
                  ┌──────────────┐
                  │  处理盘点结果  │
                  └──────────────┘
```

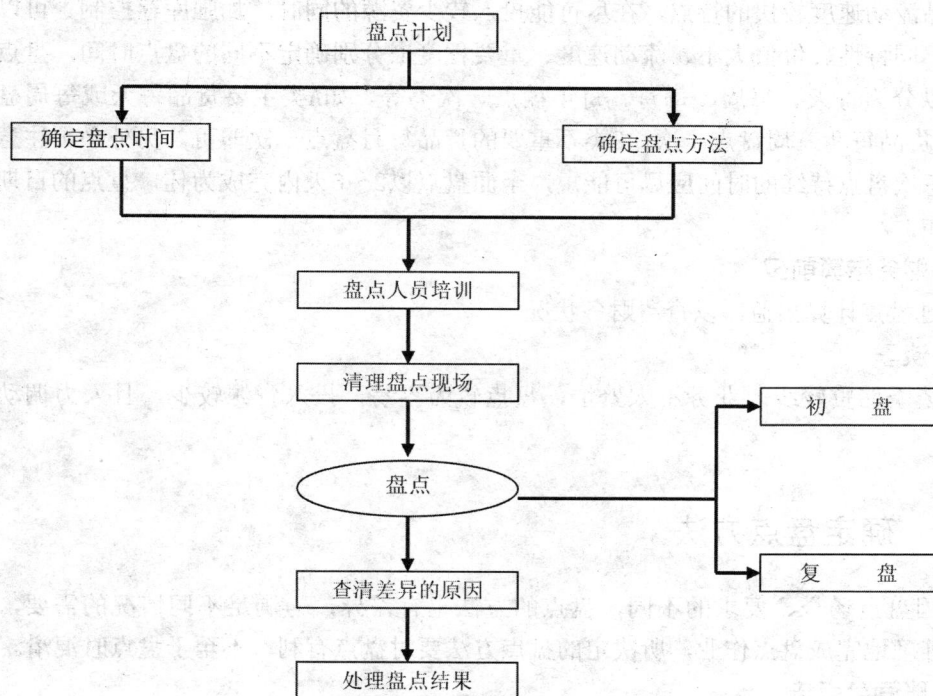

**图3-16　盘点的基本工作程序**

## 一、盘点计划阶段

很多中小企业的盘点主持人由于缺乏经验，没有做好盘点计划，尤其是没有对预盘阶段做出深入计划，以致到了复盘时仓储仍杂乱无章，因此拖延复盘时日，令参与者怨声载道。

一般而言，盘点计划多在复盘日期的一个月前发布。比如预定6月26日到6月30日为复盘日（一般所谓的"大盘点"指复盘），那么5月31日前就要确立盘点计划。这样才可以要求仓库人员做好预盘，以待复盘的完善和执行，同时也要求生产现场在复盘的特定天数以前调整生产作业，渐渐达成"净空"水准，以利盘点（因为"在制品"是最不容易"计价"的）。

## 二、确定盘点时间

一般来说为保证账物相符，货物盘点次数越多越好，但盘点需投入人力、物力、财力，有时大型全面盘点还可能引起生产的暂时停顿，所以，合理地确定盘点时间非常必要。引起盘点结果盈亏的关键在于出入库过程中发生的错误，出入库越频繁，引起的误差也会随之增加。

确定盘点时间时，既要防止过久盘点对公司造成的损失，又要考虑配送中心资源有限、商品流动速度较快的特点，在尽可能投入较少资源的同时，加强库存控制。可以根据商品的不同特性、价值大小、流动速度、重要程度来分别确定不同的盘点时间，盘点时间间隔可以分为每天、每周、每月、每年盘点一次不等。如A类主要货品每天或每周盘点一次；B类货品每两三周盘点一次；C类不重要的货品每月盘点一次即可。另外必须注意的问题是，每次盘点持续的时间应尽可能短，全面盘点以2～6天内完成为佳，盘点的日期一般会选择在：

### 1. 财务结算前夕

通过盘点计算损益，以查清财务状况。

### 2. 淡季

因淡季储货较少，业务不太繁忙，盘点较为容易，投入资源较少，且人力调动也较为方便。

## 三、确定盘点方法

因盘点场合、要求的不同，盘点的方法也有差异，为满足不同情况的需要，尽可能快速准确地完成盘点作业，所决定的盘点方法要对盘点有利，不至于盘点时混淆。

### 1. 账面盘点法

账面盘点法是将每一种商品分别设立"存货账卡"，然后将每一种商品的出入库数量及有关信息记录在账面上，逐步汇总出账面库存及余量。

### 2. 现货盘点法

现货盘点法是对库存商品进行实物盘点的方法。按盘点时间频率的不同，现货盘点又分为期末盘点和循环盘点。

要得到最正确的库存情况并确保盘点无误，可以采用账面盘点与现货盘点相结合的方法，以查清误差出现的实际原因。

## 四、培训盘点人员

盘点人员的培训分为两部分：一是针对所有人员进行盘点方法及盘点作业流程的训练，让盘点作业人员了解盘点目的、表格和单据的填写；二是针对复盘与监盘人员进行确认货品的训练，让他们熟悉盘点现场和盘点商品，对盘点过程进行监督并复核盘点结果。

## 五、清理盘点现场

盘点作业开始之前必须对盘点现场进行整理，以提高盘点服务的效率和盘点结果的准确性，清理工作主要包括以下几个方面的内容：

（1）盘点前对已验收入库的商品进行整理归入储位，对未验收入库属于供应商的商品，应区分清楚，避免混淆。

（2）盘点场关闭前，应提前通知，将需要出库配送商品提前做好准备。

（3）账卡、单据、资料整理后统一结清以便及时发现问题并加以预防。

（4）预先鉴别变质、损坏商品。对储存场所堆码的货物进行整理，特别是对散乱货物进行收集与整理，以方便盘点时计数。在此基础上，由商品保管人员进行预盘，以提前发现问题并加以预防。

# 六、盘点

盘点工作可分为预盘阶段和复盘阶段两部分进行。

## （一）预盘阶段

预盘不应仅限于仓库人员，且应扩大到生产现场，因为生产现场难免仍有在制品。原则上，半成品、余料以及成品，在盘点前最好已经回缴仓库（但是有些工厂则仍留在现场待盘点），当然，一些"生财器具"同样要盘点。此外，采购与托外加工主办人员也不能置身事外，因为很可能仍有一些模具等"生财器具"在外。同时，也有一些料品送出托外加工，仍留在托外工厂内，这类料品同样要列入盘点范围。

在预盘阶段，首先由盘点主持人以电脑或会计部门的"永续盘存账"为基准做出"预盘明细表"，交给仓库（或现场等直接责任对象），要求依之"点"出应有数量，同时依新储位整顿存置定位，挂上盘点单，记录预盘有关栏位，并把预盘结果（包括盘盈、盘亏的差异）呈报盘点主持人。当然，也可以由盘点主持人直接做出"盘点单"交给预盘主办者，而不用"预盘明细表"。

盘点主持人除了要稽核预盘进行实况之外，还要针对预盘的差异状况进行分析与调查，并采取补救措施。预盘明细表见表3-1。

表3-1　预盘明细表

品类：_____　　　　　　　　　　　　　　　　　预盘期：　　年　　月

| 料号 | 品名规格 | 单位 | 前期盘存量 | 本期入库量 | 本期出库量 | 本期应有盘存量 |
|------|----------|------|------------|------------|------------|----------------|
|  |  |  |  |  |  |  |
|  |  |  |  |  |  |  |
|  |  |  |  |  |  |  |
|  |  |  |  |  |  |  |

在上表中，建议每一品类列印一份，以利于该品类（各料项）仓库主办员便捷使用预盘作业（因为一般仓储都以同一品类存放同一储位区为原则）。而栏位中，"前期盘存量"与"本期出库量"可以略去。

依据"预盘明细表"，仓库人员在预盘阶段逐一清点，再挂上"盘点单"（见表3-2），是最合理的方式。

表3-2 盘点单

| 物料盘点单 | | No. | |
|---|---|---|---|
| 品类代号 | | 简称 | |
| 料号 | | | |
| 品名 | | | |
| 规格 | | | |
| 计量 | | 应有盘点量 | |
| 预盘 | 日期 | | 盘点人 |
| | 盘点量 | | 盘盈（亏）量 |
| 复盘 | 日期 | | 盘点人 |
| | 盘点量 | | 盘盈（亏）量 |
| 存料状态 | □良　品G<br>□不良品B<br>□呆　料D | 备注 | |

　　传统盘点作业中，"盘点单"或称"盘点卡"，大多由稍硬的卡纸印制，且有铁丝可绑挂。绝大多数设计为三联式，第一联挂料架上（结算完成后再取消），第二联由复盘者撕下交予盘点主持人，第三联由预盘主办人撕下呈交盘点主持人，以明责任，兼作回馈资讯。此为最佳顺序。

　　"盘点单"基本上分三大部分：第一部分是总栏位，包括"盘点单"、"No."、"料号"、"品名"、"规格"及"计量"单位。其中最需要注意的是"No."，一般是在盘点前就已印妥，而且顺序联号控制，由盘点主持人管控。因为基本上盘点一定要把散存于储位区的料品——回笼到同一储位（区），因此，一个料项对应一张盘点单是合理的。第二部分"预盘"中的有关栏位，由预盘主办人填入预盘实际量，以及"盘盈"或"盘亏"量，加上预盘者的签名（含日期时间）。第三部分则是"复盘"有关栏位，由复盘者填入，包括复盘实际量及"盘盈"或"盘亏"量，同时复盘者签名。

## （二）复盘阶段

　　预盘既已完成就绪，就可进入复盘阶段。复盘工作多由盘点主持人指派与被盘点部门权责比较不相干的部门人士所担任。例如物料仓库，大多由人事、营业、设计等部门人员担任复盘工作，而不会由采购或库管人员去担任，因为后两者与物料仓库关系较为密切，有"瓜田李下"之嫌。

　　复盘工作较为单纯，是根据预盘阶段的"盘点单"去复查。复盘者可以要求被盘者逐项将料品卸下，深入清点，再记入实际状况，填入"复盘"有关栏位内。平常是撕下"盘点单"一联，回报给盘点主持人。更负责任的复盘人员还会更进一步复查料品的品质状况（存置时间及呆料状况）等。

## 七、查清差异原因

盘点会将一段时间以来积累的作业误差及其他原因引起的账物不符现象暴露出来，发现账物不符，且差异超过容许误差时，应立即追查产生差异的原因。一般而言，产生盘点差异的原因主要有如下几个方面：

（1）计账员水平不高，登录数据时发生错登、漏登等情况。

（2）账务处理系统管理制度和流程不完善，导致货品数据不准确。

（3）盘点时发生漏盘、重盘、错盘现象，导致盘点结果出现错误。

（4）盘点前数据资料未结清，使账面数目不准确。

（5）出入作业时产生误差。

（6）由于盘点人员不尽责导致货物损坏、丢失等后果。

## 八、盘点结果处理

查清原因后，为了通过盘点使账面数与实物数保持一致，需要对盘点盈亏和报废品一并进行调整。除了数量上的盈亏，有些商品还将会通过盘点进行价格的调整，这些差异的处理，可以经主管审核后，用表3-3所示的更正表进行更正。

表3-3　货品盘点数量盈亏、价格增减更正表

| 货品编号 | 货品名称 | 单位 | 账面资料 | | | 盘点实存 | | | 数量盈亏 | | | | 价格增减 | | | | 差异因素 | 负责人 | 备注 |
|---|---|---|---|---|---|---|---|---|---|---|---|---|---|---|---|---|---|---|---|
| | | | 数量 | 单价 | 金额 | 数量 | 单价 | 金额 | 数量 | 金额 | 数量 | 金额 | 单价 | 金额 | 单价 | 金额 | | | |
| | | | | | | | | | | | | | | | | | | | |
| | | | | | | | | | | | | | | | | | | | |
| | | | | | | | | | | | | | | | | | | | |
| | | | | | | | | | | | | | | | | | | | |
| | | | | | | | | | | | | | | | | | | | |
| | | | | | | | | | | | | | | | | | | | |

**相关链接**

### 一、盘点作业的目的

盘点又称盘库，即用清点、过秤和对账等方法，检查仓库实际存货的数量和质量。商品盘点主要有以下几个方面的目的：

#### （一）查清实际库存数量

由于众多原因，如收发中记录库存数量时多记、误记、漏记，作业中导致商品损坏、遗失，验收与出货时清点有误，盘点时误盘、重盘、漏盘等，往往导致账面库存数量

与实际存货数量不符，通过盘点可清查实际库存数量与账面数量，发现问题并查明原因，及时调整。

### （二）计算企业资产的损益

库存商品总金额直接反映企业流动资产的使用情况，库存量过高，流动资金的正常运转将受到威胁，而库存金额又与库存量及其单价成正比，盘点可以准确地计算出企业实际损益。

### （三）发现商品管理中存在的问题

通过盘点查明盈亏原因，发现作业与管理中存在的问题并做出相应的措施，从而提高库存管理水平，减少损失。

### （四）稽核仓库账务工作的落实度

一旦出现料账不符现象，企业经营阶层一定会审慎地制订仓储物料管理办法，授权仓库管理人员依规定执行料账登记作业。

仓库日常工作中难免有些仓库人员的经营意识不足，责任感不强，或者疏忽、"拖"的习性难改，使料账产生较大差异。为了及早发现"人"的问题点，及早警示处理，定时尤其不定时的稽核很有必要。

### （五）更有效的仓储整顿

仓库存放的应该是良品，因为生产需用的一定是良品，而且仓库应该存放生产需用的料，绝对不是呆料。

为使仓库管理更有效，更早发现不良品与呆料发生的原因以谋求防堵之策，需要用定期实地盘点的手段，使一切潜在的问题现形。

## 二、盘点作业的工作内容

一般来说，盘点作业的内容主要涉及以下几项：

### （一）货物数量

通过盘点查明库存商品的实际数量，核对库存账面数量与实际库存数量是否一致，这是盘点的主要内容。

### （二）货物质量

检查在库商品质量有无变化，包括：受潮、锈蚀、发霉、干裂、鼠咬，甚至变质情况；检查有无超过保管期限和长期积压现象；检查技术证件是否齐全，证物是否相符。必要时，还要进行技术检验。

### （三）保管条件

检查库房内外储存空间与场所利用是否恰当；储存区域划分是否明确，是否符合作业要求；货架布置是否合理；商品进出是否方便、简单、快速；工作联系是否便利；搬运是否方便；传递距离是否太长；通道是否宽敞；储区标志是否清楚、正确，有无脱落或不明显现象；有无废弃物堆置区；温湿度是否控制良好。检查堆码是否合理稳固，苫垫是否严密，库房是否漏水，场地是否积水，门窗通风洞是否良好等等。上述即检查保管条件是否与各种商品的保管要求相符合。

### （四）仓储设备

检查各项设备使用和养护是否合理，是否定期保养，储位、货架标志是否清楚明确，有无混乱，储位或货架是否充分利用，检查计量器具和工具，如皮尺、磅秤以及其他自动装置等是否准确，使用与保管是否合理，检查时要用标准件校验。

### （五）库存安全状况

检查各种安全措施和消防设备、器材是否符合安全要求；检查使用工具是否齐备、安全；药剂是否有效；商品堆放是否安全，有无倾斜；货架头尾防撞杆有无损坏变形；检查建筑物是否损坏而影响商品储存；对于地震、水灾、台风等自然灾害有无紧急处理对策等。

## 三、盘点的方法

### （一）盘点的种类

与账面库存、实物库存一样，盘点也分为账面盘点及实物盘点。

#### 1. 账面盘点

账面盘点又称永续盘点，就是把每天入库及出库货品的数量及单证记录在电脑或账簿上，而后不断地累计加总算出账面上的库存量及库存金额。

#### 2. 实物盘点

实物盘点亦称实地盘点或实盘，也就是实际去点数、调查仓库存数，再依货品单证计算出实际库存金额。因此，如果要得到最正确的库存情况并确保盘点无误，最直接的方法就是确定账面盘点与实物盘点的结果完全一致。如一旦存在差异，即是产生料账不符的现象，究竟是账面盘点记错还是实物盘点点错，则须再多费一层功夫来找寻错误原因，才能得出正确结果以赋予责任归属。

### （二）盘点的方法

#### 1. 账面盘点法

账面盘点的方法系将每一种货品分别设账，然后将每一种货品之入库与出库情况详加记载，不必实地盘点即能随时从电脑或账册上查悉货品的存量。通常量少而单价高的货品较适合采用此方法。

#### 2. 实物盘点（实地盘点）法

实物盘点依其盘点时间和频率的不同又分为期末盘点和循环盘点。期末盘点系指在期末一起清点所有货品数量的方法；循环盘点则是在每天、每周即作少种少量的盘点，到了月末或期末则每项货品至少完成一次盘点的方法。

（1）期末盘点法。由于期末盘点是将所有品种的货品一次盘完，因而有必要全体员工一齐行动，采取分组的方式进行盘点。一般来说，每组盘点人员至少要三人，以便能互相核对减少错误，同时也能彼此牵制避免流弊。其盘点方法程序如下：

步骤一：将公司全体员工作分组。

步骤二：由一人先清点所负责区域的货品，将清点结果填入各货品的盘存单上。

步骤三：由第二人复点，填入盘存单与第一人盘点的数据相核对。

步骤四：由第三人核对，检查前二人的记录是否相同且正确。

步骤五：将盘存单交给账务员，合计货品库存总量。

步骤六：等所有盘点结束后，再与电脑或账册资料进行对照。

（2）循环盘点法。循环盘点即是将每天或每周当作一周期来盘点，其目的除了减少过多的损失外，对于不同货品施以不同管理亦是主要原因，就如同前述商品分ABC管理的作法，价格愈高或愈重要的货品，盘点次数愈多，价格愈低愈不重要的货品，就尽量减少盘点次数。循环盘点因一次只进行少量盘点，因而只派专门人员负责即可，不须动用全体人员。

公司应根据实际情况选择较适用的盘点方式。整体而言，循环盘点较能针对各货品需要作适时管理，且易收盘点成效。事实上，有些公司是将两种盘点同时并用，平时针对重要货品作循环盘点，而至期末再将所有货品作一次期末大盘点。期末盘点与循环盘点优劣差异比较见表3-4。

表3-4　期末盘点与循环盘点差异比较

| 盘点方式比较内容 | 期末盘点 | 循环盘点 |
| --- | --- | --- |
| 时间 | 期末、每年仅数次 | 平常、每天或每周一次 |
| 所需时间 | 长 | 短 |
| 所需人员 | 全体动员（或临时雇佣） | 专门人员 |
| 盘差情况 | 多且发现得晚 | 少且发现得早 |
| 对营运的影响 | 需停止作业数天 | 无 |
| 对品项的管理 | 平等 | A类重要货品：仔细管理；<br>C类不重要货品：一般管理 |
| 盘差原因追究 | 不易 | 容易 |

### 四、盘点后的结果分析及处理

盘点作业结束后，实际库存和账面（电脑）库存相核对，若有差异要追查原因，堵疏防漏。

#### （一）差异处理

不同的差异原因应采取不同的处理方法。

**1. 自然溢损**

（1）物品、原材料、物料采购进仓后，在盘点中会出现干耗或吸潮升溢，在升损率合理的范围内填制升损报告，经主管审查后，做"营业外收入"或"管理费"处理。

（2）超出合理升损率的损耗或溢余，应填制升损报告书，查明原因，说明情况，报部门经理审查，按规定在"营业外收入"或"管理费"科目内处理。

**2. 人为溢损**

人为溢损应查明原因，根据单据报部门经理审查，根据有关规定按"待处理收入"或"待处理费用"科目处理。

#### （二）调整账面数量

当盘点实际数量与账面数量不符时，仓库管理人员或经管部门负责人应对其产生差异的原因进行分析，并将盘点结果上报上级相关管理部门，根据管理部门的批示，调整相应的账面数量。

（1）相关负责人根据对仓库实物盘点表和盈亏盘点表的审核情况填制盘点结果报审表，写明主要原因，报相关领导审批。

（2）经相关领导审批签字后，第一联仓库商品作账留存，第二联转会计，第三联转统计。

## 能力训练

针对不同原因造成的盘点差异，试找出解决办法。

### 原因一：人为原因

仓储管理中，自动化程度越高，人为失误就越少。但目前来说，绝大部分工作还要靠人工来完成。人不是机器，会有疲劳的时候，会有注意力分散的时候，这时就容易出错，即使用不同的方法、不同的人去复核前一个人的工作，也会出错。当然，不要因为人不能做到完全无误，就以此为借口推脱责任。

解决办法：_____。

### 原因二：计量单位

包装变化，如由每箱12小件变成每箱6小件；笔误，如公斤写成市斤；换算失误，如英制和公制、华氏和摄氏之间的换算。

解决办法：_____。

### 原因三：盗窃

1. 内盗。有的人不免有"靠山吃山"的毛病，平时小偷小摸，夹带出厂，或者工作期间偷吃偷喝，这都属于内盗行为。

2. 外盗。解决办法主要是加强安全保卫。另外，针对不同的盗窃行为，可采用不同防范措施。

内盗、内外勾结，是企业经常面临的难题。

解决办法：_____。

### 原因四：系统录入或记账人员的原因

系统录入或记账人员可能脱离工作现场，或者对实际的业务不熟悉，没有业务常识；沟通不够，传达失误；手工开单，字迹潦草，过于简略，用俗称；重复开单记账；单据不连号，有丢失单据现象；报废物品和退返物品未进行过账。

解决办法：_____。

### 原因五：在库损耗、破损、蒸发、入库时多计

解决办法：_____。

### 原因六：其他

丢失，重复发货，误发货；夹带其他商品出库；包装箱与箱内物品不一致，没有及时标注在箱体表面；打印或手写的单据不清楚，没有确认便发货等。

解决办法：_____。

# 学习情境四　物品保养与维护

　　针对不同产品的物理化学性能和特点，采用科学的产品养护方法，可防止产品的霉变、腐蚀、虫蛀等，保证产品的使用质量。商品在储存期间的质量变化与商品储存环境密切相关，而在商品储存环境诸因素中，仓库的温湿度最为重要，商品在储存期间发生的霉变、锈蚀、溶化、虫蛀、挥发等变化，都与仓库温湿度密切相关。同时，库场治安、库场消防、仓储生产安全管理、仓储安全管理技术、对事故的处理等都与仓库物品保养与维护密切相关。

　　本情境的具体实施包括两个任务：物品养护和仓库安全维护。

## 学习目标

### 1．技能目标

　　（1）学会正确使用仓储设施、设备对仓储物品进行保管。

　　（2）学会正确采用光、电和药剂等对仓储物品进行养护。

　　（3）学会正确使用消防、防盗设施设备等工具。

　　（4）学会正确采用技术的、人工的和制度性的方法，确保仓库人身和物品安全。

### 2．知识目标

　　（1）熟悉不同储存物品的物理、化学性质。

　　（2）掌握在不同条件下对储存物品进行养护和保管的正确方法。

　　（3）熟悉消防器材、防盗设施设备的正确使用。

　　（4）掌握仓库安全维护使用的技术、人工和制度性的方法。

### 3．素质延伸

　　（1）能够根据货物的特点选择合适的储存设施设备。

　　（2）能够对仓库温湿度进行检测，并采用合理的方法对仓库温湿度进行控制。

　　（3）能够对储存物品的物理、化学性质进行分析，并采用物理、化学或生物方法完成对库存物品的养护与保管。

　　（4）能够正确排查仓库作业过程中的安全隐患，并合理采用正确的方法消除隐患。

　　（5）能够根据仓库的特点制定技术的、人工的和制度性的方法，确保仓库的安全维护。

## 任务导入

### 药物保存三原则：密闭、低温、避光

各种药物都有一定的使用期限，超过期限的药物会失去疗效，甚至变成对身体有害的物质，不能再用。但如果药物保存不善，虽然在有效期内也会失效、变质，故药物的保存非常重要。

不同药物的保存方法不同，但亦有共同原则，那就是密闭、低温、避光保存。

密闭不仅可以避免药物因吸潮而变质（如胶丸、胶囊等吸潮后易崩解），也可以避免药物与空气中的二氧化碳或氧气发生反应而变质（如氨茶碱、水杨酸钠、巴比妥钠等与二氧化碳发生反应，鱼肝油则可以氧化变质），还可以防止药物因挥发和风化而失效（如薄荷油、各种香精、酒精、碘制剂易挥发，而硫酸亚铁、阿托品等则易风化）。密闭保存要求将药物用干燥玻璃瓶装好后用橡皮塞盖紧或蜡封，开启后要随时盖紧，及时将药物使用完；对于用气泡包装的药品则需要保护好外面的铝箔，以免破损。

低温不仅可以避免胰岛素、乙肝疫苗、丙种球蛋白等生物制品类药物因受热而变质，也可能避免甘油栓等药物受热变形，还可以避免乙醚、无水酒精等药物受热挥发甚至爆炸。低温一般是指4℃。

避光可以避免硝酸银、硝普钠等药物见光分解，避光保存要求将药物放在有色瓶内或能够避光的纸盒或容器内，或瓶外用黑色的纸或布包扎。需避光的药物一般在出厂时都具有这些避光措施，病人和家属注意的是不要随便更换包装或撕毁外面的包装纸。

**分析归纳：**大多数药物按上述方法保存都可以保证疗效，有些须特殊保存的药物，则须按说明书作特殊处理。此外，药物还需要放在幼儿够不着的地方，以免幼儿误服而中毒。

# 任务一　物品养护

## 任务书

使用货架、堆垛设备以及光、电和药剂等，通过采用物理的、化学的或生物学方法，完成对库存商品的养护与保管工作。

## 任务目标

### 1. 技能目标

（1）学会正确使用仓储设施、设备对仓储物品进行保管。

（2）学会正确采用光、电和药剂等对仓储物品进行养护。

**2．知识目标**

（1）熟悉不同储存物品的物理、化学性质。

（2）掌握在不同条件下对储存物品进行养护和保管的正确方法。

**3．素质延伸**

（1）能够根据货物的特点选择合适的储存设施设备。

（2）能够对仓库温湿度进行检测，并采用合理的方法对仓库温湿度进行控制。

（3）能够对储存物品的物理、化学性质进行分析，并采用物理、化学或生物方法完成对库存物品的养护与保管。

（4）能够熟练进行仓库内的温湿度控制管理；能够熟练掌握仓库内货物防损、防腐、防变技术处理。

**理论知识**

# 一、仓库温湿度控制作业

仓库温湿度的变化，对库存商品的安全有着密切的关系，为确保库内商品质量完好，防止库外气候对库内商品的不利影响，库内温湿度应经常保持在一定范围内。温湿度管理是商品养护的重要日常工作，是维护商品质量的重要措施，要做好仓库的温湿度管理工作，需要采取一定的措施来控制库内温湿度的变化，对不适合商品储存的温湿度，要及时进行控制和调节，创造适宜于商品储存的环境。控制和调节仓库环境的方法有很多，实践证明，密封、通风和吸潮相结合是控制与调节仓库内温湿度行之有效的方法。

## （一）密封

仓库密封就是利用防潮、绝热、不透气的材料把商品尽可能严密地封闭起来，以隔绝空气、降低或减小空气温湿度对商品的影响，从而达到商品安全贮存的目的。密封能保持库内温湿度处于稳定状态，采用密封方法，要和通风、吸潮结合运用，如运用得当，可以收到防潮、防霉、防热、防溶化、防干裂、防冻、防锈蚀、防虫等方面的效果。

### 1．密封保管应注意的事项

（1）在密封前要检查商品质量、温度和含水量是否正常，如发现生霉、生虫、发热、水淞等现象则不能进行密封；若发现商品含水量超过安全范围或包装材料过潮，也不宜密封。

（2）要根据商品的性能和气候情况来决定密封的时间。怕潮、怕溶化、怕霉的商品，应选择在相对湿度较低的时间进行密封。

（3）常用的密封材料有塑料薄膜、防潮纸、油毡、芦席等。这些密封材料必须干燥清洁，无异味。

### 2. 仓库密封保管的形式

密封保管的形式有整库、整垛、整柜、整件密封等，在仓库中主要采用前两种形式。

（1）整库密封。适于储存量大，进出不频繁或整进整出的商品。整库密封时，地面可采用水泥沥青、油毛毡等制成防潮层隔潮，墙壁外涂防水沙浆，内涂沥青和油毛毡，库内做吊平顶，门窗边缘使用橡胶条密封，在门口可用气帘隔潮。

（2）整垛密封。这种密封方法适于临时存放的，怕潮易霉或易干裂的商品。未经干燥处理的新仓库，里面的商品在储存时也必须实行分垛密封保管。在密封过程中，先用塑料薄膜或苫布垫好底，然后再将货垛四周围起，以减少气候变化对商品的影响。

（3）整柜密封。对于出入库频繁、零星而又怕潮易霉、易干裂、易生虫、易锈蚀的商品，可采用整柜密封法。在储存时可在货柜内放一个容器，内装硅或氯化钙等吸湿剂，以保持货柜内干燥，若要防虫，还应在货柜内放入适量的驱虫剂。

（4）整件密封。主要是将商品的包装严密地进行封闭，一般适用于数量少、提价小的易霉、易锈蚀商品。多数易潮、生霉、溶化、生锈的商品，都适宜于先用塑料袋按件包装，加热封口，或放在包装箱、包装桶或包装袋内。

密封只有控制库房温度的作用，而没有调节作用。密封是相对的，当出现不适宜所处温湿度的情况，还必须进行调节，所以只靠密封一种措施不能达到使库房温湿适宜的目的，必须和其他措施结合使用。

### （二）通风

通风是利用库内外空气温度不同而形成的气压差，使库内外空气形成对流，来达到调节库内温湿度的目的。当库内外温度差距较大时，空气流动就较快；若库外有风，借风的压力更能加速库内外空气的对流。正确进行通风，不仅可以调节与改善库内的温湿度，还能及时散发商品及包装物的多余水分。

通风是调节库内温湿度的简便易行的有效方法，对库内降温、防潮、升温等都可以收到一定的效果。但是库房通风并不是随便开启门窗，让库内外空气自由交换，而是要掌握库内外空气自然流动的规律，要根据商品制成材料的要求，对比库内外温湿度的实际情况和变化趋势，并参考风力、风向有计划地进行，否则通风不适宜，将造成不良后果。按照通风目的不同，可分为通风降温（或增温）和通风降湿两种：

### 1. 通风降温（或增温）

主要针对气湿度要求不高，而对温度要求比较严格的一些怕热商品，如玻璃瓶或铁桶装的易挥发的化工原料、化学试剂和医药等液体商品。对于一些怕冻的商品，在冬季，只要库外温度高于库内也可以进行通风，以提高库内温度。

### 2. 通风降湿

是对易霉腐、溶化、锈蚀等的库存商品的通风，利用通风散潮来降低库内的相对湿度。采取自然通风的方法来降低湿度一般要遵循下面的四项原则：

（1）外部温度和湿度都低于库内时可以通风，反之不能通风。

（2）外部温度低于库内、库内外相对湿度一样时，可以通风，反之不能。

（3）库外相对湿度低于库内相对湿度而库内外温度一样时，可以通风。

（4）库内外温湿度的情况不与上述三项原则相同又不相反时，需经计算来确定能否通风。

通风的方法有自然通风和机械通风两种。自然通风一般是在温室顶部或侧墙设置窗户，依靠热压或风压进行通风，并可通过调节开窗的幅度来调节通风量。决定自然通风量大小的主要因素一般有：室内外温差、温室通风口温差、通风口面积、通风口孔口阻力、室外风速风向等。一般情况下，屋顶与侧墙联合通风的通风量是最大的。但对于温室总宽度小于30m的温室，侧墙通风在整个温室通风中占有较大的比重。对于大面积的联栋温室，一般屋面通风口面积总和远大于侧墙通风口面积，所以，屋顶通风一般占主导地位。

机械通风就是在库房上部装设出风扇，在库房下部装置进风扇，利用机械进行通风，以加速库房内外的空气交换。

机械通风的理论降温极限是室内温度等于室外温度，但在实际应用中是不可能达到的。由于机械设备和植物生理上的原因，一般温室的通风强度在每分钟换气0.75～1.5次，这样能控制室内外温差在5℃以内。机械通风的优点在于温室的通风换气量受外界气候影响较小。

### （三）吸潮

吸潮是与密封配合，用以降低库内空气湿度的一种有效方法。在梅雨季节或阴雨天，当库内湿度过高，不适宜商品保管，而库外湿度也过大，不宜进行通风散潮时，可以在密封库内用吸潮的办法降低库内湿度。

吸潮剂的种类很多，常用的有生石灰、氯化钙、硅胶。随着市场经济的不断发展，现代商场仓库普遍使用机械吸潮方法，即使用吸湿机把库内的湿空气通过抽风机，吸入吸湿机冷却器内，使它凝结为水而排出。

吸湿机一般适宜于储存棉布、针棉织品、贵重百货、医药、仪器、电工器材和烟糖类的仓间吸湿。在温度27℃，相对湿度为70%时，吸湿机一般每小时可以吸水3～4kg。使用吸湿机吸潮，不仅效率高、降湿快，而且体积小、重量轻、不污染商品。但是吸湿机的应用必须科学合理，要注意吸湿机吸湿功能与库房面积的关系，确保吸湿的效果。如春秋季多雨，吸湿机工作的时间应相对延长。与此同时，要注意吸湿与密封的关系，确保吸湿在密封的条件下进行，否则难以达到吸湿的效果。

## 二、货仓一般害虫的防治作业

仓库害虫不但破坏商品的组织结构，致使商品发生破碎和孔洞，而且还排泄自身的各种代谢废物沾污商品，影响商品的质量和外观，更严重的会产生有毒物质或传播疾病，比如食品被害虫污染霉变后产生有毒物质，人吃了常引起腹泻、呕吐、起疹等不良反应，并能引起多种疾病。因此，货仓虫害的防治是当今仓储商品养护的一项重要内容，其防治工作有以下几个方面：

### （一）杜绝仓库害虫来源

#### 1. 商品原材料的防虫、杀虫处理

特别是食品生产的原材料如糖、水果、谷物、肉类等物品在流通过程中要进行严格检疫，发现检疫对象时禁止调运或采取措施，彻底消灭检疫对象。像粮食一类的商品在入库前，一定要晒干，控制含水量。入库后要严格执行检查制度，查虫情，查温湿度，查粮质。新入库的物品1个月内3天查一次，待仓库内湿度正常后一般10～15天查一次。对那些质量差、水分高、近墙边、近底部的物料要勤查、细查，发现问题及时处理。另外，在寒冷的冬季把贮藏物品放在室外摊晾可冻死大部分害虫，这就是低温杀虫；夏季炎热的中午，把贮藏物晒在水泥地上也可杀死害虫，这是因为仓虫一般在38℃～40℃就失去活动能力，45℃以上经2小时就死亡。夏季炎热的中午水泥地上温度可达50℃左右，利用这种高温可杀死害虫。

#### 2. 入库商品的虫害检查和处理

进行商品入库验收时，首先检查商品包装周围的缝隙处有无虫茧形成的絮状物、仓虫排泄物和蛀粉等，然后开包检查。也可通过翻动敲打商品，观察有无蛾类飞动。检查中如发现仓虫，必须做好记录并及时报告，不经杀虫处理，禁止入库。

#### 3. 仓库的环境卫生及备品用具的消毒卫生

仓房周围的建筑物、包装材料和垃圾中都潜藏有大量的仓虫，因此，商品入库前仓库及周边环境一定要彻底清洁或消毒，根据不同季节对包装器材、用具、垫盖物等采用日晒、冷冻、开水烫、药剂消毒等方法加以处理。

### （二）药物防治

所谓药物防治，就是用有毒的化学药剂，直接与虫体接触，引起害虫体内组织细胞破坏产生病理变化，直至死亡。比如通过喷药、熏蒸等方法来杀害虫。这也是当前防治仓库害虫的主要措施。

化学药剂杀虫的效果，与选择杀虫期关系很大。一般在仓虫的幼虫期施药灭杀，效果最好。因为仓虫在幼虫期时虫体小、体壁薄、抗药力弱，药剂很容易透过体壁表皮，破坏内部组织细胞，致使死亡。所以，用化学药剂杀虫，要不失时机地选择最合适的杀虫期施药，才能达到理想的杀虫效果。

用药时间上，应选择气温较高、害虫繁殖旺盛的时节进行，一般每年要杀3遍，分别在5月、7月和10月进行，每月喷洒2～3次，每次间隔一周左右。

目前，常用的防虫、杀虫药剂有以下几种：

#### 1. 驱避剂

驱避剂的驱虫是利用易挥发并具有特殊气味和毒性的固体药物，使其挥发出来的气体在商品周围经常保持一定的浓度，从而起到驱避毒杀仓库害虫的作用。可以将药液渗入棉球、旧布或废纸中，悬挂于货垛或走道里，使药液慢慢地挥发于空气中，药性可滞留5～6天，这对羽化的成虫具有较强的杀伤力。常用驱避剂药物有精萘、对位二氯化苯、樟脑精（合成樟脑）等。

### 2．杀虫剂

杀虫剂主要通过触钉、胃毒作用杀灭害虫。触杀剂和胃毒剂很多，常用于仓库及环境消毒的有敌敌畏、敌百虫等。可将这些杀虫剂装入压缩喷雾器内，均匀地喷洒在仓库四周空间，使之挥发弥散，达到杀虫、消毒的功效。

### 3．熏蒸剂

杀虫剂的蒸气通过害虫的气门及气管进入其体内，从而导致其中毒死亡，叫熏蒸作用。具有熏蒸作用的杀虫剂称熏蒸剂。常用的熏蒸剂有氯化苦、溴甲烷、磷化铝、环氧乙烷和硫磺等。熏蒸方法可根据商品数量的多少，结合仓库建筑条件，酌情采用整库密封熏蒸、帐幕密封熏蒸、小室密封熏蒸和密封箱熏蒸、密封缸熏蒸等形式。必须注意的是，上述几种熏蒸剂均系剧毒气体，使用时必须严格落实安全措施。

仓库害虫的防治方法，除了药物防治外，尚有高/低温杀虫、缺氧防治、辐射防治以及各种全盛激素杀虫等。

## 三、鼠害的防治作业

老鼠属啮齿目鼠科动物，种类多，繁殖力强，多在夜间活动，食性杂，它直接损害粮食及其他库存商品，破坏商品包装，并传播病菌，对人类危害很大。据资料记载，25%的偶发性火灾都是由老鼠啃咬电线而引起的。仓库鼠害的防治主要有以下几种方法：

### （一）物理灭鼠

物理灭鼠是使用鼠夹、鼠笼、粘鼠板、超声波驱鼠器等器械防治鼠害。

（1）使用鼠夹时可在鼠夹上放些引诱老鼠的食物，在小范围内，可先布饵不放夹，以消除鼠的新物反应。然后支夹守候，并及时取走死鼠。

（2）鼠笼，适宜于老鼠数量多，为害严重的地方。

（3）粘鼠板，就是使用粘鼠胶涂在木板上，中间放饵来诱鼠，鼠粘上就不易逃脱。

（4）超声波驱鼠器，使用简便，安全可靠，效率高，不污染环境，尤其适合在粮食、食品、编织品仓库使用。

### （二）化学灭鼠

化学灭鼠法又称药物灭鼠法。包括胃毒剂、熏杀剂、驱避剂和绝育剂等。其中，以胃毒剂的使用最为广泛，使用方式是制成各种毒饵，效果好，用法简单。目前，普遍应用的抗凝血类杀鼠剂有溴敌隆、大隆（敌鼠隆）等。

## 四、白蚁的防治作业

白蚁属等翅目昆虫，是世界性十大害虫之一。白蚁主要靠至蚀木竹材、分解纤维素作为营养来源，也能至蚀棉、麻、丝、毛及其织品、皮革及其制品，以及塑料、橡胶、化纤等高聚物商品，对仓库建筑、货架、商品包装材料等都有危害。据统计，我国白蚁虫害区主要分布在长江以南及西南各省，长江流域房屋建筑的白蚁危害率可占虫害总数的40%～50%，华南地区可达60%～80%，因此，白蚁有"无牙老虎"之称。

影响白蚁生存的环境条件是气温、水分和食料。应根据其生活习性，阻断传播入库途径。其防治措施如下：

### （一）预防方法

对库内的木制材料可涂抹一层灭蚁药剂防白蚁。

### （二）检查方法

在白蚁活动繁殖的季节，要加强检查库房木结构、苫垫物料、包装、易被白蚁危害的储存商品以及库外周围环境中树木等，看是否有白蚁活动或危害的迹象，发现后采取措施及时灭杀。

### （三）杀灭方法

（1）在白蚁的危害处，想办法找到蚁路和蚁巢。将灭蚁粉剂尽可能喷洒到蚁路内的白蚁身上和蚁巢内，使其能够相互传染药物，以达到灭治效果。

（2）在发现白蚁危害的地方，例如木制门窗处，可将木制门窗框按一定距离钻孔灌注药液，周边土壤同时也要喷洒药液，使木制门窗框及土壤都含有一定的毒素，白蚁活动取食或触毒后都会中毒死亡。

（3）诱杀法，可在发现白蚁危害处设立诱杀桩、诱杀坑、诱杀堆、诱杀毒饵等，这几种灭蚁方法可单独使用也可结合使用。

（4）熏杀法，采用热气或毒气杀灭方法。

## 五、商品霉腐的防治作业

商品在储存待售的过程中，要在仓库有一段停留，在停留过程中，最易引起商品的霉变和腐烂。商品霉变的破坏作用是很大的，我国对1978年和1979年两年期间由商品霉腐造成的损失进行了统计，最后发现损失高达四亿多元。商品防霉腐就是要针对引起商品霉腐的原因采取有效的措施，减少因霉腐而产生的损失。商品在仓库储存保管过程中，应采取以下方法防治霉腐：

### （一）化学药剂防霉腐

药剂能杀灭和抑制霉菌，其机理主要是使菌体蛋白质变性、沉淀、凝固，破坏菌体正常的新陈代谢，降低菌体细胞表面张力，改变细胞膜的通透性，导致细胞的破裂或分解，即可抑制酶体的生长，通常称这类药剂为防霉腐剂。有些商品可采用药剂防霉腐，在生产过程中把防霉腐剂加入到商品中，或把防霉腐剂喷洒在商品体和包装物上，或喷散在仓库内，可达到防霉腐的目的。

有实际应用价值的防霉腐药剂应该是低毒的，这样使用时比较安全。同时要有较强的适应性；有很好的效果以确保商品能长时间地储存。常用的防霉剂有百菌清、多菌灵、灭菌丹、菌霉净、尼泊金酯类、苯甲酸及其钠盐等。

在使用化学药剂防霉腐时可采取下列方法：

（1）可将防霉腐剂溶成溶液，喷洒或涂布在产品表面。

（2）将产品浸泡在一定浓度的防霉腐溶液中。

（3）可在生产包装材料时添加防霉腐剂，再用这种防霉腐包装材料包装产品，或者直接将一定比例的防霉腐药剂加到制品中去。

（4）将挥发性的防霉腐剂（如多聚甲醛、环氧乙烷）包成小包，密封于商品包装袋中，通过防霉腐剂的挥发成分防止物品霉腐，这种方法又称气相防霉腐法。

### （二）气调防霉腐

霉腐微生物与生物性商品的呼吸代谢都离不开空气、水分、温度这三个因素，只要有效地控制其中一个因素，就能达到防止商品发生霉腐的目的。气调防霉腐的方法就是利用这一原理，在密封条件下降低氧气的浓度，抑制霉腐微生物的生命活动，从而达到防霉腐的目的。当空间中二氧化碳浓度为10%～14%时，对霉菌有抑制作用，若浓度超过40%时，即可杀死多数霉菌。气调防霉腐的方法有密封法和降氧法两种：

#### 1. 密封法

密封是保证气调防霉腐的关键，以不透气为宜，且应该安装测气、测温、充气、抽气口、取样口等装置。以垛密封简便易行、效果好。

#### 2. 降氧法

降氧即控制空气中氧的浓度，人为地构建一个低氧的环境，使霉腐微生物生长繁殖及生物性商品的呼吸受到限制。目前使用较普遍的方法有人工降氧法和自然降氧法两种。人工降氧可通过在空气中充氮的方法实现，即把商品的货垛或包装用厚度0.25～0.3mm的塑料薄膜进行密封，用气泵先将货垛或包装中的空气抽到一定的真空程度，再将氮气充入。也可以充入二氧化碳，但是不必将密封货垛抽成真空，少量抽出一些空气，然后充入二氧化碳，当二氧化碳气体的浓度达到50%时，即可对霉腐微生物产生强烈的抑制和杀灭作用。这种方法效果显著，应用面广。自然降氧法是在密封的贮藏室中利用生物性商品自身的呼吸作用，逐渐消耗密封垛内的氧气，使密封垛内自行逐步降低氧气的浓度，增加二氧化碳的浓度，从而达到自然降氧防止商品霉腐的目的。这种方法虽然工艺简单，管理方便，但效果一般，多应用于水果、蔬菜的防霉腐保鲜。

### （三）低温防霉腐

多数含水量大、易发生霉腐的生物性商品，如鲜肉、鲜鱼、水果、蔬菜等采用低温防霉腐的办法。这种方法就是通过降低商品本身及仓库内的温度，一方面抑制生物性商品的呼吸、氧化过程，使其分解受阻；另一方面抑制霉腐微生物的代谢与生长繁殖，从而达到防霉腐的目的。低温防霉腐所需的温度与时间应以具体商品而定，一般温度愈低持续时间愈长，霉腐微生物的死亡率愈高。

### （四）干燥防霉腐

通过减少仓库环境中的水分和商品本身的水分，使霉腐微生物得不到生长繁殖所需的水分而达到防霉腐。目前主要采用晒干或红外线干燥等方法对粮食、食品等进行干燥保藏。此外，在密封条件下，用石灰、无水氯化钙、五氧化二磷、浓硫酸、氢氧化钾或硅胶等作吸湿剂，也可很好地达到食品、药品和器材等长期防霉腐的目的。

### （五）加强仓储管理

加强仓储管理是商品防霉腐的重要措施，其关键是尽量减少霉腐微生物对商品的污染和控制霉腐微生物生长繁殖的环境条件。仓库温度和湿度是微生物生长繁殖的重要外界因素，为了劣化微生物生长繁殖的温湿度条件，就要调节一个可以抑制或延缓其生长繁殖温度的范围，以及与商品安全含水量相适应的相对湿度范围。所以，必须根据不同商品的不同要求，认真控制和调节库房的温湿度。

### （六）其他方法

（1）电离辐射防霉腐。它是用$x$、$\gamma$等射线照射产品，杀死霉菌。

（2）微波辐射防霉腐。它是用微波处理产品，霉菌受微波作用而死亡。

（3）紫外线照射防霉腐。它是将产品或包装置于紫外线下，可杀死处于表面的霉菌。

（4）远红外辐射防霉腐。霉菌经远红外辐射后，菌体会迅速脱水干燥而死亡。

## 相关链接

### 一、仓库温湿度基本知识及变化

商品在仓库储存过程中的各种变质现象，大多与空气温湿度有密切关系，仓储商品保管的中心环节就是控制好仓库的温湿度。由于商品的性质不同，其所适应的温湿度也不同。仓库温湿度的变化对储存商品的质量安全影响很大，而仓库温湿度往往又受自然气候变化的影响，这就需要仓库管理人员正确控制和调节仓库温湿度，以确保储存商品的安全。

### （一）温湿度的基本知识

#### 1．空气温度

空气温度是指空气的冷热程度，又叫气温。仓库温度的控制既要注意库房内外的温度，也要注意储存物资本身的温度。空气中的热量主要来自于太阳的热量。因为空气的导热性很小，所以只有接近地面的气层温度较高，通过冷热空气的对流，使整个大气层的温度变化发生变化。一般而言，距地面越近气温越高，距地面越远气温越低。

仓库日常温度多用摄氏度表示，凡零度以下度数，在度数前加"－"，即表示零下多少摄氏度。其他比较常用的温度单位还有华氏温度和绝对温度，它们之间的换算关系为：

$$摄氏温度＝（华氏温度－32）×5/9$$
$$华氏温度＝32＋摄氏温度×9/5$$
$$绝对温度＝273＋摄氏温度$$

**2. 空气湿度**

空气湿度是指空气中所含水汽量的多少或大气干、湿的程度。空气中水汽量的多少，一方面与气温有关，气温越高，空气中所能包含的水汽也就越多。另一方面还与地表的水分有关，地表的水分越大，地面越潮湿，空气中的水汽相对也就越多。

表示空气湿度大小的方法有很多，如绝对湿度、饱和湿度、相对湿度、露点等。

（1）绝对湿度。是指单位容积的空气里实际所含的水汽量，一般以克为单位。温度对绝对湿度有着直接影响。一般情况下，温度越高，水汽蒸发得越多，绝对湿度就越大；相反，绝对湿度变小。

（2）饱和湿度。是表示在一定温度下，单位容积空气中所能容纳的水汽量的最大限度。如果超过这个限度，多余的水蒸气就会凝结，变成水滴。些时的空气湿度便称为饱和湿度。

空气的饱湿度不是固定不变的，它随着温度的变化而变化。温度越高，单位容积空气中能容纳的水蒸气就越多，饱和湿度也就越大。

（3）相对湿度。是指空气中实际含有的水蒸气量（绝对湿度）距离饱和状态（饱和湿度）程度的百分比。即在一定温度下，绝对湿度占饱和湿度的百分比。相对湿度用百分率来表示。公式为：

$$相对湿度＝绝对湿度/饱和湿度×100\%$$
$$绝对湿度＝饱和湿度×相对湿度$$

由公式可看出：相对湿度越大，表示空气越潮湿；相对湿度越小，表示空气越干燥。

空气的绝对湿度、饱和湿度、相对湿度与温度之间有着相应的关系。温度如果发生了变化，则各种湿度也随之发生变化。

在地表水分比较充沛的情况下，高温往往伴随着高湿。所以越是在高温的情况下，越是应该注意防潮，防止热空气进入商品包装内部。因为一般来说，空气的温度越高，其所含饱和空气水汽量就越大，一旦冷却下来，就会形成较高的空气湿度，使商品受潮。当湿度和温度适宜时，霉菌就会大量繁殖，从而导致商品发霉。

（4）露点。指含有一定量水蒸气（绝对湿度）的空气，当温度下降到一定程度时，空气中所含的水蒸气就会达到饱和状态（饱和湿度）并开始液化，这种现象称为结露。

水蒸气开始液化成水时的温度叫做"露点温度"，简称"露点"。如果温度继续下降到露点以下，空气中超饱和的水蒸气就会在商品或其他物料的表面上凝结成水滴，此现象称为"水池"，俗称"出汗"。此外，风与空气中的温湿度有密切关系，也是影响空气温湿度变化的主要因素之一。

**（二）仓库内外温湿度的变化**

大气中温湿度变化的规律是：气温越高，风力越大，空气中的相对湿度就越小；温度越低，风力越小，空气中的相对湿度就越大。所以大气的湿度变化与温度变化恰恰相反，日出前湿度最高，午后14：00时湿度最小。

库房温湿度变化的一个总的规律是：总体上和库外的温湿度变化趋势保持一致，但又因为不同库房的密封条件不同，温湿度变化的速度有所不同密封条件越好，变化的速度就越慢。仓库内的湿度是受大气湿度的影响发生变化的，实际上仓库内变化比外界要小些。外界湿度大时，仓库内湿度也应随着大。从气温变化的规律分析，夏季降低库房内温度的适宜时间一般是夜间10点钟以后到次日早晨6点钟。当然，降温还要综合考虑商品特性、库房条件、气候等因素的影响。

## 二、商品质量变化的相关知识

### （一）仓储商品质量变化的形式

商品的质量是指商品在一定条件下满足人们需要的各种属性。由于商品本身的性能特点不同以及受各种外界因素的影响，商品在储存期间有可能发生各种各样质量上的变化。商品质量变化的类型有物理变化、化学变化、生化变化等。

### 1. 物理、机械变化

物理变化是指没有新物质生成，只是改变物质外在形态或状态，而不改变其本质，并且可以反复进行变化的现象。商品的机械变化是指商品在外力的作用下发生形态上的变化。物理、机械变化后，结果不是数量损失，就是质量降低，甚至使商品失去使用价值。

商品常见的物理、机械变化有：挥发、熔化、溶化、渗漏、串味、沾污、破碎与变形等。

（1）挥发。是低沸点的液体商品经汽化而散发到空气中的现象。商品挥发的速度与气温的高低、空气流动速度的快慢、液体表面接触空气面积的大小成正比。防止商品挥发，主要措施就是要加强包装的密封性。此外，要控制仓库温度，高温季节要采取降温措施，保持物品在较低温度条件下储存，以防止挥发。

（2）熔化。指低熔点的商品受热后发生软化以致化为液体的现象。商品的熔化，除受气温高低的影响外，还与商品本身的溶点、商品中杂质种类和含量高低密切相关。商品熔点越低，越容易熔化；商品中杂质含量越高，越易熔化。商品熔化，有的会造成商品流失、粘连包装、沾污其他商品；有的因产生熔解热而体积膨胀，使包装爆破；有的因商品软化而使货垛倒塌。预防商品的熔化应根据商品的熔点高低，选择阴冷通风的库房储存。在保管过程中，一般可采用密封和隔热措施，加强库房的温湿度管理，防止日光照射，尽量减少温度的影响。

（3）溶化。就是指固体商品在保管过程中吸收空气和环境中的水分，当吸收数量达到一定程度时，就会溶化成液体。商品溶化后本身的性质没有发生变化，但由于形态改变，给存储带来了很大的不便。对易溶化的商品应按商品性能，分区分类存放在干燥阴冷的库房内，避免与含水量较大的商品一起储存。在堆码时要注意底层商品的防潮和隔潮，垛底要垫得高一些，并采取吸潮和通风相结合的温湿度管理方法来防止商品吸湿溶化。

（4）渗漏。指液体商品，特别是易挥发的液体商品，由于包装容器不严密、包装质量不符合商品性能的要求及在搬运装卸时碰撞震动破坏了包装，而使商品发生冒、滴、渗的现象。商品渗漏，与包装材料性能、包装容器结构以及包装技术优劣有关，还与仓储温度变化有关。因此，对液体商品应加强入库验收和在库商品检查。

（5）串味。指吸附性较强的商品吸附其他气体、异味从而改变其本来气味的现象。预防商品的串味，应对易被串味的商品尽量采取密封包装，在储存中尽量不与有强烈气味的商品同库储存，同时还要注意仓储环境的清洁卫生。

（6）沾污。指商品外表沾有其他较脏的物质，或含有其他污秽的现象。其主要原因是生产、运输储存中卫生条件差以及包装不严所致。对于有些外观质量要求比较高的商品，比如服装、仪器等要特别注意。

（7）破碎与变形。指商品在外界力的作用下所发生的形态上的改变。对于容易破碎和变形的商品，要注意妥善包装、轻拿轻放。在对商品堆垛时，还要注意商品或商品外包装的压力极限。

## 2. 化学变化

商品的化学变化是指不仅改变物质的外表形态，也改变物质的本质，并生成新物质，且不能恢复原状的变化现象。商品发生化学变化，即商品质变的过程，严重时会使商品完全丧失其使用价值。常见的化学变化有化合、分解、氧化、聚合、老化、风化、陈化等。

（1）氧化。指商品与空气中的氧及其他能释放出氧的物质，所发生的与氧结合的变化。商品发生氧化，不仅会降低商品的质量，有的还会在氧化过程中产生热量，发生自燃，有的甚至还会发生爆炸事故。对此类商品，一定要存储在干燥、通风、散热且温度比较低的仓库内。

（2）分解。指有些性质不稳定的商品，在光、热、电、酸及潮湿空气的作用下，由一种物质生成两种或两种以上物质的变化现象。商品发生分解反应后，不仅其数量减少、质量降低，有的甚至会在反应过程中产生一定的热量和可燃气体并引起事故。

（3）水解。指某些商品遇水发生分解的现象，例如肥皂和硅酸盐，其水解的产物是碱和酸，这样就与原来的商品性质不同了。

（4）化合。指商品储存期间，在外界条件的影响下，两种及以上的物质相互作用生成一种新物质的反应。这种反应，一般不是单一存在于化学反应中，而是两种反应（分解和化合）依次先后发生。

（5）聚合。有些商品在外界条件影响下，使同种分子互相加成后结合成一种更大分子的现象。因此储存商品要特别注意日光和储存温度的影响，以免发生聚合反应，造成商品质量降低。

（6）锈蚀。指金属或金属合金同周围的介质相互接触时，相互间发生了某种反应，而逐渐遭到破坏的过程。金属商品之所以会发生锈蚀，其一是由于金属本身化学性质不稳定，在其组成中存在着自由电子和成分的不纯；其二是由于受到水分和有害气体的作用所造成的。

（7）风化。指含结晶水的商品，在一定温度和干燥空气中丢失结晶水而使晶体崩解，变成非结晶状态无水物质的现象。

## 3. 生化变化

生化变化是指有生命活动的有机体商品，在生长发育过程中，为了维持它们的生命，本身所进行的一系列生理变化，如粮食、水果、蔬菜、鲜鱼、鲜肉、鲜蛋等有机体商品，在储存过程中受到外界条件的影响和其他生物作用，往往会发生这样或那样的变化，这些变化主要有呼吸、发芽、胚胎发育、后熟、霉腐、虫蛀等。

（1）呼吸。指有机商品在生命活动过程中，不断进行呼吸，分解体内有机物质，产生热量，维持其本身生命活动的现象。呼吸就要消耗营养物质，降低商品的质量，但是保持正常的呼吸作用是有机体的基本生理活动，商品本身也会因此而具有一定的抗病性和耐储存性。因此，一些鲜活品的储存应保证它们正常而最低的呼吸，利用其生命活性，减少商品损耗，延长储存时间。

（2）发芽。指有机商品在适宜的条件下，冲破休眠状态，发生的发芽、萌发现象。发芽的结果会使有机体商品的营养物质转化为可溶性物质供给有机体本身的需要从而降低有机体商品的质量，因此对于能够萌发、发芽的商品必须控制他们的水分，并加强温湿度管理，防止发芽、萌发现象的发生。

（3）胚胎发育。主要指动物的卵从受精到孵出或产出的发育过程。比如鸡蛋的胚胎发育，当温度和供氧条件适宜时，胚胎会发育成血丝蛋、血环蛋。经胚胎发育的禽蛋新鲜度和食用价值会大大降低。为抑制禽蛋的胚胎发育，仓库应加温湿度管理，低温储藏或减少供氧，也可采用石灰水浸泡、表面涂层等方法。

（4）后熟。就是指瓜果、蔬菜等类的食品在脱离母株后继续其成熟过程的现象。瓜果、蔬菜的后熟，能改进色、香、味以及适口的硬脆度等食用性。但是后熟作用完成后，则容易发生腐烂变质，难以继续储藏甚至失去食用价值，因此，对于这类鲜活食品，应在其成熟之前采收并采取控制储存条件的办法来调节其后熟，延长其储藏时间。

（5）霉腐。指非金属商品在霉腐微生物作用下所发生的霉变、腐败、性能降低甚至完全损坏的现象。霉腐微生物破坏性较大，在气温高、湿度大的季节，如果仓库温湿度控制不好，多数霉腐微生物会大量生长，使商品受到不同程度的损失，严重的甚至造成人畜食用后中毒。

（6）虫蛀。商品在储存期间经常会遭受仓库害虫的蛀蚀，这些害虫不仅破坏商品的组织结构，使商品产生破碎和孔洞现象，而且其排泄的各种代谢废物污染商品，影响商品质量和外观，降低商品使用或食用价值。因此，害虫对商品的危害性是很大的，凡是含有有机成分的商品，都容易遭受害虫的蛀蚀。

**（二）影响仓储商品质量变化的因素**

影响库存商品质量的因素很多，主要有两个方面：一是商品内在因素，二是商品外在因素。外在因素通过内在因素起作用，对此我们必须有全面的了解，才能掌握库存商品变化的规律，科学地进行商品保管工作。

**1. 商品质量变化的内在因素**

商品在储存期间发生各种变化，起决定作用的是商品本身的内在因素。因为商品的组织结构、化学成分及理化性质等，都是在制造过程中已经决定的。在储存过程中，要充分考虑这些性质和特点，创造适宜的储存条件，减少或避免其内部因素发生作用而造成商品质量的变化。

引起商品质量变化的内在因素主要有以下几个方面：

（1）商品的化学性质。指商品的形态、结构以及商品在光、热、氧、酸、碱、湿度、温度等作用下，发生改变商品本质的性质。与商品储存密切相关的商品的化学性质包括商品化学稳定性、毒性、腐蚀性、燃烧性、爆炸性等。

（2）商品的物理性质。商品的物理性质主要包括导热性、耐热性、吸湿性、含水率、吸湿率、透气性、透湿性、透水性。物理性质是决定和判断商品品质、种类的依据，能反应商品的特征，同时也能通过商品的物理性质判断其品质优次及正常与否。

（3）商品的机械性质。指商品的形态、结构在外力作用下的反应。商品的这种性质与其质量关系极为密切，是体现商品适用性、坚固耐久性的重要内容。主要包括商品的弹性、塑性、强度等。

**2. 商品质量变化的外在因素**

商品质量变化的外在因素可分为自然条件因素和社会因素两大类。

（1）自然条件因素

①温湿度。温度的变化会使物质微粒的运动速度发生变化，高温能促进商品挥发、渗漏、熔化等物理变化及一些化学变化，低温易引起商品的冻结、沉淀等变化，同时温度适宜时会给微生物和仓库害虫的生长和繁殖创造有力条件。同样，湿度的变化也会影响商品的含水量、化学成分、外形或体态结构发生变化，所以在商品保管与养护过程中，一定要控制和调节仓储的温湿度，尽量创造适合商品储存的温湿度条件。

②日光照射。太阳光含有热量、紫外线、红外线等，对商品起着正反两方面的作用：一方面，日光能加速受潮商品的水分蒸发，杀死微生物和商品害虫，有利于商品养护；另一方面，某些商品在光的照射下会发生物理化学变化，如挥发、老化、退色等。所以，要根据不同商品特点，注意避免或减少日光照射。

③臭氧和氧的作用。仓库内一定量的臭氧可以高效、快速、广谱的杀菌，也能够起到商品防护保鲜的作用，但是若含量过高，对人和商品都会造成损伤。氧很活跃，空气中21%左右的气体成分是氧气，能和许多商品发生作用，对商品质量变化影响较大。所以，在商品保管养护中，要对受臭氧和氧影响较大的商品采取方法进行隔离。

④有害气体的影响。有害气体主要来自燃料燃放时放出的烟尘以及工业生产过程中产生的粉尘、废气。商品储存在有害气体浓度大的空气中其质量变化明显，特别是金属商品，必须远离二氧化硫气体的发源地。

⑤微生物及虫鼠害的侵害。微生物和虫鼠会使商品发生霉腐、虫蛀现象。微生物可使商品产生腐臭味和色斑霉点，影响商品的外观，同时使商品受到破坏、变质、丧失其使用或食用价值。虫鼠在仓库不仅蛀食动植物性商品和包装，有的还能危害塑料、化纤等化工合成商品，甚至毁损仓库建筑物。

⑦卫生条件。卫生条件不达标，不仅使灰尘、油垢、垃圾等污染商品，造成其外观瑕疵和感染异味，而且还为微生物、仓库害虫创造了活动场所，所以在储存过程中，一定要搞好储存环境卫生，保持商品本身的卫生，防止商品间的感染。

（2）社会因素

另一个引起商品质量变化的外在因素就是社会因素，主要包括国家的方针政策、生产经济形势、技术政策和企业管理、人员素质以及规章制度等。这些因素影响商品的储存规模、储存水平及储存时间，对储存质量有间接影响。

以上这些影响因素，都会直接或间接造成商品的变质和损坏。因此，必须采取有效措施，防止有害因素的影响，保证商品的储存安全。

### （三）常见易霉腐商品

微生物生长繁殖所需的营养物质有水、碳水化合物（如糖类、纤维素、果胶质等）、蛋白质（包括氨基酸等）、脂肪、无机盐（矿物质）、维生素等。凡是含有这些有机成分的商品都称为易霉腐商品。但是某些商品（如矿产品、金属商品）其本身不会发霉，如果沾染污垢，以生物为原料制成的附件、配件在一定条件下也会导致微生物的生长。一般而言，主要有以下几种常见易发生霉腐的商品。

#### 1. 食品

最容易发生霉腐的食品一般是含蛋白质较多的商品，如肉、鱼蛋类等；含糖较多或者含多种有机物质的食品也很容易霉腐，如糕点、水果、蔬菜、干果干菜、卷烟、茶叶、罐头等。发霉食品易产生霉菌毒素，如黄曲霉毒素。人们长期食用霉变食品，易发生中毒性肝炎、肝硬变和肝癌等。

#### 2. 日用品

在日用化学品中，各种化妆品是最容易发生霉变的。因为化妆品的配料多是甘油、白油、水等，都很容易使微生物生长繁殖。还有一些含纤维素较多的日用品，如纸张及其制品也易发生霉腐。

#### 3. 药品

像糖浆剂、合剂、颗粒剂、片剂、丸剂等如果包装不严，就容易发霉，尤其是中药材（中药片剂）在贮存保管中最易发霉。这是由于空气中有大量的霉菌孢子，透过药品包装或散落在药材表面，当温度（25℃）、湿度（空气中相对湿度在85%以上或药材含水率超过15%）适宜时，即萌发成菌丝（发霉）并产生酵素将药品中的糖类、蛋白质、脂肪胶质等营养成分分解，致使商品霉腐。

#### 4. 皮革及其制品

毛皮及皮革制品一般都是含蛋白质较多的非食用商品。同时，一些皮革制品表面修饰剂的主要成分是乳酪素，一旦温度湿度适宜，微生物就会在其上面繁殖，从而产生霉变，对皮革及其制品产生严重的破坏作用。

#### 5. 纺织原料及其制品

蚕丝、麻、棉、羊毛等天然纤维及其制品，在一定的温湿度下很容易发生霉变，当微生物在这些商品表面繁殖后，将对纤维的色泽、强度产生不良影响。

#### 6. 工艺美术品

工艺美术品，比如竹制品、木制品、草制品、麻制品等也容易在储存过程中发生霉腐。还有一些商品，如橡胶、油漆、涂料等商品，在合适的温湿度条件下都可能发生霉变。

**能力训练**

学生分组进入多家仓库企业，运用所学知识，采用正确的方法对仓库进行温湿度控制，确保储存物品的安全。

# 任务二　仓库安全维护

**任务书**

使用消防器材、防盗设施设备等工具，通过技术性和制度性的方法，保障仓库内人身、财产和物资的安全。

**任务目标**

**1．技能目标**

（1）学会正确使用消防、防盗设施设备等工具。

（2）学会正确采用技术的、人工的和制度性的方法，确保仓库人身和物品安全。

**2．知识目标**

（1）熟悉消防器材、防盗设施设备的正确使用。

（2）掌握仓库安全维护使用的技术、人工和制度性的方法。

**3．素质延伸**

（1）能够正确排查仓库作业过程中的安全隐患，并合理采用正确的方法消除隐患。

（2）能够根据仓库的特点制定技术的、人工的和制度性的方法，确保仓库的安全维护。

（3）能够基本排查仓储管理作业过程中的安全隐患；能够熟练使用和操作消防器材；能够熟练使用防盗报警装置。

**理论知识**

## 一、仓库治安保卫工作人员作业

仓库的治安保卫工作主要有防盗、防火、防抢、防破坏、防骗以及员工人身安全保护、保密等工作。治安保卫工作不仅有专职保安员（如门卫管理、治安巡查、安全值班等）承担，还有大量的治安工作可由在岗员工负责（办公室防火防盗、财务防骗、商务保密、仓库员防火、锁门关窗等）。仓库主要的治安保卫工作及要求如下：

## （一）守卫大门和要害部门

大门守卫是维持仓库治安的第一道防线，除了要负责开关大门，限制无关人员出入、接待入库办事人员并及时审核其身份与登记以外，还要检查入库人员是否携带火源、易燃易爆物品，检查入库车辆的防火条件，查问和登记出库人员随身携带的物品，特殊情况下有权封闭大门、检查当事者物品。对于危险品仓、贵重品仓、特殊品仓等重要部位，需要安排专职人员看守，限制无关人员接近。

## （二）治安检查

治安责任人应按规章准则经常检查治安保卫工作。治安检查实行定期检查与不定期检查相结合的方法。班组每日检查、部门每周检查、仓库每月检查，及时发现治安保卫漏洞、不安全隐患，通过有效手段消除各种隐患。

## （三）巡逻检查

巡逻检查是一项一般由两名保安员共同进行，携带保安器械和强力手电筒不定时、不定线经常地巡视整个仓库的安全保卫工作。保安员应查问可疑人员，检查各部门的防卫工作，关闭无人办公的办公室、关好仓库门窗、关闭电源，禁止挪用消防器材，检查仓库内有无异常现象，查看停留在仓库内过夜的车辆是否符合规定等。巡逻检查中发现不符合治安保卫制度要求的情况，应采取相应的措施处理或者告知主管部门处理。

## （四）防盗设施、设备的使用

仓库的防盗设施大至分为围墙、大门、防盗门，小到门锁、窗。仓库应该根据法规规定和治安保管的需要设置和安装这些设施。仓库使用的防盗设备除了专职保安员的警械外，主要有视频监控设备、自动警报设备、人工报警设备，仓库应按照规定合理利用配置的设备，专人负责操作和管理，确保其有效运作。

## （五）治安应急

治安应急是指仓库发生治安事件时，采取紧急措施，防止和减少事件造成损失的制度。治安应急需要通过制订应急方案，明确确定应急人员的职责，规定发生事件时的信息（信号）发布和传递方法等。

# 二、仓库完善治安保卫管理制度作业

仓库应通过规章制度明确工作规范、工作行为、划分岗位责任；通过制度建立管理系统，及时顺畅地交流信息，确保工作进行的及时有效。仓库治安规章制度有安全防火责任制度，安全设施设备保管使用制度，门卫值班制度，人员、车辆进出库管理制度，保卫人员值班巡查制度等。

为了使治安保卫规章制度得以有效执行，规章制度需要有相对的稳定性，使每一位员工都清楚，以便依照规章制度严格行事。随着形势的发展、技术的革新、环境的变化，规章制度也要依照新的需要进行适时修改。

仓库需要依据国家法律、法规，结合仓库治安保卫的实际需要，以保证仓储生产高效率进行，确保仓储安全，防止治安事故的发生为目的，科学地制订治安保卫规章制度。仓库的规章制度不得违反法律规定，不能侵害公民人身权和其他合法权益，避免或最大限度地减少对社会秩序造成的妨碍。

## 三、仓库灭火作业

### （一）常规灭火

火灾是物质的燃烧过程，破坏燃烧的三个条件之一，就会达到灭火的目的，根据这一原理，常见的灭火方法有以下几种：

**1. 冷却法**

冷却法是在灭火过程中，把燃烧物的温度降低到其燃烧点以下，使之不能燃烧。如水、酸碱灭火器、二氧化碳灭火器等均有一定的冷却效果。

**2. 窒息法**

窒息法是使燃烧物周围的氧气含量迅速减少，致使火窒息的方法。在灭火过程中，可以用水、黄沙、湿棉被、四氯化碳灭火器、泡沫灭火器等，这些都是用窒息方法灭火的器具。

**3. 隔绝法**

隔绝法是在灭火过程中，为避免火势蔓延和扩大，采取拆除部分建筑或及时疏散火场周围的可燃物的方法，孤立火源，从而达到灭火的目的。

**4. 分散法**

分散法是将集中的货物迅速分散，孤立火源，一般用于露天仓库的灭火。

### （二）特殊货物的扑救

存有特殊货物的仓库，消防工作有特殊要求，火灾的扑救工作也有其特殊的方法。

（1）爆炸品引起的火灾一般用水扑救，氧化剂引起的火灾大多可用雾状水扑救，也可以用二氧化碳灭火器、泡沫灭火器和沙等进行扑救。

（2）易燃固体，一般可以用水、沙土和泡沫灭火器、二氧化碳灭火器等进行扑救。

（3）易燃液体引起的火灾用泡沫灭火器最有效，也可以用干粉灭火器、沙土、二氧化碳灭火器等进行扑救。由于绝大多数易燃液体都比水轻且不溶于水，故不能用水扑救。

（4）有毒物品失火，一般可以用大量的水扑救，液体有毒物品的失火宜用雾状水或沙土、二氧化碳灭火器等进行扑救。但氰化物着火绝不能用酸碱灭火器和泡沫灭火器，因为酸与氰化物作用产生有剧毒的氰化氢气体，危害极大。

（5）腐蚀性物品，酸类和碱类的水溶液着火可用雾状水扑救，但遇水分解的多卤化合物、氯氢酸等，绝不能用水扑救，只能用二氧化碳灭火器扑救，也可用干沙灭火。

另外，遇水燃烧的物品只能用干沙和二氧化碳灭火器灭火。自燃性物品起火，可用大量水或其他灭火器灭火。压缩气体起火，用干沙二氧化碳灭火器、泡沫灭火器扑救。放射性物品着火，可用大量的水或其他灭火剂扑救。

## 相关链接

### 一、库场消防的相关知识

从仓库不安全的因素及危害程度来看，火灾造成的损失最大，它可以在很短时间内把整个仓库变成一片废墟，对国家财产和人民生命安全造成极大的损失。对于火灾要防患于未然，仓库必须认真贯彻"预防为主，防消结合"的消防方针，坚决执行《消防法》和公安部制定的《仓库防火安全管理规则》。

#### （一）仓库防火的工作要点

（1）仓库的防火工作要根据企业法人是第一责任人的规定，遵循"谁主管谁负责"的原则，成立防火灭火安全委员会（领导小组），全面负责仓库的消防安全工作。

（2）建立以岗位责任制为中心的三级防火责任制，把防火安全工作具体落实到各级组织和负责人。

（3）建立健全各工种的安全操作制度和安全操作规程，特别是各种用电设备的安全作业规程，经常进行安全教育，坚持职工考核、持证上岗制度的实施。

（4）定期开展防火灭火的消防安全检查，消除各种火灾隐患，落实各项消防措施，及时处理各类事故，做到"三不放过"。

#### （二）防火工作的措施

**1．普及防火知识**

坚持防火宣传教育，普及消防知识，不断提高全体仓库职工防火警惕性，让每个职工都学会基本的防火、灭火方法。

**2．遵守"建筑设计防火规范"**

新建或改建的仓库要严格遵照"建筑设计防火规范"的规定，不得擅自搭建违章建筑，也不得随意改变建筑的使用性质。仓库的防火间距内不得堆放可燃物品，不得破坏建筑物内已有的消防安全设施，如消防通道、安全门、疏散楼梯、走道等，要经常保持畅通。

**3．仓库必须符合防火防爆要求**

凡是储存易燃、易爆物品的危险品仓库，进出的车辆和人员必须严禁携带火源等。储存危险品应专库专储，性能相抵触的商品必须严格分开储存和运输。专库须由专人管理，防止剧烈震动和撞击。易燃、易爆危险品仓库内，应选用不会产生电火花的电器开关。

**4．电气设备应始终符合规范要求**

仓库中的电气设备不仅安装时要符合规定要求，而且要经常检查，一旦发现绝缘损坏要及时更换，不应超负荷，不应使用不合规格的保险装置。电气设备附近不能堆放可燃物品，工作结束应及时切断电源。

**5．明火作业须经消防部门批准**

仓库内若需电焊、气割、烘烤取暖、炉灶、安装锅炉等必须经相关消防部门的批准，才能动火工作。

**6. 配备适量的消防设备和火灾报警装置时要有安全防火措施**

根据仓库的规模、性质、特点，配备一定数量的防火灭火设备及火灾报警器，按防火灭火的要求，分别布置在明显和便于使用的地点，并定期进行维护和保养，使之始终保持完好状态。

**7. 遇火情或爆炸事故应立即报警**

如遇仓库发生火情或爆炸事故，须立即向当地公安消防部门报警。事故过后，应根据"三不放过"原则，认真追查原因，严肃处理事故责任者，并以此教育广大职工。

**（三）常用的灭火器材、设备及使用范围**

灭火器材主要有灭火器、消防栓、消防泵、消防车、水和砂土等。

**1. 常用的灭火器**

常用的灭火器有干粉灭火器、二氧化碳灭火器、卤代烷灭火器、泡沫灭火器和1211灭火器。干粉灭火器不导电、不腐蚀、毒性低，可用于扑救易燃液体、有机溶剂、可燃气体和电气设备的初起火灾；二氧化碳灭火器不导电、不含水分、不污损仪器和设备，可用于扑灭贵重仪器、电气设备及其他忌水物资的初起火灾，但不能用于含碳商品的灭火，如木材、棉、毛、纸张；卤代烷灭火器不导电、不腐蚀、不污损仪器和设备；1211灭火器主要用于扑救可燃气体、可燃液体、带电设备及一般物资的初起火灾；泡沫灭火器可导电，不能用于电器设备灭火，可用于扑救汽油、煤油等油类、香蕉水、松香水等易燃液体、木材及一般货物的初起火灾。

**2. 水**

仓库中应有足以保证消防用水的给水、蓄水、泵水的设备以及水塔、消防供水管道、消防车等。当库场中无自来水设备且距自然水源较远时，则必须修建水池，以储备消防用水。有自来水设备的仓库，应按仓库面积大小合理设置消火栓，应保证在每一个易着火点上有不少于两个水龙头可进行灭火。但不能用水对反应剧烈的化学危险品，如电石、金属钾、保险粉等进行灭火，也不能用于比水轻、不溶于水的易燃液体，如汽油、苯类物品的灭火。

**3. 砂土**

砂土可用以扑救电气设备及液体燃料的初起火灾，也可用于扑灭酸碱性物质的火灾和过氧化剂及遇水燃烧的液体和化学危险品的火灾。因此，仓库中应备有砂箱。须注意的是，爆炸性物品如硫酸氢等不可用砂土灭火，而应用冷却法灭火，例如可用水浸湿的旧棉絮、旧麻袋覆盖在燃烧物上。

**4. 自动消防设备**

常见的自动消防设备有离子烟感火灾探测报警器、光电烟感报警器、温感报警器、紫外火焰光感报警器、红外火焰光感报警器和自动喷洒灭火装置等。

**二、仓储安全技术的类型**

仓储是物资的聚集地，又是仓储作业的劳动场所，具有较多的机械和设备。因此，要按照科学方法，采用相应的技术措施加强仓储安全，确保人员、物资和设备安全。这对避免人民的生命财产遭受损失，保证物资周转和供应工作的顺利进行有着重要意义。

**（一）火灾自动报警技术**

火灾具有很大的危害性，尤其是仓库火灾，能在短时间内毁灭大量物资财富，并威胁人们的生命安全。因此，仓库防火更具有重要意义。火灾自动报警技术，就是及早发现火情，以便及时扑救，避免蔓延成灾，或尽可能减小损失的有效手段。目前，火灾自动报警装置由火灾探测器和火灾报警器两部分组成。探测器装在需要监视的场所，报警器装在有人看守的值班室，两者间用导线或无线方式联接。

**1．火灾探测器**

火灾初期，一般都有烟雾、高温和火光产生。火灾探测器就是利用一些敏感元件和电子线路，将上述物理现象转变为电信号，然后传送给报警器的一类特殊传感器。主要有感烟探测器、感温探测器和光辐射探测器三种类型。另外，由于可燃气体在空中达到一定浓度时，遇明火便会燃烧或爆炸，因此，可燃气体探测器也属于火灾探测器的一种，可以防患于未燃。以上四类，根据结构原理不同，每一类又可分为若干种。

（1）感烟探测器

①离子感烟探测器。采用电离室为敏感元件，利用烟雾粒子使离子电流发生变化来进行监视。它灵敏度高，监护面积大，寿命长。电离室采用镅241放射源，其半衰期为433年，几乎为半永久性。相关资料表明，镅241放射源是安全的，不会给人身带来危害。

②光电感烟探测器。它是利用烟雾能够改变光的传播这一特性而研制的，分遮光型和散光型两种。在一个多孔式暗箱中，装设一个光源，如果光敏元件正好位于光束照射位置上，烟雾进入后，光束被遮挡，因光敏元件受光减弱而报警，称为遮光型；光敏元件不在光束照射位置，光束经烟雾散射使光敏元件受到光线照射而报警，称为散光型。按照遮光原理用脉冲发射红外线作为光源，不需要暗箱，用红外光敏元件进行接收，这样的探测器被称为主动式红外感光探测器。它的发射接收距离远，监护面积更大，但在安装时需要精确"瞄准"。

用感烟探测器探测火灾，可在阴燃阶段早期发现。因此，凡在着火成灾前，先有烟雾生成的场所，除开放性空间以及经常存在大量烟尘、烟雾和水蒸气的场所以外，均可使用。

（2）感温探测器

①定温式探测器的功能是，当环境温度达到某一特定温度时便感应报警。常用双金属片和低熔点合金作敏感元件。

②差温式探测器的功能是，当环境温度迅速达到或超过某一数值时，便感应报警。常用开有小孔的"膜片气室"作敏感元件。

③差定温复合式探测器是差温式和定温式两者的结合，兼有两种功能，其中一种功能失效，另一种仍能起作用。因此，提高了探测险情的可靠性。

感温探测器，按结构原理的不同，还可分为机械式和电子式两种。前者如上所述，后者是以热敏电阻为敏感元件。它们的共同特点是结构简单、价格便宜。除开放性空间外，感烟探测器不宜采用的场所也能使用，因此应用较广泛。

（3）光辐射探测器

可燃物燃烧时，由于剧烈的化学反应，其火焰辐射出大量红外线和紫外线。这就为利用红外和紫外光敏元件对火灾进行探测提供了依据。目前，红外光敏元件多采用硫化铅，紫外光敏元件采用紫外光敏管。光辐射探测器可以露天使用，但要避免阳光和强烈灯光直接照射。另外，紫外光敏管特别适用于探测快速火焰和监视易爆场所。

（4）可燃气体浓度探测器

大量存放能挥发可燃气体物资的场所，如石油库，煤气站等，属于易燃易爆危险区，应设置可燃气体探测器予以监视。

可燃气体浓度探测器，分催化型和半导体型两种。前者由通电加热的铂丝起催化作用，使可燃气体在其表面发生氧化反应，于是铂丝温度进一步升高，电阻值改变。后者已气敏半导体为敏感元件，它在工作温度下（250℃～300℃）遇有可燃气体或烟雾时，其电阻值减小。因此，由电阻值变化便可以测得可燃气体浓度。

**2．火灾报警器**

火灾报警器的作用是接收探测器感知的火灾信号，用灯光显示火灾发生部位，记录火灾发生的时间，并发出声、光报警信号，以警示人们尽早采取灭火措施。基本功能如下：

（1）火灾报警

当有火灾信号输入时，对应部位指示灯和红色火警灯亮起，此时时钟停走，记下首次火警时间，同时发出变调声音，此声音可切除但不影响下一次火警报警。另外，有的报警器有继电器触点输出，以便与其他设备联动。例如，与自动灭火系统联接，构成火灾自动报警灭火系统。

（2）故障报警

当探测器至报警器间联线发生断线或其他故障时，可自动发出故障报警，即故障部位指示灯和黄色总故障灯亮起，同时发出低频单调音响。

（3）火警优先

当故障和火灾同时发生，或先发生故障后发生火灾时，故障报警声让位于火灾报警声。火灾消失经复位后，如果故障仍未排除，则仍然发出故障报警声。

（4）直流备用电源

为保证市电停电时报警系统仍能正常工作，仓库一般都备有直流应急电源，多为蓄电池组。当市电停电时，备用电源自动投入运行；市电恢复后自动切除，并能向备用电源充电，充电到额定电压时自动断开，又处于备用状态。

**（二）防盗报警技术**

为了确保物资安全，对仓库来说，除了防火以外，防盗和防破坏也很重要。尽管仓储部门大都十分重视，投入了大量人力和财力，但是只依靠保卫人员的力量是不够的。因此，有必要借助现代科学技术手段，对贵重物资进行防盗监视，这就需要依靠防盗报警技术。

**1．系统的组成**

防盗报警系统主要是由防盗报警传感器和防盗报警控制器构成。前者设在保护现场，用来对被监视目标进行探测；后者放在值班室，除了接收传感器送来的盗情信息，进行声、光报警外，还有其他功能。例如，报警部位指示，报警时间记忆，以及对报警设备自身故障进行监控等。如果系统较大，监控对象较多，也可以进行分级控制。一般分为两级，一台报警控制总机控制多台报警分机，每一台分机又联接许多传感器。总机放在值班室，具有前述控制器的各种相应功能；分机设在现场的传感器附近，除了接收传感器的盗情信号外，还及时把这些信号送给总机。这种两级控制的方式在有线系统中经常被采用。

关于控制功能的实现，过去多采用组合逻辑，由分离元件或集成电路结构；现在多采用微机或单片机。

### 2．报警系统的组成方法

报警系统一般分为四种，即单机报警系统、有线报警系统、无线报警系统和混合式报警系统。

（1）单机报警系统

是指将传感器和控制器装在一起的报警机。它的结构简单，价格低廉，设置方便。把它置于需要监护场所的隐蔽处，一旦有人入侵，立即发出报警声响，以吓跑盗贼，同时也向附近值勤人员发出信息。这类报警器只要使用得当，也能起到一定效果。同时还可以进行适当改动，例如，增加与总机的信号联系等。

（2）有线式防盗报警系统

是指用导线传感器和控制器以及分机和总机联结起来形成的报警系统。它适用于保护区域和控制器安装地点固定不变的情况。这种方式虽然需要铺设导线，增加投资，但比较稳定可靠，抗干扰性能好，所以仍有不少用户喜欢使用。

（3）无线式防盗报警系统

是指用无线电通信方式把传感器和控制器联系起来构成的报警系统。它的特点是，报警传感器的安装使用灵活方便，避免了有线式安装完毕后不易改动的缺点，适用于防范区域经常发生变动的场合，例如可以把传感器放到火车、汽车等可移动物体上。当然，其位置应处于无线电信号可以到达的范围。在无线式报警系统中，为了区分报警部位，一般采用频分制、时分制或编码方式。

（4）混合式防盗报警系统

常见的形式有：传感器同分机之间距离较近，采用有线方式；分机与总机之间距离较远，采用无线方式。在同一系统中，既有有线方式又有无线方式，称为混合方式。

### 3．常用防盗报警传感器

防盗报警传感器是防盗报警系统的关键，其性能的好坏以及选用是否恰当，在很大程度上决定了系统在投入使用后能否达到预期效果。因此，应用防盗报警技术要重点了解传感器的原理、性能和用途，这里只作简单介绍。

（1）断线式传感器

把细导线布置在盗贼必经之路的隐蔽处，一旦被绊断，即报警。因容易暴露，目前已不多用。

（2）人体感应传感器

一般布置在门窗附近，当有人靠近时即报警。容易受环境、气候影响，调整较麻烦，误报也较多。

（3）光电式传感器

光电式传感器分为光束发射和接收两部分。当有物体通过其间，光束被遮挡时即报警。为便于隐蔽，光束多采用激光或红外线，并采用脉冲发射，瞬时功率大，作用距离远，同时也便于排除其他连续光源的干扰，在防范区域四周或主要道口常用其构成封锁线。为区分是飞虫、飞鸟还是人体遮挡了光束，以免误报，可通过对遮挡时间的长短鉴别来判断。

（4）微波传感器

利用多普勒效应原理，对移动目标进行探测。它类似于一个小型简易多普勒雷达，所防范的区域是一个立体空间，常用在走廊或库房内部。

（5）开关传感器

开关传感器分为接近开关传感器和触摸开关传感器。接近开关主要用来对金属物体进行探测，可以用作触锁报警。触摸开关是利用人手触及其敏感部位时，由人体感应电流，使晶体管由截止变为导通状态而报警。也可以用作触锁或触门报警。

（6）闭路电视和电锁

闭路电视和电锁经常用于防盗系统，且有着特殊效果。闭路电视配备微光摄像机，可以在夜间对出事地点进行连续观察和录像。电锁一般由值班室控制，既可以防外盗，又可限制内部人员下班后随意开门进库。

## 能力训练

1. 学生分组实地参观多家仓储企业，观察其安全防护工作是否到位，并提出相应的改进措施。

2. 案例分析。

### 档案室库房防潮措施

档案室是为存储和保护档案而设计建造的建筑物。档案室库房地址的选择，以及防热、防潮（防水）、防火、防盗等方面均有一定的要求，不少国家制定了专门的设计规范。

1. 库址选择

为使库房地段经常保持干燥，库址不应选在靠近江河湖泊、地势低洼以及山洪多发区，也不应选在地下水位高的地方，以防水患，否则必须进行特殊技术处理。库址不应选在工业区，也不应在其下风处。要了解城市建设现状和远景规划，以保证在库址周围一定范围内不会有形成危害档案的气体、灰尘的工业区。库址应远离危险建筑（如易燃、易爆物品仓库），与一般建筑之间也应保持一定距离，以防火灾波及。为了方便向社会各界提供可利用档案，库址应选在交通较为方便的地方，一般不应选在远离城市的郊区或山区。库址周围要留有余地，以便扩建。

2. 防热与防潮（防水）

档案库内高温的形成主要是由太阳辐射热通过库房屋顶、墙壁、门窗传入，高湿的形成主要是由地下水、雨水以及湿空气通过屋顶、墙身、门窗、地面等部位渗入。档案库房的防热与防潮，主要应在屋顶、外墙、门、窗、地面等库房建筑的围护结构上采取相应措施，使库内温湿度尽量保持稳定，以利于接近或达到要求。中国《档案馆建筑设计规范》规定，一般档案库房温度冬季不低于14℃，夏季不高于24℃，相对湿度为45%~60%。

### 3. 档案库建筑结构

档案库屋顶的形式、结构、用材、颜色均应考虑隔热效果，同时也要有利于雨水及时排泄，防止渗漏。一般认为屋面有一定坡度有利于排水，空气间层屋顶利于隔热。中国新建档案库采用双层屋顶者渐多，采取平屋顶时，注意架空层基层的保温隔热处理，架空层不小于0.2米。采用坡屋顶时，注意屋顶内通风流畅，其下层顶板采用钢筋混凝土结构。

档案库外墙隔热防潮措施有：加厚墙体，墙体使用隔热、防水材料，空气间层墙体，设外走廊或环形走廊等。上述措施各有利弊，应该力争做到扬长避短，综合利用。中国档案馆库房设环形走廊者较多，即在库房四周设置外廊，外廊宽度可根据需要，从1米至2米不等。环形走廊的外墙厚度一般要求不低于0.37米，墙体中可使用隔热、防水材料，外墙体上不开窗或开小窗。环形走廊可防止辐射热、雨水等各种有害因素直接对库内的影响，对档案保护具有防潮、隔热、防尘、防光等综合效果。

档案库的窗户应尽可能少而小，每开间窗洞面积与外墙面积之比不大于1：10 。窗户应为双层窗，要严密、坚固，便于开启，便于密闭，并应有遮阳设施。库房门应坚固、严密、耐火、防潮、隔热。库房入口处应设有缓冲间。建造无窗档案库是发展趋势，可以减少能耗，较好地保证库内温湿度。但无窗库必须配置相应的技术设施。

档案库房分地下库与地上库。地下库的优点是库内温湿度较为稳定，能防光、防尘等，但必须采取地面、墙体的防水与防潮措施。地上库地面防潮措施有两种：一是填实地面，一是架空地面。中国档案库新建者以架空地面为多，特别是在南方高湿地区。架空层高度一般不小于0.45米，下面采用简易水泥地面，高出室外地面不小于0.15米，地面的排水坡度不小于1%。架空层上部地面一般均有防潮措施，架空层外墙应有通风洞，装铸铁通风箅和可开启、封闭的板门，适时开闭，以防结露。

### 4. 防火与防盗

档案库应当是单独的防火区。库区与其他部分的隔墙应有防火墙，材料为耐火极限不少于4小时的非燃烧体。档案馆库区应设火灾和防盗自动报警装置，以及对档案无危害的灭火设备。库区外可设置水消防系统。库门及底层外窗均应采取安全防护措施。如有外遮阳设施，应做防盗处理。库区不应设置室外楼梯。

档案库可根据使用性质和需要设大库、中库、小库，各库应有独立的出入口。库房净高不应低于2.4米。可根据需要配置相应大小的防潮机除湿机等除湿设备。

**案例思考题：**

（1）档案室库存注意事项有哪些？

（2）仓库的防火、防盗工作应注意哪些？

# 学习情境五　出库组织与作业

　　货物出库业务管理，是仓库根据出库凭证，将所需货物发放给需用单位所进行的各项业务管理。货物出库作业的开始，标志着货物保管养护业务的结束。货物出库业务管理有两方面的工作：一是用料单位持有规定的领料凭证，如领料单、提货单、调拨单等，并且所领货物的品种、规格、型号、数量等任务及提取货物的方式等必须书写清楚、准确。二是仓库方面，必须核查领料凭证的正误，按所列货物的品种、规格、型号、数量等任务组织备料，并保证把货物及时、准确、完好地发放出去。

　　货物出库是货物仓储过程的最后一个环节，也是仓储部门对外的一个窗口，其业务水平和工作质量在一定程度上反映了仓储企业的形象，直接影响到企业的经济效益和社会效益。因此，及时、准确地做好出库工作是仓储管理的一项重要内容。

　　出库组织与作业具体实施包括三个步骤：出库前的准备；出库作业流程；出库时相关问题的处理。

## 学习目标

　　**1．技能目标**：了解出库计划编制的程序，掌握出库前的内容准备；熟练掌握出库作业流程并掌握出库作业内容；掌握出库问题的处理方法。

　　**2．知识目标**：了解出库计划编制的原则、依据；了解包装材料和技法；了解仓储机械设备选用的原则。

　　**3．素质延伸**：具备出库的组织与作业能力。

## 任务导入

××电器企业出库仓储员岗位说明书

| ××市××电器有限公司<br>行　政　文　件 | | | | 文件编号：1 |
|---|---|---|---|---|
| 岗　位　说　明　书 | | | | 第一版 |
| | | | | 第＿＿次修订 |
| | | | | 共＿＿＿页，第＿＿＿页 |
| 岗位人： | 王×× | 岗位名称： | 出库仓储员 | 所属部门：生产部 |
| 直接上级：　仓储组组长 | | | | 直接下属： |
| 本职工作概述：仓库管理工作 | | | | |
| 主要职责： | 生产线、各组所需物料发货，物料日常整理 | | | |

续表

| | 任务 | 序号 | 工　作　事　项 | 时 段 | 耗 时 |
|---|---|---|---|---|---|
| 工作内容 | 每日工作内容 | 1 | 参加仓储组早训 | 7:30—7:45 | 15分钟 |
| | | 2 | 整理物料仓库，打扫清洁卫生 | 7:45—8:15 | 30分钟 |
| | | 3 | 接收物料入库，登记台账 | 不定时 | 3小时 |
| | | 4 | 凭材料领用单发料，登记台账 | 不定时 | 3小时 |
| | | 5 | 整理入库，出库凭证，每日上午9点报生产部 | 16:00—16:50 | 50分钟 |
| | | 6 | 填写工作日志 | 16:50—17:00 | 10分钟 |
| | | 7 | 完成领导交办的工作任务 | 不定时 | |
| | 每周工作内容 | 1 | 写工作周记 | | |
| | | 2 | 检查全库消防器材 | | |
| | 每月工作内容 | 1 | 做好本月盘存表 | | |
| | | 2 | 接受月绩效考核 | | |
| | 每年工作内容 | 1 | 物料年终盘点报表 | | |
| | | 2 | 物料年终整理 | | |
| | | 3 | 年度工作报告，下年度工作规划 | | |
| 主要权力 | 一、有拒绝不合格品入库权<br>二、有审核材料领单权<br>三、对不规范的材料领单有不发料权 | | | | |

**分析归纳**：通过以上案例可以了解仓储出库员岗位的工作内容和业务权限。针对仓储企业的岗位职责，在课堂学习和课外作业中可以目标明确地培养学生与企业岗位相对应的业务能力，以此为核心提高学生的综合素质。

# 任务一　出库前准备

## 任务书

出库前准备应按业务部门或客户要求，编织货物出库计划，确定出库时间、种类、品种规格、数量、出库及运输方式并作出相应的安排。它的主要依据是出库单或调拨单。货物出库前的准备工作主要包括包装整理、分拆组装、用品准备、设备调配、人员组织、联络客户等内容。

## 任务目标

**1. 技能目标：**掌握出库计划的编制；掌握出库前准备工作的具体内容，涉及包装整理、分拆组装、用品准备、设备调配、人员组织、联络客户等方面的内容。

**2. 知识目标：**了解出库计划编制的依据、原则；了解包装材料和技法；了解仓储机械选用的原则。

**3. 素质延伸：**具备编制出库计划和出库前准备工作的能力。

## 理论知识

# 一、编制出库计划

仓库对货物出库的全面安排，是以货主单位提供的货物出库计划为依据的。货主单位由于在某些地区、某些时节出现货物畅销、滞销以及运输、气候发生变化等原因，经常不能全部按照供应调配计划办事，这就间接影响货物出库计划的正常执行。

另外，货物的出库是由货主单位掌握和决定分发的，其主动权完全在货主单位手中。所以，仓库对货物出库计划的执行，在作出大体安排的基础上，还必须经常加强与购销业务部门的联系，了解和掌握供应调拨计划的变化动态，摸清应发货物具体出库日期、数量，以便确定发货的最迟期限。这样，仓库就能做到"长计划，短安排"，不仅可使货物出库业务均衡地进行，还能促使发货作业与货物供应调拨计划紧密地衔接起来。

出库计划编制程序如图5-1所示。

**1. 准备编制出库计划**

编制出库计划的准备工作主要包括预测计划期的市场需求、核算仓储企业自身的生产能力，为确定出库计划提供相应的依据。这就需要确定市场对仓储企业货物流量的需求，预测仓储企业的外部环境条件，分析仓储企业内部的生产条件，并对各种资料和信息进行汇总、整理和综合分析。

**2. 确定出库计划指标**

仓储企业必须根据满足市场需求、充分利用各种资源和提高经济效益的原则，在此基础上确定和优化出库计划指标。

**3. 分析企业现有出库能力**

计算核定企业出库能力，安排好出库进度；确定出库任务，妥善安排货物出库进度计划。既要从时间上保证出库指标的实现，保证产销衔接，又要保证企业出库秩序的稳定。

（1）分析人力负荷能力。如果人力不足，则报告人力资源

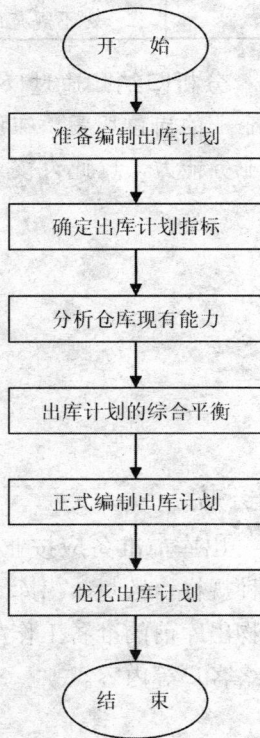

图5-1　出库计划编制程序

部，由其聘请或抽调人员补充；如果人力充足，则展开供应能力调查，组织货源。

（2）分析技术能力。如果技术能力不足，则报告人力资源部，由其补充技术人员。

（3）分析机器负荷能力。如果是机器负荷能力不足，则由机电部编报设备购置申请。

### 4. 出库计划的综合平衡

出库计划的制订一般先由计划部门提出初步指标方案，然后进行综合平衡，采取一定的措施解决矛盾，以达到社会需要与企业出库之间的相互平衡，使企业的出库能力和资源都能得到充分的利用，以获得良好的经济效益。出库计划的综合平衡工作主要包括以下五个方面：

（1）出库任务与出库能力的平衡，即测算企业设备、出库场地及面积对出库任务的保证程度。

（2）出库任务与劳动力的平衡，即测算劳动力的工种、等级、数量、劳动出库率水平与出库任务的适应程度。

（3）出库任务与货物供应的平衡，即测算原材料、燃料、动力、企业内销货物、外销货物及工具等的供应数量、质量、品种、规格、供应时间对出库任务的保证程度。同时，还要预测出库任务同材料消耗水平之间的适应程度。

（4）出库任务与出库技术准备的平衡，即技术措施等与出库任务的适应和衔接程度。

（5）出库任务与资金占用的平衡。

### 5. 正式编制出库计划

企业最终制订的出库计划必须包括以下六个方面的内容：

（1）编制出库计划的指导思想和主要依据。

（2）预计年度出库计划完成情况。

（3）计划年度产量、产值增长水平及货物流量进度安排。

（4）出库计划的各项子计划，主要包括进货计划、设备负荷与购置计划、运输调度计划等。

（5）实现计划的有利条件和不利因素。

（6）对各单位、各部门的要求。

### 6. 优化出库计划存在的问题及解决措施

企业出库计划管理的最终目的是通过一系列综合平衡工作，为出库系统的运行提供优化计划。所谓优化的出库计划，必须具备以下三个特征：

（1）有利于充分利用销售机会，满足市场需求。

（2）有利于充分利用盈利机会，并实现出库成本最低化。

（3）有利于充分利用出库资源，最大限度地减少出库资源的闲置和浪费。

## 二、出库前的准备

### 1. 货物的包装整理

货物出库之前，需要对货物的包装进行检查，视其情况判断是否符合出库运输要求，如不符合要求则需要进行重新包装或包装加固。

### 2．货物的拆分与拼装

有些需求较为零散，货物出库时需要拆箱，仓库作业人员要提前进行拆分作业。另外，一些货物由于批量较小，需要提前进行拼装，以节省出入库作业的时间。

### 3．准备包装材料、工具和用品

对从事改装业务的仓库，在发货前应根据货物的性质和运输部门的要求，准备各种包装材料及相应的衬垫物，并准备好打包工具等。

### 4．机械设备和人员准备

对于待出库的货物，应留出必要的理货场地，并准备必要的装卸搬运设备，安排好仓管人员和装卸搬运人员，以便提货发运。

### 5．发货作业的合理组织

发货作业是一项涉及人员较多、处理时间较紧、工作量较大的工作，进行合理的人员组织是完成发货的必要保证。

## 相关链接

编制出库计划时必须提高计划工作的科学性、预见性，正确确定企业的发展方向、规模、速度，紧密结合近期目标与远期目标，使企业各部门、各环节保持正常的比例关系，均衡而有节奏地发展。

### 一、编制出库计划的原则、依据

#### （一）编制出库计划的原则

为了保证计划任务的完成，编制计划必须遵循下列原则：

#### 1．遵循客观经济规律，加强调查研究

不断地满足广大人民群众日益增长的物质与文化生活需要，是社会主义基本经济规律的要求。依据社会经济发展客观规律，深入实际，进行全面的调查研究，充分利用有利条件，制订切实可行的企业经营计划。在经营计划的执行过程，也要进行认真的调查研究工作，发现问题及时采取措施，保证计划的指导作用和顺利实现。

#### 2．统筹兼顾、全面安排，实行积极的综合平衡

企业经营计划的制订和贯彻执行，是一项十分复杂细致的工作，编制时一定要统筹兼顾、全面安排，施行积极的综合平衡。同时，又要照顾到各类专业计划、生产单位与部门计划的相对独立和相互协调，使企业经营计划在制订和执行过程中能够正确反映客观经济规律的要求。

#### 3．坚持科学性与群众性相结合

现代生产是以科学技术为第一生产力的生产，现代计划管理是群众性的计划管理。因此，在编制企业经营计划的过程中，要充分发挥专业计划人员和全体员工两方面的积极性，群策群力，充分激发群众的自觉性，让群众成为计划的主人，为企业经营计划的实施奠定群众基础。

**4．坚持计划的严肃性与灵活性**

企业经营计划是企业奋斗的目标和行动纲领，具有严肃性。因此，一经确定，必须严肃对待、认真执行。一旦出现必须调整的情况则应采取积极、稳妥的措施加以解决。编制计划应留有余地，也要尽可能挖掘内部潜力，在可能的条件下开展多种经营，完成更多地经营和施工生产任务。

**（二）编制出库计划的依据**

仓储企业出库计划的作用不同，因此，计划编制的依据也各有不同。例如年度计划、季度计划、月度计划和日计划编制的依据分别为以下几种：

**1．年度计划编制的依据**

（1）国民经济发展规划和上级下达的年度计划。

（2）仓储保管合同。

（3）企业的中长期计划。

（4）主要货物供应合同。

（5）计划初步设计。

（6）预测资料和决策方案。

（7）上年计划完成情况。

**2．季度计划编制的依据**

（1）企业年度计划情况。

（2）仓储企业作业能力。

（3）仓储企业作业能力规划。

（4）作业准备，作业条件落实情况。

（5）上季度计划完成情况。

（6）预测资料与决策意见。

**3．月度计划编制的依据**

（1）季度计划情况。

（2）有关的计划资料。

（3）已会审的计划表。

（4）货物、机械设备、劳动力等落实情况。

（5）上月计划完成情况。

**4．日计划编制的依据**

（1）月计划情况。

（2）货物、机械设备、劳动力等落实、执行情况。

（3）前期计划完成情况。

## 二、出库计划实施及控制

编制出库计划仅仅是出库工作的开始，更为重要的工作在于计划的贯彻和执行，在实施过程中进行目标跟踪控制，使计划变成现实。

### （一）出库计划的贯彻执行

在贯彻执行计划过程中应做好以下工作。

**1．坚持计划的严肃性**

计划一旦批准不要轻易变动。年度计划只能在上级规定的时间内调整；季度计划只能在月度计划中调整。

**2．认真做好计划的宣传教育工作**

执行计划的首要工作，就是做好贯彻计划的宣传教育工作。企业的党政工团都要围绕计划的贯彻、广泛地做好宣传教育工作，为全面落实计划打下坚实基础。

**3．按照企业计划体系的特征全面贯彻执行**

在贯彻执行企业计划体系中，做到统筹安排，在统一的企业目标下，企业各职能部门应各尽其责。如经营部门围绕业务拓展、创造良好作业条件贯彻计划；供应部门按照计划执行进度和质量要求搞好货物储备等。

**4．实行目标管理**

企业的经营计划一经确定，要及时传达给企业职工，并将计划指标逐层具体化和数字化。在层层分解落实计划指标的同时还应落实多种形式的经济责任制，用经济手段保证计划的贯彻执行。

**5．调动一切积极因素，组织实现各项技术组织措施**

技术组织措施是实现各项计划的一种保证。企业要把此项工作落实到各个执行部门或执行人，使这些措施如期完成，并在生产中发挥作用。调动一切积极因素，不断挖掘企业潜力，提高劳动生产率，推动企业计划的全面完成。

**6．实施施工调度**

仓储企业生产经营的特点决定计划的指令性不强，可采取强有力的调度措施来弥补。

### （二）出库计划实施中的控制

计划执行中的关键问题是计划的控制。计划的控制是根据反馈原理进行的，对计划执行情况进行检查和分析，纠正计划执行中的偏差，以确保计划按预定目标顺利实现。计划控制的内容有执行进度、执行质量、消耗、利润和成本控制等。

**1．控制的类型**

控制一般分为三种类型：反馈控制、过程控制和预先控制。

反馈控制是针对生产经营活动的结果进行的控制，是一种事后控制；过程控制是针对企业的生产经营活动本身进行控制，是一种事中控制；预先控制是对企业的生产经营活动的前提条件进行控制，是一种事前控制。从控制效果来看，预先控制最佳。

**2．控制的步骤**

控制过程一般包括三个步骤，即确定控制标准；根据这些标准衡量执行的情况；纠正实际执行情况中偏离标准与计划的误差。

### 三、出库计划执行情况的检查和总结

#### （一）半月作业计划检查

半月计划检查中，建立班组长日记制度，并向部门经理报告。计划员会同部门经理和有关业务员进行检查，布置下半月计划时公布上半月计划执行情况。

#### （二）月度生产计划检查

月度生产计划由任务职能部门组织进行，切实解决问题，确保计划的实施。

#### （三）季度计划检查

季度计划检查由企业组织各职能部门进行检查，并将检查结果和计划执行情况向有关部门报告。

#### （四）年度计划执行情况总结

企业将年度计划执行情况进行书面总结，与统计年报在规定时间报送有关部门。

### 四、货物出库的基本要求

#### （一）按程序作业

货物发料出库必须按规定程序进行，管理人员一律不得擅自发料出库。

#### （二）坚持"先进先出"原则

仓库在保证货物使用价值不变的前提下，应坚持"先进先出"原则。同时，做到"保管条件差的先出、包装简易的先出、容易变质的先出、有保管期限的先出、回收复用的先出"原则。

#### （三）做好发放准备

为使货物得到合理使用、及时投产，仓库必须快速、准确发放。为此，仓库必须做好发放前的各项准备工作，如化整为零、备好包装、复印资料、组织搬运人力、准备好设备工具等。

#### （四）及时记账

货物发出后，管理人员应随即在货物保管账上核销，并保存好发料凭证，同时调整卡吊牌。

#### （五）保证安全

货物出库作业时，仓库人员要注意安全操作，防止损坏包装或震坏、压坏、摔坏物品的现象发生；同时，还要保证运输安全，做到物品包装完整、捆扎牢固、标签正确清楚、性能不互相抵触，避免发生运输差错和损坏物品的事故。同时也要保障物品质量安全，即仓库作业人员必须经常注意物品的安全保管期限等，对已变质、已过期失效、已失去原使用价值的物品不允许分发出库。

### 五、包装技法

包装是指在流通过程中保护货物、方便储运、促进销售，按一定技术方法采用的容器、材料及辅助物的总体名称，也指为达到上述目的而采用容器、材料和辅助物的过程，包装是生产物流的终点，是销售物流的起点。包装具有保护货物、方便流通、方便储存、有利营销、便于使用等功能。

包装既包括技术处理，又包括充填、封口、捆扎等一般技法。

## （一）包装的一般技法

（1）对内装物的合理置放、固定和加固。在方形容器中装进形状各异的货物时，须合理置放、固定和加固，达到缩小体积、节省材料、减少损失的目的。外形规则的货物要用套装包装；松散的物件要加固；包装内重量要均衡；货物与货物之间要隔离和固定。

（2）对松泡货物进行体积压缩。对羽绒服、枕心等松泡货物，要压缩体积，有效的方法是真空包装。

（3）外包装形状尺寸的合理选择。有的货物运输需要装入集装箱，因此外包装与集装箱之间的尺寸要相当。外包装形状尺寸要避免过高、过大、过扁、过重。

（4）内包装（盒）形状尺寸的合理选择。内包装一般是销售包装。内包装（盒）形状尺寸的合理选择要考虑如下因素：①在选择形状尺寸时要与外包装（尺寸）配合；②内包装的底面尺寸必须与包装模数协调；③内包装的高度应与外包装的高度相匹配。还要考虑货物的置放和固定。

（5）外包装的捆扎。捆扎对运输包装起着重要作用，其目的是将单个物件或数个物件捆紧，以便运输、储存和装卸。捆扎可根据包装形态、运输方式、容器强度、内装物重量等不同情况分别采用井字、十字、双十字、平行捆扎等不同方法。

## （二）包装的特殊技法

（1）缓冲包装技法。缓冲包装又称防震包装，是使包装物品免受外界冲击力、振动力，防止物品损伤。典型的缓冲包装结构有5层：货物（包括内衬）、内包装盒（箱）内的缓冲衬垫、包装盒（箱）、外包装内的缓冲衬垫、外包装箱。一般的缓冲包装结构有3层：货物（内衬）、包装箱内缓冲衬垫、包装箱。

（2）防潮包装技法。采用防潮材料对货物进行包装，以隔绝外部空气相对湿度对货物的影响，使得包装内的相对湿度符合货物的要求，从而保护货物质量。主要包装技法有：刚性容器密封、加干燥剂密封、不加干燥剂密封、多层密封、复合薄膜真空包装、复合薄膜充气包装和热收缩薄膜包装。

（3）防锈包装技法。是运输金属及其制品时为防止生锈而采用的包装技术和方法。此技法是按清洗、干燥、防锈处理和包装等步骤进行的。一般采用在金属表面涂防锈材料、塑料封存等方法。

（4）防霉包装技法。在流通与储存过程中，为防止内装物受霉菌影响而采取的防护措施。如内装物进行防潮包装，降低包装容器的相对湿度，对内装物和包装材料应进行防霉处理。

（5）防虫包装技法。是为保护内装物免受虫类侵害而采取的防护措施。如在包装材料中掺入杀虫剂，在包装容器中使用驱虫剂、杀虫剂、脱氧剂，增强防虫效果。

（6）危险品包装技法。常见危险品有爆炸性物品、氧化剂、压缩空气、液化气体、自燃物品、遇水燃烧物品、易燃物品、毒害品、腐蚀性物品、放射性物品等10类。有些物品同时具有两种以上危险性。对于危险物品应根据其不同性质采取相应包装技法，如防爆可用塑料桶包装，然后将塑料桶装入铁桶或木桶中，并应有自动放气装置；对有腐蚀性的物品，应采用涂有防腐涂料的金属类容器包装；对有毒物品主要采取包装严密不漏气并与外隔绝的包装。

（7）集合包装技法。将一定数量的包装件或包装货物装入具有一定规格、强度和长期周转使用的更大包装容器内，形成一个合适的搬运单元。它包括集装箱、集装托盘、集装袋、滑片集装、框架集装和无托盘集装。

### 六、仓储机械设备的选择原则

在选择仓储机械设备时，应对仓储机械设备的技术经济指标进行综合评价。

#### （一）仓储机械设备应满足仓库的作业要求

仓库作业主要的技术指标是作业量、出入库作业频率等，仓储机械设备的型号和数量应与之相适应。因此，在选型时需要分析仓库的日吞吐量与仓储机械设备的额定起重量、水平运行速度、起升和下降速度以及设备与数量之间的关系，并应根据具体的情况进行选择。同时，仓储机械设备的型号应与仓库的出入库频率相适应，对于某些综合性仓库，其总吞吐量不大，但是其作业量和作业时间很不均衡，在某些工作时段出入库作业频繁，就应该考虑选用起重载荷相对较小，而工作效率较高的仓库机械设备。对于专用性仓库，其吞吐量大，但是其收发作业并不频繁，作业量和作业时间均衡；因此应该考虑选用起重载荷相对较大的专用机械设备。

#### （二）提高仓储作业一体化程度

仓储作业种类多样，为提高效率，应考虑提高仓储作业一体化程度，比如将计量、包装和搬运作业利用某一种仓储设备同时完成。

定量包装秤集秤体、平台、夹袋、缝口、输送于一体，大大提高了作业效率，可用于面粉、淀粉、饲料以及食品、化工、轻工等行业粉状物料的自动定量、计量、包装。

有些立体仓库，需要大量的计量作业，如果搬运作业和计量作业不同时进行，势必要增加装卸搬运的次数，降低生产效率，因此应该将搬运和计量作业同时完成。例如，在皮带输送机上安装计量感应装置，在输送的过程中同时完成计量工作。

通过集成方式，将多种仓储作业同时完成，不但减少了设备数量，节约了场地、资金，还减少了物料的搬运次数，提高了效率，降低了物料损耗。

#### （三）从整体出发提高仓储作业效率

在仓储作业的选型过程中，应从整体角度出发，而不是将重点一味地放在选用自动化程度高的设备上。比如要提高立体化仓库的作业效率，应从多个方面着手：从货物的角度来考虑，要选择合适的货架形式，方便货物存取，还可以运用托盘进行集成装卸，而不是单纯地从提高仓储机械设备的自动化角度来考虑。只有从系统的角度出发，使各个仓储作业环节合理衔接，才能达到总体最优的目的。

#### （四）注意仓储机械设备的经济性

选择装卸搬运设备时，应根据仓库作业的特点，在坚持技术先进、经济合理、操作方便的原则下，结合自身的条件和特点，对设备进行经济性评价后，选择合适的机械设备。仓储机械设备的总费用构成与其他设备一样，是由一次购置费用和维护费用组成，应根据企业具体情况进行合理的选择。同时应注意设备的投资回收期，应选择投资回收期最短的装卸搬运设备。除此以外，还应注意将设备的经济性与设备技术性结合起来进行考虑，如采用新设备时，尽管设备的投资额加大，但应该看到采用新设备所带来的生产率提高、劳动力节约和节省能源等方面的收益。

## 能力训练

编制出库计划表，并能熟练掌握出库前的准备工作。

# 任务二　出库作业流程

## 任务书

由于各种类型的仓库具体储存货物的种类不同，经营方式不同，货物出库的程序也不尽相同。一般的出库业务程序主要包括出库凭证审验、出库信息处理、拣货、分货、发货检查、包装、堆码及贴标签、单证流转处理、装车发货等。

## 任务目标

1. **技能目标**：掌握一般的出库业务程序。
2. **知识目标**：了解出库方式、拣货方式、分货方式。
3. **素质延伸**：具备出库作业能力。

## 理论知识

一般的出库业务程序如图5-2所示，主要包括出库凭证审验、出库信息处理、拣货、分货、发货检查、包装、堆码及贴标签、单证流转处理、装车发货等。

## 一、出库凭证审核

仓储业务部门接到货物出库凭证时，首先要对出库凭证进行仔细审核。审核工作的主要内容如下：

（1）审核出库凭证的合法性和真实性。

（2）核对货物的品名、型号、规格、单价、数量等有无错误。

（3）核对收货单位、到站、银行账号等是否齐全和准确。

如发现出库凭证有问题，需经原开证单位进行更正并加盖公章后，才能安排发货业务。但在特殊情况（如救灾、抢险等）下，可经领导批准先发货，事后及时补办手续。

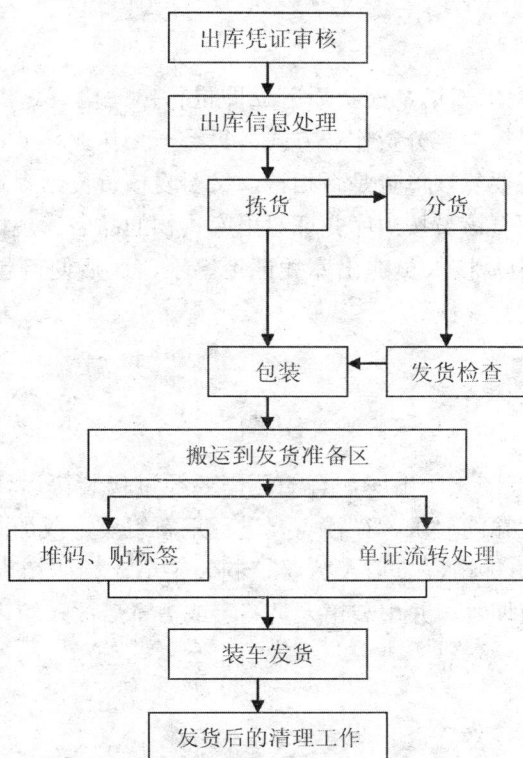

**图5-2　出库工作流程**

## 二、出库信息处理

出库凭证审核无误后，对出库凭证信息进行处理，采用人工处理方式时，记账员将出库凭证上的信息按照规定的手续登记入账，同时在出库凭证上批注出库货物的货位编号，并及时核对发货后的结存数量。当采用计算机进行库存管理时，将出库凭证信息录入计算机后，由软件系统自动进行信息处理，并生成拣货清单等作为拣货作业的依据。

## 三、拣货

拣货作业就是依据客户的订货要求或仓储配送中心的送货计划，尽可能迅速地把货物从其储位或其他区域拣取出来的作业过程。

## 四、分货

分货也称配货，拣货作业完成后，根据订单或配送路线等不同的组合方式对货品进行分类，需要流通加工的货物，先按流通加工方式分类，再按送货要求分类。

## 五、出库检查

为了保证出库货物不出差错，配货后应立即进行出库检查。出库检查是防止发货出现差错的关键。采用人工拣货和分货作业方式，每经一个作业环节，必须仔细检查，按照"动碰复核"的原则，既要复核单货是否相符，又要复核货位结存量来验证出库量是否正确。发货前由专职或兼职复核员按出库凭证对出库货物的品名、规格、单位、数量等进行仔细复验，核查无误后由复核人员在出库凭证上签字，之后便可包装或交付装运。在包装、装运过程中要再次进行复核。

## 六、包装

出库货物有的可以直接装运出库，有的还需要经过包装待运环节。特别是发往外地的货物，为了适应安全运输的要求，往往需要进行重新组装，或加固包装等作业。凡是由仓库分装、改装或拼装的货物，装箱人员要填制装箱单，标明箱内所装货物的名称、型号、规格、数量以及装箱期等，并由装箱人员签字或盖章后放入箱内供收货单位查对。

## 七、货物交接

出库货物无论是要货单位自提，还是交付运输部门发运，发货人员必须向收货人或运输人员按单据逐件交接清楚，划清责任。在得到接货人员的认可后，在出库凭证上加盖"货物付讫"印章，同时给接货人员填发出门证，门卫按出门证核检无误后方可放行。

## 八、发货后的处理

货物交接以后应及时进行发货后的处理工作。人工处理过程由发货业务员在出库凭证上填写"实发数"、"发货日期"等项内容并签名，然后将出库凭证的其中一联及有关证件资料及时送交货主单位，以便货主办理货款结算事宜。根据留存的一联出库凭证登记实物储存明细表。做到随发随记，日清月结，账面余额与实际库存相符。出库凭证应该当日清理，定期装订成册，妥善保存，以备查用。采用计算机管理系统，应及时将出库信息输入管理系统，系统自动更新数据。

**相关链接**

### 一、物品出库的形式
### （一）自提

自提即由收货人或其委托人持"提货单"或"物品调拨通知单"直接到仓库提货，仓库见单发货。自提一般采用先记账后发货的记账方式。提货单到达仓库，经业务部门审核后，一般直接交给仓库记账人员。记账人员接到提货单复核无误后，开出物品出门证，列明每张提货单编号，一式两联，一联交给提货人，记账人员根据另一联和提货单在物品明细账出库记录栏内登记。并在提货单上签名，批注出库物品数量和结存数量，将该提货单传递给保管员发货。提货人凭出门证向保管员提货，待货付讫后，保管员应盖付讫章并签名，将提货单返回给账务人员。提货人凭出门证出门，并将出门证交给门卫人员。门卫人员每天下班前应将出门证交回账务人员，以便账务人员将出门证与提货单核对。出库单如表5-1所示。

表5-1　出库单

数据编号：_____　　　　类别：_____　　　　日期：_____

| 物件名称 | | 生产厂家 | | 单件长度：　　　米 | | |
| 型　　号： | | | | 线密度：　　　公斤/米 | | |
| | | | | 总重量：　　　公斤 | | |
| 单　位 | 数　量 | 单　价 | 总　额 | 入　库　方　式 | | |
| | | | | | | |
| | | | | | | |
| | | | | | | |

保管员：_____　　　　　　　　　　　出库日期：　　年　　月　　日

### （二）送货

送货即为仓库保管部门根据货主提交的"提货单"或"物品调拨通知单"备货，然后把应发物品送交运输部门，送达收货单位。

提货单到达仓库经业务部门审核后，一般直接送给仓库理货员。理货员接单后，经过理单、编写地区代码，分送给仓库保管员发货。货发讫后，再交给物品明细保管账的账务人员记账。这是一种先发货后记账的方式。

### （三）移仓

移仓即货主单位由于业务繁忙或保管条件的需要，将某批物品从A仓库转移到B仓库的一种发货形式。这种情况，对于A仓库来说是出库，仓库必须根据货主单位开出的正式移仓单给予办理移仓手续。移仓的单据流转与前述两种方式基本相同。

### （四）过户

过户即储存物品所有权的转移，物品不出库，仓库必须根据原存储户开发的正式过户凭证予以办理过户手续。

过户凭证可以代替新储户的入库，仓库据此向其开出储存凭证，并另建新的物品明细保管账。对老存储户来说，过户凭证相当于出库凭证，仓库应据此进行物品出库账务处理，方法同上。

### （五）取样

取样是指提货单位出于了解物品质量以及其他业务的需要，到仓库提取货样。仓库同样必须根据正式的取样凭证发出样品，并根据前述的方法做好相应的账务处理。

## 二、拣货信息的传递

拣货信息是拣货作业的依据，它最终来源于客户的订单。拣货信息既可以通过手工单据来传递，也可以通过其他电子设备和自动拣货控制系统进行传输。以下介绍几种常见的拣货信息传递方式。

### （一）订单传票方式

订单传票是直接用客户订单作为拣货凭据的方式，适用于批量较小的情况。

### （二）货单传递方式

货单传递方式适合于订购品种数较少的情况。拣货单是将原始客户订单信息输入电脑，经过信息处理后，生成并打印出来的拣货单据。一般情况下，拣货单上应标明储位，并按储位顺序来排列货物编号，形成较短的拣货路径。这种方式的优势在于：拣货单上的信息能够更直接、更具体地指导拣货作业，因而能够大大提高拣货作业的效率和准确率。

### （三）显示器传递方式

显示器传递方式是在货架上显著的位置安装液晶显示器和拣货指示灯，用来显示拣货信息。当有拣货信息产生时，相应储位上的指示灯亮起，同时显示器显示该货物应拣取的数量，然后，拣货人员根据提示信息将货品拣取出来。这种方式主要用于电脑辅助拣货系统。

### （四）无线通信传递方式

无线通信传递方式是利用无线终端机通过无线通信方式来接受拣货信息。仓储管理信息系统通过无线登录点将拣货信息发送到便携式手持终端，或者发送到安装于叉车或堆垛机上的电脑终端机，当终端机接收到拣货信息后，便可依据拣货信息进行相应的拣货作业。

### （五）自动拣货系统传递

在这种系统中，拣货信息的传递由自动控制系统发出，发送信息的方式可以是有线方式，也可以是无线方式。当订单信息输入系统后，系统便能自动生成拣货信息，并将拣货信息发送到自动拣货系统，自动拣货装置便按照拣货信息指令自动地将货品拣选出来。这是一种完全自动化的方式，整个过程不需要人工参与。

## 三、拣货方式

按照拣货过程自动化程度的不同，拣货分为人工拣货、机械拣货、半自动拣货和自动拣货四种方式。

### （一）人工拣货方式

适用于数量少、品种多、重量轻的小货物或单件货物的拣货作业，这种拣货方式主要依靠人工来进行，其中的一种形式是拣货人员到物品存放位置把物品拣选出来。另一种形式是采用移动货架，通过移动货架的回转运动将物品移送到拣货者所在的固定位置，然后由拣货人员将货物拣选出来。

### （二）机械拣货方式

适合于集装单元或货物体积、重量较大的单件货物的拣选作业，它是由拣货人员操纵机械设备将货物从储存位置拣取出来的一种方式。

### （三）半自动拣货方式

半自动拣货是人和自动分拣系统有机结合的一种方式，货品从拣货区取出的过程由人工完成，货品的输送和分类由自动分拣系统完成。

### （四）自动拣货方式

一般应用于自动化仓库，当拣货信息传输到拣货系统后，在货架区作业的堆垛机接收到拣货指令，即自动地运行到相应的货位，将所需物品取出，然后送到巷道口的出入库站，再由货物转移装置将货物搬移到自动分拣线上，最后由自动分拣线按照订单或运输路线等不同组合方式将货物输送到相应的发货准备区。

## 四、分货作业方式

### （一）人工分货

人工分货方式是指分货作业过程全部由人工完成。分货作业人员根据订单或其他方式传递过来的信息进行分货作业。分货作业完成后，由人工将各客户订购的货物放入已标示好的各区域或容器中，等待出货。

### （二）自动分货

自动分货是利用自动分类机来完成分货工作的一种方式。自动分货系统一般应用于自动化仓库，适用于多品种、业务量大且业务较稳定的场合。其基本过程为：将有关货物及分类信息输入自动控制系统，当货物通过输送系统运送至分拣系统时，首先通过分类识别装置对货物进行识别，然后由自动控制系统控制相应的执行装置产生相应的动作，从而控制货物按分类要求到达规定的分类道口，该分类道口的排出装置将货物排出分类机，进入相应的发货准备区，从而实现货物的自动分类。

## 五、出库包装要求

（1）根据货物的外形特点，选用适宜的包装材料，其重量和尺寸应便于装卸和搬运。

（2）要符合货物运输要求。包装应牢固，内衬应稳固；怕潮货物包装时应增加一层防潮材料；易碎货物包装时应内垫软质衬垫物。包装的外部要做明显标志，标明对装卸搬运的要求及其他注意事项。

（3）严禁互相影响或性质互相抵触的货物混合包装。

（4）要充分利用包装容积。

（5）要节约包装材料，尽量使用原包装物和旧包装物。

（6）包装完毕后，要在外包装上标明收货单位、到站地址、发货号、本批货物的总包装件数、发货单位等。字迹要清晰，书写要准确。

# 任务三  出库中的问题处理

**任务书**

货物在出库的过程中可能会出现一些问题，主要表现为：出库凭证不足、提货数与实际数不符、串发货与错发货、包装、退货等问题。正确处理这些问题可以挽回企业和客户的损失。

**任务目标**

1. **技能目标**：掌握出库中问题的处理。
2. **知识目标**：了解出库中问题产生的原因，仓储出库员的岗位职责。
3. **素质延伸**：具备处理出库中常见问题的能力。

**理论知识**

## 一、出库凭证问题的处理

### 1. 假冒、复制、涂改
出现假冒、复制、涂改等类似情况要及时报告领导及保卫部门妥善处理。

### 2. 规格开错或印签不符
规格或印签不符的情况，不得调换规格后发货，必须重新开票才可重新发货。

### 3. 超过提货期
提货期已致仍未提货出库的情况，应补足费用才可出库。

### 4. 验收前提货
验收前提货的情况要暂缓发货直至验收结束，需及时通知货主。

### 5. 遗失
客户遗失出库凭证，应立即挂失，并做原证作废，延期发货处理。若货物已被提走，保管员应协助报案追回冒领货物。

## 二、提货数与实际数不符的处理

当遇到提货数量大于货物实际库存数量时，无论何种原因，都需要仓库和货主单位在充分沟通的前提下找到问题出现的的原因。一般来讲，提货数与实际数不符的原因主要表现为以下几种。

**1. 入库错记账**

入库时出错，使账面数大于实存数，可以采用"报出报入"的方法进行调整。

**2. 提货数过大**

由货主单位出具新的提货单，重新组织提货和发货。

**3. 货物损耗**

货物损耗是指货物在流通过程中，由于自然因素（如风化、干燥、挥发、粘结、散失等）和货物理化性质或计量误差等原因，不可避免地要发生一定数量的减少、破损或者计量误差。仓储物的损耗标准是处理实际发生损耗的依据，当事人应当在仓储合同中载明。一般情况下，合理损耗应由货主单位承担，合理范围之外的损耗则应由仓储部门承担，并追究相关的责任人。如果是运输过程中发生的货损货差，则应由承运人负责赔偿。

## 三、串发货与错发货的处理

在这种情况下，如果货物尚未离库，应立即组织人力重新发货。如果货物已经被提出仓库，仓库方会同货主单位和运输单位共同协商解决。在无经济损失的情况下由货主单位重新按实际发货数冲单解决。如果形成了经济损失，仓库方应根据合同或国家有关规定进行赔偿。

## 四、包装损坏

货物外包装有破损、脱钉、松绳现象时，应整修加固，以保证运输途中的货物安全。若发现包装内的货物有霉烂、变质等质量问题或数量短缺，不得以次充好，以溢余补短缺。

## 五、退货处理

因出库时的差错造成货物退货，这时要对这部分货物进行妥善处理，最大限度地挽回损失。退货一般按照以下程序进行：

（1）用户填写"退货申请表"，在收到同意退货的通知后，按规定的运输方式办理运输。

（2）仓库在收到客户的退货时，应尽快清点完毕，如有异议，必须以书面形式提出。

（3）退回的货物与退货申请表不相符时，以仓库清点为准。

（4）仓库应将退入仓库的货物根据其原因分别存放、贴标。对属于供应商造成的不合格物品，应与采购部门联系，催促供应商及时提回。

（5）登记入账。对已发放的货物和退回的货物，要及时入账，并按时向其他部门报送。

**相关链接**

## 一、出库主管岗位职责

出库主管在仓储部门经理的领导下，负责企业各类货物的出库管理及流程优化，保证货物出库工作的及时和准确，其具体职责如图5-3所示。

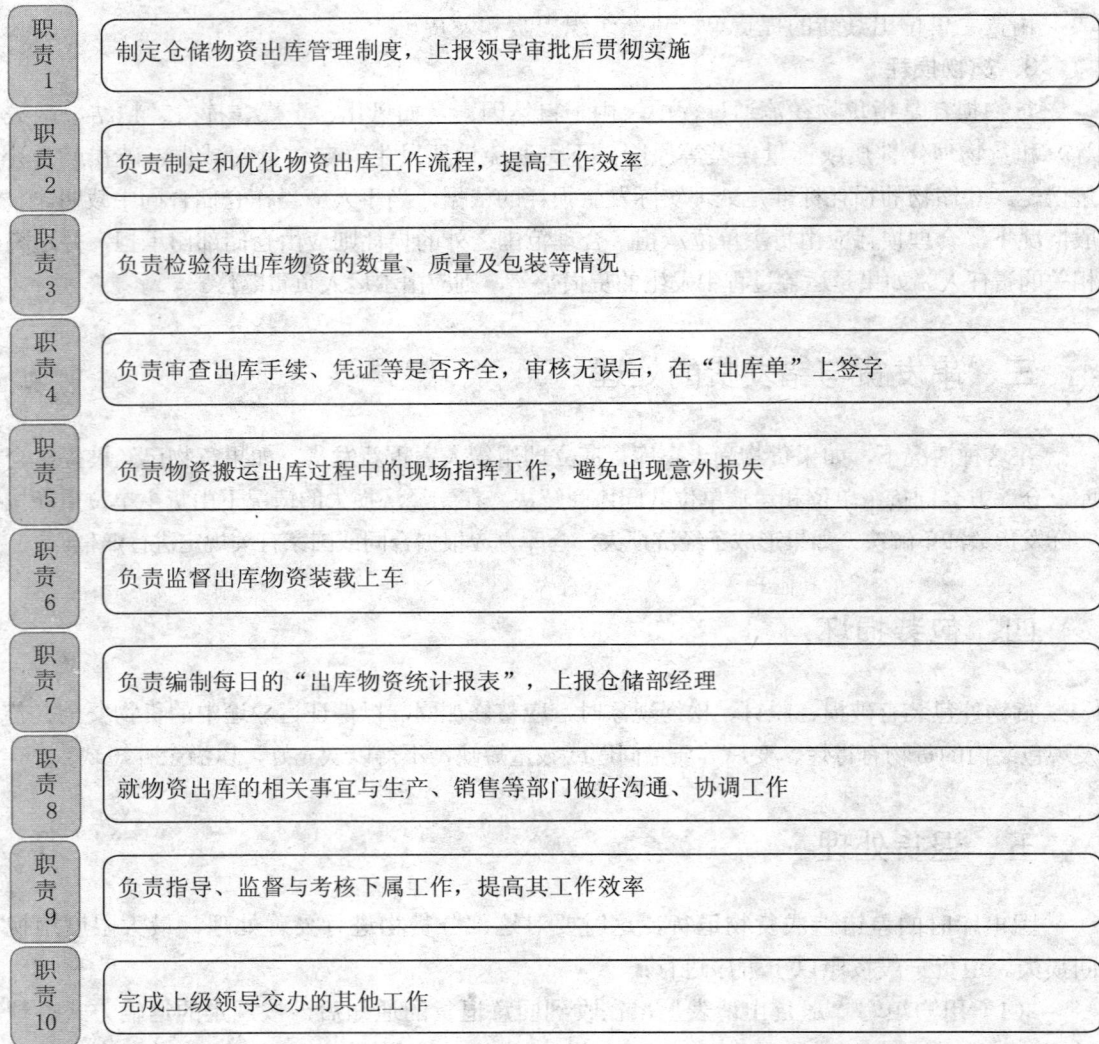

| | |
|---|---|
| 职责1 | 制定仓储物资出库管理制度，上报领导审批后贯彻实施 |
| 职责2 | 负责制定和优化物资出库工作流程，提高工作效率 |
| 职责3 | 负责检验待出库物资的数量、质量及包装等情况 |
| 职责4 | 负责审查出库手续、凭证等是否齐全，审核无误后，在"出库单"上签字 |
| 职责5 | 负责物资搬运出库过程中的现场指挥工作，避免出现意外损失 |
| 职责6 | 负责监督出库物资装载上车 |
| 职责7 | 负责编制每日的"出库物资统计报表"，上报仓储部经理 |
| 职责8 | 就物资出库的相关事宜与生产、销售等部门做好沟通、协调工作 |
| 职责9 | 负责指导、监督与考核下属工作，提高其工作效率 |
| 职责10 | 完成上级领导交办的其他工作 |

**图5-3　出库主管的岗位职责**

## 二、出库专员岗位职责

出库专员主要是在出库主管的带领下，完成各类存储货物的出库检验、手续办理、数据统计等，保证出库工作及时、准确，其具体职责如图5-4所示。

| 职责 1 | 协助出库主管制定仓储部出库管理制度，并根据实际工作需要提出合理化建议 |
| --- | --- |
| 职责 2 | 负责检验待出库物资的质量、包装情况，清点数量或过磅 |
| 职责 3 | 协助审核物资出库手续、凭证等的完整性，确保出库工作准确无误 |
| 职责 4 | 严格按照出库凭证发放物料，做到账、卡、物相符 |
| 职责 5 | 负责物料出库过程中的人员安排，指导物资的搬运操作，防止意外发生 |
| 职责 6 | 负责出库单的收集、汇总、统计及保管 |
| 职责 7 | 负责登记物资出库台账，做好出库物资数量统计，数据提交出库主管 |
| 职责 8 | 完成领导交付的其他工作 |

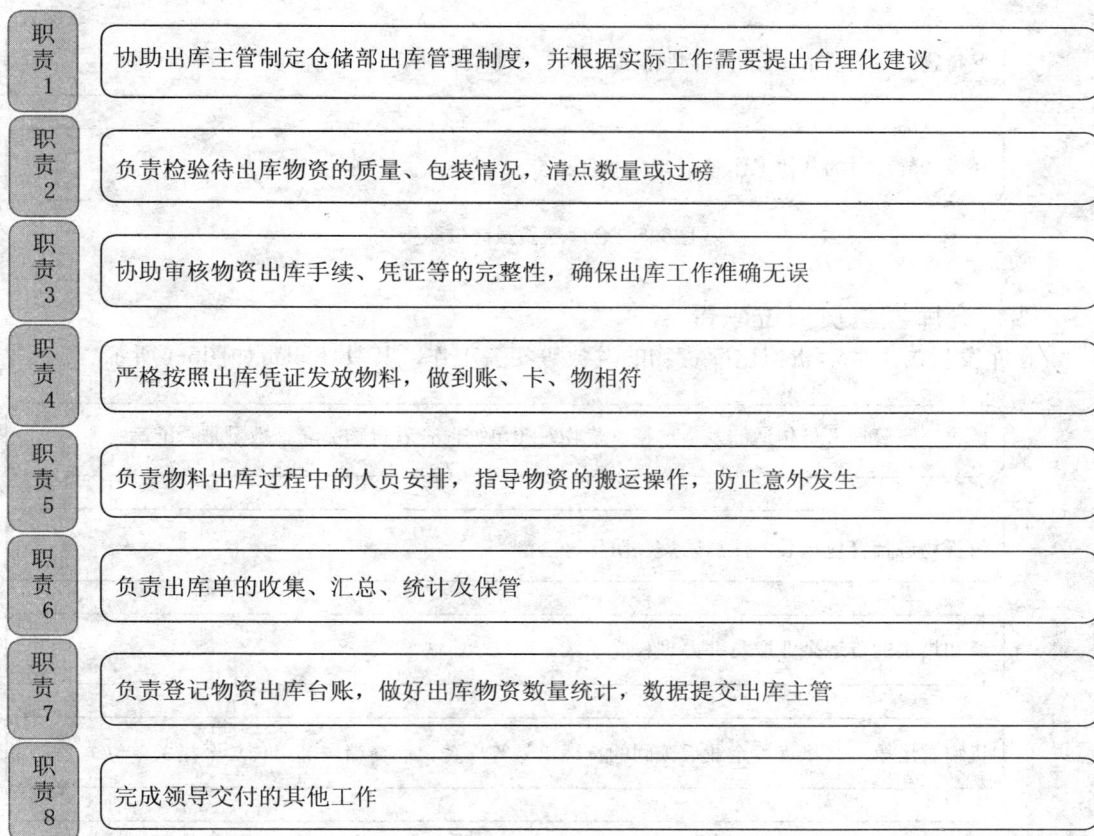

图5-4 出库专员的岗位职责

## 三、仓库理货员岗位职责

仓库理货员的主要职责是根据货物的出库凭单做好提货、拼装、包装等出库准备工作，其具体职责如图5-5所示。

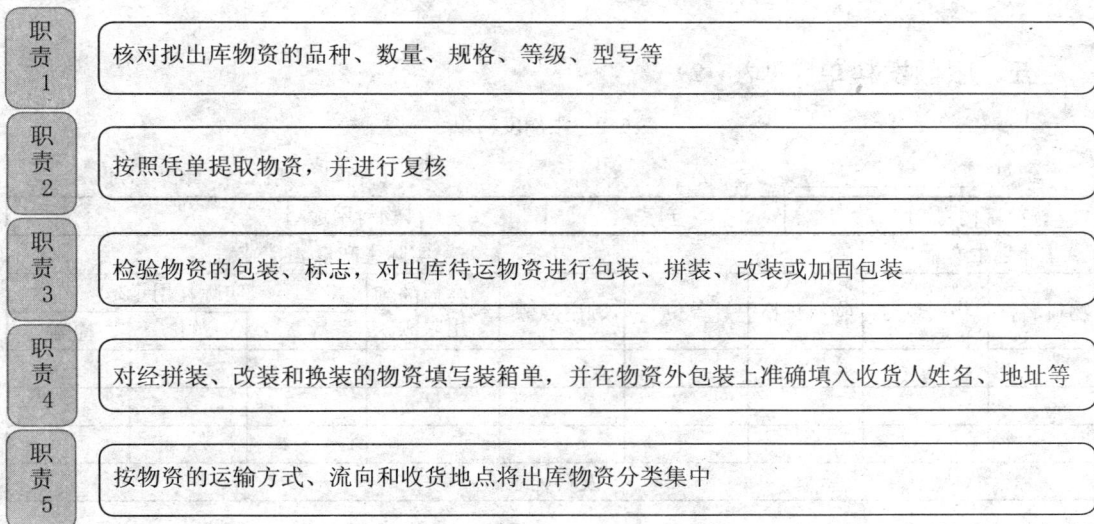

| 职责 1 | 核对拟出库物资的品种、数量、规格、等级、型号等 |
| --- | --- |
| 职责 2 | 按照凭单提取物资，并进行复核 |
| 职责 3 | 检验物资的包装、标志，对出库待运物资进行包装、拼装、改装或加固包装 |
| 职责 4 | 对经拼装、改装和换装的物资填写装箱单，并在物资外包装上准确填入收货人姓名、地址等 |
| 职责 5 | 按物资的运输方式、流向和收货地点将出库物资分类集中 |

| 职责6 | 鉴定物资运输质量，分析货物残损原因，划分事故责任 |
| 职责7 | 完成领导交付的其他工作 |

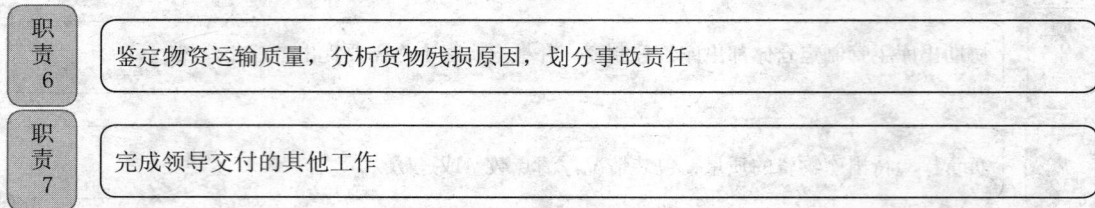

图5-5　仓库理货员岗位职责

## 四、仓库发货员岗位职责

仓库发货员主要负责拟出库货物的发放等相关工作，其具体职责如图5-6所示。

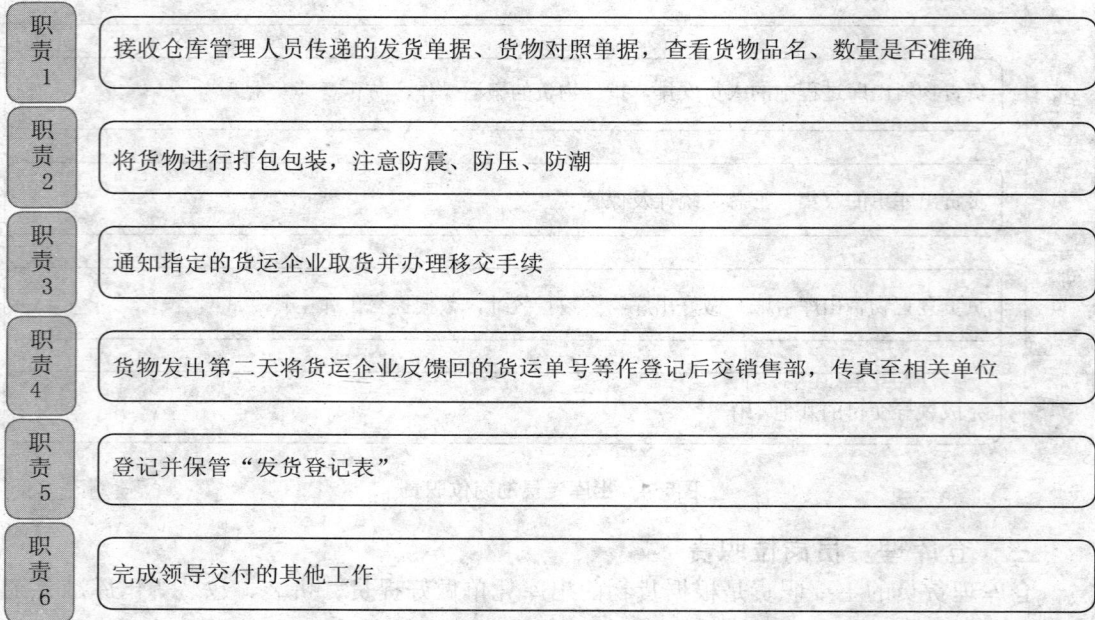

| 职责1 | 接收仓库管理人员传递的发货单据、货物对照单据，查看货物品名、数量是否准确 |
| 职责2 | 将货物进行打包包装，注意防震、防压、防潮 |
| 职责3 | 通知指定的货运企业取货并办理移交手续 |
| 职责4 | 货物发出第二天将货运企业反馈回的货运单号等作登记后交销售部，传真至相关单位 |
| 职责5 | 登记并保管"发货登记表" |
| 职责6 | 完成领导交付的其他工作 |

图5-6　仓库发货员岗位职责

## 五、限额发料单（见表5-2）

表5-2　限额发料单

编号：_____　　　　　　　　　领料日期：　　年　　月　　日

| 领料部门 | | 仓库 | | 物料用途 | | |
| 计划生产量 | | | 实际生产量 | | | |
| 物料名称 | 物料编号 | 物料规格 | 单位 | 领用限额 | 调整后的领用限额 | 实际耗用量 | | |
| | | | | | | 数量 | 单价 | 金额 |
| | | | | | | | | |
| | | | | | | | | |
| | | | | | | | | |
| 发料记录 | | | | | | | | |

| 发料日期 | 请领数量 | 实际发放量 | | | 退料数量 | | | 限额结余 |
|---|---|---|---|---|---|---|---|---|
| | | 数量 | 发料人 | 领料人 | 数量 | 发料人 | 领料人 | |
| | | | | | | | | |
| | | | | | | | | |
| 生产部 | | 采购部 | | | 仓储部 | | 领料单位 | |

## 六、货物提货单（见表5-3）

表5-3　货物提货单

日期：　　年　　月　　日

| 任务 | 货物 | 料　号 | 品名规格 | 单位 | 数量 | 说明 |
|---|---|---|---|---|---|---|
| | | | | | | □ 销货 |
| | | | | | | □ 样品 |
| | | | | | | □ 检验 |
| | | | | | | □ 其他 |
| 厂长批示 | 生产部经理签字 | | 质管部 | | 仓储部 | 提货人 |
| | | | | | | |

## 七、出库复核记录表（见表5-4）

表5-4　出库复核记录表

编号：_____　　　　　　　　　　　日期：　　年　　月　　日

| 序号 | 出库日期 | 货物名称 | 货物编号 | 货物规格 | 数量 | 批号 | 提货单位 | 发货人 | 质量情况 |
|---|---|---|---|---|---|---|---|---|---|
| 1 | | | | | | | | | |
| 2 | | | | | | | | | |
| ... | | | | | | | | | |
| 审核人意见 | | | | | | | | | |

## 八、材料借出记录表（见表5-5）

表5-5　材料借出记录表

日期：　　年　　月　　日

| 借出记录 | 单据种类 | 借出企业 | 单据编号 | 品名 | 代号 | 单位 | 数量 | 备注 |
|---|---|---|---|---|---|---|---|---|
| | | | | | | | | |
| | | | | | | | | |
| 归还记录 | 单据种类 | 归还企业 | 单据编号 | 品名 | 代号 | 单位 | 数量 | 备注 |
| | | | | | | | | |
| | | | | | | | | |
| | | | | | | | | |

## 九、仓库发货通知单（见表5-6）

### 表5-6　仓库发货通知单

编号：＿＿＿＿＿＿＿＿＿＿

客户名称：＿＿＿＿＿＿＿＿＿＿＿＿＿＿＿　　　　订单号码：＿＿＿＿＿＿＿＿＿＿

地址：＿＿＿＿＿＿＿＿＿＿＿＿＿＿＿＿＿＿＿

交货日期：　　年　　月　　日　　　　　　　□一次交货　　　　□分批交货

| 货物名称 | 货物编号 | 数量 | 单价 | 金额 |
|---|---|---|---|---|
|  |  |  |  |  |
|  |  |  |  |  |
|  |  |  |  |  |
| 总价 |  |  |  |  |

仓库：＿＿＿＿＿＿　　　主管：＿＿＿＿＿＿　　　核准：＿＿＿＿＿＿　　　填单：＿＿＿＿＿＿

## 能力训练

采用头脑风暴法，在班级内尽可能多地列举出库时常见的问题，并分析其原因，进而找出处理的方法。

# 学习情境六 仓储成本控制

仓储是物流的重要环节，物品在物流过程中相当一部分时间处在仓储中。例如在仓储中进行运输整合，在仓储中为配送做准备，在仓储中进行流通加工，在仓储中进行市场供给调整……同时，仓储中的成本也是物流成本的重要组成部分。仓储成本控制是物流企业实现企业经营目标的重要保障手段，该项工作贯穿于物流企业经营管理活动的全过程，通过该任务的实施和训练，使学生以经营管理者的角色来认识和把握仓储企业作业活动的各环节。

本情境的具体实施过程包括两个：库存控制；仓储成本分析与控制。

## 学习目标

**1．技能目标：** 能理解现代库存控制方法的实施原理；能够熟练运用数学、管理学和会计学的方法进行仓储管理成本分析并提出合理的成本控制建议。

**2．知识目标：** 能够掌握ABC分析法、EOQ库存控制模型、JIT库存控制、RP方法基本原理和计算方法；能够熟练概述仓储成本的构成及影响因素；能够掌握控制仓储成本的基本方法。

**3．素质延伸：** 在与客户接触过程中能够做到热情、耐心、细致、认真，做到以客户需求为核心，学会用全局观念思考问题。训练和培养学生在从事管理活动时具有成本意识和效率意识。

## 任务导入

### QR应用

塔捷特商店（Target Stores）在美国有500多家大型连锁商店，并且每年保持大约15％的数量增长。塔捷特商店经营服装、家庭用品、电器、卫生、美容品以及日常消费品。塔捷特是一个折扣商店，与凯马特、沃尔玛和西尔斯等商店竞争。

塔捷特经营的全部商品都有条码，并且所有交易中的POS数据被采集。每日数据于当晚经由卫星通信传输到总部，某种商品的每日销售与库存数据和参与快速反应的重要供应商共享，塔捷特不允许完全地自动补货，但向供应商保证每周订货。因为供应商了解整个企业的库存目标、现有存货和实际销售数据，所以很容易把握订货数量，并利用这些信息制订自己的生产与分销计划。

每周一次的订货确定后，供应商在一周内将产品送至塔捷特的6个配送中心。一旦货到配送中心，塔捷特的管理部门在考虑每个商店下一周的销售情况后，向其进行配送。所以，商店每周接受每个品类的补充送货，对于供应商而言，相当于两周为一个周期。

在这个系统中，塔捷特首要的目的不是减少商店总的库存，相反，塔捷特的营销理念是消费者喜欢的，也希望商店是"丰富"的，即顾客想要的每个品类均能在商店找到且随手可得。因此，商店的所有存货应该陈列出来，而不是放在顾客看不见的库房里。货架设计要使顾客能轻易看到所供商品的类型与种类。塔捷特希望达到95%的现有率。在这里，"现有"意味着"设计最大库存量的至少40%是在货架上"。利用这个标准，传统的缺货百分比实际上为零。为支持此标准，塔捷特依靠快速反应方法，提高补充送货的"合适度"。补充供应体系的目标是补充每个品类可能100%地接近货架设计容量，而不产生多余的存货，否则，需要额外的存储场地。这部分后备库存是不愿出现的，因为它们没有陈列，所以不直接创造效益，且由于频繁搬运货物进出储存场所，既增加费用，又极易丢失、损坏或被盗。

塔捷特发现其快速反应系统取得了显著成效，成为企业取得成功的一个重要因素。体系中的重要供应商也从订货的稳定性以及销售与库存数据共享带来的订货可预见性上增加获益。塔捷特的利益从供应商、配送中心、商店的较高商品可获得性中得到。由于频繁地补货，配送中心的周期订货量较低，因为预测期缩短，安全库存较低。当然，这些会带来较高的运输成本，增加数据系统费用。通过在配送中心的库存成本节约和系统带来的补充订货的"合适度"提高，大大节省了商店的货物处理费用，这可以补偿那些增加的成本。此外，系统运转所需的销售数据对有效的商品经营极为有用，与供应商的密切联系使得价格下降并节约其他采购费用。

总之，塔捷特致力于其快速反应系统，并积极扩展系统至更多、更重要的供应商，以实现在所有大销量的品类上100%的快速反应目标。

**分析归纳**：塔捷特的营销理念是消费者喜欢，也希望商店是"丰富"的，即顾客想要的每个品类均能在商店找到且随手可得。但是要保持随手可得必然要增加库存量，塔捷特不是按照传统的方法去降低成本，而是通过快速反应来降低成本。由此可见，降低仓储成本应该从多个方面考虑。

# 任务一　库存控制

## 任务书

库存控制是以控制库存为目的的方法、手段、技术以及操作过程的集合，它是对企业的库存（包括原材料、零部件、半成品以及产品等）进行计划、协调和控制的过程。

- 采用定量订货法或定期订货法，完成订货，使其储存成本达到最低。
- 应用库存控制中的ABC分类技术，对库内货物进行分类，并找出最佳储存方式。
- 掌握现代库存管理方法。

**任务目标**

**1. 技能目标**：能够把所学的库存控制方法应用到实际工作中。能够分析库存状况，能够合理地控制库存。

**2. 知识目标**：了解库存，理解库存控制的内容和目标，掌握ABC 分析法，EOQ 库存控制模型，JIT 库存控制，MRP 方法基本原理和计算方法。

**3. 素质延伸**：培养学生独立思考，勇于表达自己见解的习惯；培养学生正确的学习目的和学习态度。

**理论知识**

# 一、传统库存控制方法

库存控制是在保证供应的前提下，对库存物品的数量最少所进行的有效管理的经济技术措施。库存控制的重点是对库存量的控制，订货点技术是传统的库存控制方法，它是从影响实际库存量的两个方面，即销售的数量和时间、进货的数量和时间来确定商品订货的数量和时间，从而达到控制库存量的目的。因此订货点技术的关键在于订货时机，具体方法包括定量订货法和定期订货法两种。

## （一）定量订货法

### 1. 定量订货法库存控制原理

定量订货法也称连续检查控制方式或订货点法。是指当库存量下降到预定的最低库存量（订货点）时，按规定进行订货补充的一种库存控制方法。当库存量下降到订货点时，即按预先确定的订货量发出订单，经过订货期、交货周期，库存量继续下降，到达安全库存量时，收到订货，库存水平回升。采用定量订货方式必须预先确定订货点和订货量。详细情况如图6-1 所示。

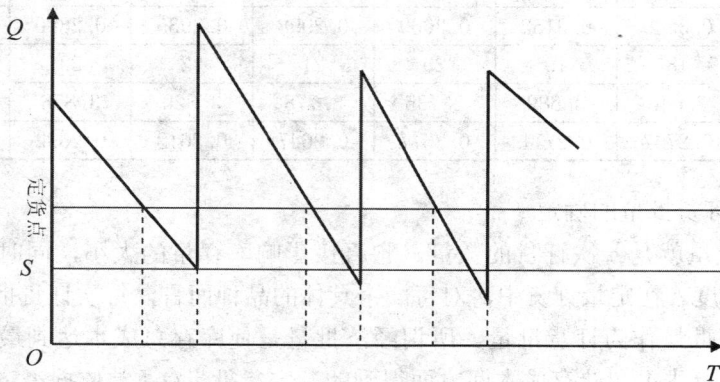

**图6-1　定量订货法原理**

*Q*—批量或订货量；*T*—周转期；*S*—安全库存

### 2. 定量订货法控制参数的确定

实施定量订货法需要确定两个控制参数，一个是订货点，即订货点库存量；另一个是订货数量，即经济订货批量EOQ。

（1）订货点的确定。影响订货点的因素有三个：订货提前期、平均需求量和安全库存。

①在需求和订货提前期确定的情况下，不需要设安全库存即可直接求出订货点，公式如下：

$$订货点 = 订货提前期（天）× 每天的需求量$$

②在需求和订货提前期都不确定的情况下，需要设安全库存，公式如下：

$$订货点 = 最大订货提前期 × 平均需求量 + 安全库存$$

$$安全库存 = 安全系数（见表6-1）× 最大订货提前期1/2 × 需求变动值$$

$$需求变动值 = （最大需求量 - 最小需求量）/d_2$$

$d_2$为随统计期数的多少而变动的常数，可查表6-2得出。

表6-1 安全系数表

| 缺货概率（%） | 30.0 | 27.4 | 25.0 | 20.0 | 16.0 | 15.0 | 13.6 |
|---|---|---|---|---|---|---|---|
| 安全系数值 | 0.54 | 0.6 | 0.68 | 0.84 | 1.00 | 1.04 | 1.10 |
| 缺货概率（%） | 11.5 | 10 | 8.1 | 6.7 | 5.5 | 5.0 | 4.0 |
| 安全系数值 | 1.20 | 1.28 | 1.40 | 1.50 | 1.60 | 1.65 | 1.75 |
| 缺货概率（%） | 3.6 | 2.9 | 2.3 | 2.0 | 1.4 | 1.0 | |
| 安全系数值 | 1.80 | 1.9 | 2.00 | 2.05 | 2.20 | 2.33 | |

表6-2 随统计期数而变动的$d_2$值

| n | 2 | 3 | 4 | 5 | 6 | 7 | 8 | 9 |
|---|---|---|---|---|---|---|---|---|
| $d_2$ | 1.128 | 1.693 | 2.059 | 2.326 | 2.534 | 2.704 | 2.847 | 2.970 |
| $1/d_2$ | 0.8865 | 0.5907 | 0.4857 | 0.4299 | 0.3946 | 0.3098 | 0.3512 | 0.3367 |
| n | 10 | 11 | 12 | 13 | 14 | 15 | 16 | 17 |
| $d_2$ | 3.078 | 3.173 | 3.258 | 3.336 | 3.407 | 3.472 | 3.532 | 3.588 |
| $1/d_2$ | 0.3249 | 0.3152 | 0.3069 | 0.2998 | 0.2935 | 0.2880 | 0.2831 | 0.2787 |
| n | 18 | 19 | 20 | 21 | 22 | 23 | 24 | |
| $d_2$ | 3.640 | 3.689 | 3.735 | 3.778 | 3.820 | 3.858 | 3.896 | |
| $1/d_2$ | 0.2747 | 0.2711 | 0.2677 | 0.2647 | 0.2618 | 0.2592 | 0.2567 | |

（2）订货批量的确定

订货批量就是一次订货的数量。它直接影响库存量的大小，同时也直接影响物资供应的满足程度。在定量订货中，对每一个具体的品种而言，每次订货批量都是相同的，通常是以经济批量作为订货批量。所谓经济批量是使库存总成本达到最低的订货数量，是通过平衡订货成本和储存成本两方面得到的。定货批量$Q$通常依据经济批量$Q^*$的方法来确定，即总库存成本最小时的每次订货数量。通常，年总库存成本的计算公式为：

$$TC=DP+\frac{D}{Q}C+\frac{Q}{2}H$$

式中：$TC$——年总库存成本；

　　　$D$——年需求总量；

　　　$P$——单位物品的购入成本；

　　　$C$——每次订货成本；

　　　$H$——单位物品年储存成本；（$H=PF$，$F$为年仓储保管费用率）

　　　$Q$——批量或订货量；

　　　$Q/2$——年平均库存量。

经济订购批量$Q^*$的确定公式：　$Q^*=\sqrt{\dfrac{2CD}{H}}=\sqrt{\dfrac{2CD}{PF}}$

在需求率已知，连续、交货期已知和固定、不发生缺货的条件下，可采用以上公式计算经济批量$Q^*$。将$Q^*$代入年总库存成本的公式中，即可得出相关公式：

最低年总库存成本：　　　　　　　　　　$TC=DP+HQ^*$

年订购次数：　　　　　　　　　$n=\dfrac{D}{Q^*}=\sqrt{\dfrac{DH}{2C}}$

平均订货间隔周期：　　　　　　　$T=365/n=365Q^*/D$

## （二）定期订货法

定期订货法是按预先确定的订货时间间隔进行订货补充的库存管理方法。

### 1. 定期订货法原理

预先确定一个订货周期T和最高库存量$Q_{max}$，周期性地检查库存，根据最高库存量、实际库存、在途订货量和待出库商品数量，计算出每次订货批量，发出订货指令，组织订货。如图6-2所示。

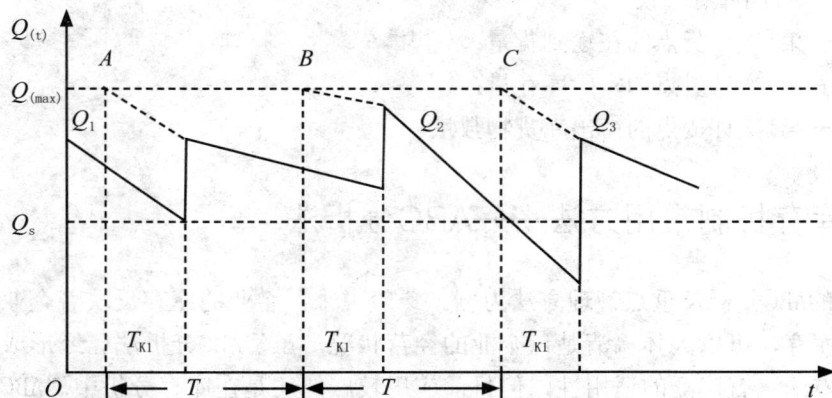

图6-2　定期订货法原理图

定期订货法的实施需要解决三个问题：订货周期、最高库存量、每次订货的批量。

### 2. 定期订货法的控制参数

（1）订货周期的确定。在定期订货法中，订货点实际上就是订货周期，其间隔时间总是相等的。它直接决定最高库存量的大小，即库存水平的高低，进而也决定了库存成本。订货周期过长，库存成本上升；订货周期过短，增加订货次数，订货成本增加。为使总费用达到最小，采用经济订货周期的方法来确定订货周期，公式如下：

$$T = \sqrt{\frac{2S}{C_i R}}$$

式中：$T$——经济订货周期；

$S$——单次订货成本；

$C_i$——单位商品年储存成本；

$R$——单位时间内库存商品需求量。

（2）最高库存量的确定。定期订货法的最高库存量是用以满足（$T+T_k$）期间内的库存需求的，所以我们可以用（$T+T_k$）期间的库存需求量为基础。考虑到为随机发生的不确定库存需求，再设置一定的安全库存。公式如下：

$$Q_{max} = R（T+T_k）+ Q_s$$

式中：$Q_{max}$——最高库存量；

$R$——（$T+T_k$）期间的库存需求量平均值；

$T$——订货周期；

$T_k$——平均订货提前期；

$Q_s$——安全库存量。

（3）订货量的确定。定期订货法每次的订货数量是不固定的，订货批量的多少是由当时的实际库存量大小决定的，考虑到订货点的在途到货量和已发出出货指令尚未出货的待出货数量，则每次订货量的计算公式为：

$$Q_i = Q_{max} - Q_{ni} - Q_{ki} + Q_{mi}$$

式中：$Q_i$——第i次订货的订货量；

$Q_{max}$——最高库存量；

$Q_{ni}$——第i次订货点的在途到货量；

$Q_{ki}$——第i次订货点的实际库存量；

$Q_{mi}$——第i次订货点的待出库货物数量。

## 二、库存控制常用方法——ABC分析法

以库存的ABC分析及重点管理方法为例。一般说来，企业的库存反映着企业的水平，调查企业的库存，可以大体搞清楚该企业的经营状况。虽然ABC分析法已经形成为企业中的基础管理方法，有广泛的适用性，但目前应用较广的还是在库存分析中。ABC分析法大致可以分为以下5个步骤：

步骤一：收集数据。针对不同的分析对象和分析内容，收集有关数据。

步骤二：统计汇总。

步骤三：编制 ABC分析表。

步骤四：ABC分析图。

步骤五：确定重点管理方式。

# 三、现代库存控制方法

## （一）MRP物料需求计划

### 1. MRP运行原理

按需求的来源不同，企业内部的物料可分为独立需求和相关需求两种类型。独立需求是指需求量和需求时间由企业外部的需求来决定，例如，客户订购的产品、科研试制需要的样品、售后维修需要的备品备件等；相关需求是指根据物料之间的结构组成关系由独立需求的物料所产生的需求，例如，半成品、零部件、原材料等的需求。MRP的基本任务是：

（1）从最终产品的生产计划（独立需求）计算出相关物料（原材料、零部件等）的需求量和需求时间（相关需求）。

（2）根据物料的需求时间和生产（订货）周期来确定其开始生产（订货）的时间。

MRP 的基本内容是编制零件的生产计划和采购计划。然而，要正确编制零件计划，首先必须落实产品的生产进度计划，用MRP Ⅱ的术语就是主生产计划（Master Production Schedule，MPS），这是MRP展开的依据。MRP还需要知道产品的零件结构，即物料清单（Bill Of Material，BOM），才能把主生产计划展开成零件计划。同时，必须知道库存数量才能准确计算出零件的采购数量。因此，MRP技术的依据是：主生产计划（MPS）、物料清单（BOM）和库存信息。MRP运行原理如图6-3所示。

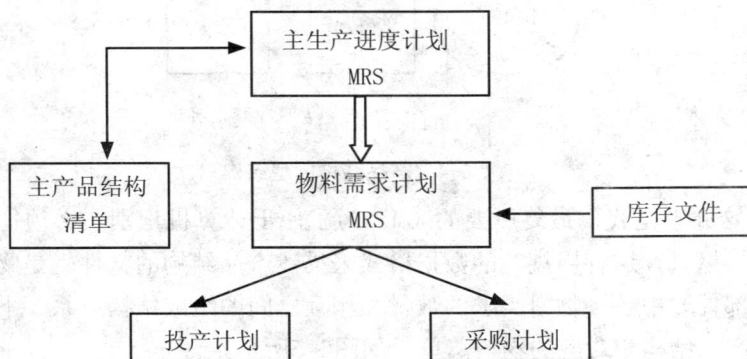

图6-3 MRP运行原理

### 2. MRP系统的运行

（1）主生产计划（Master Production Schedule，简称MPS）

主生产计划是确定每个具体的最终产品在每个具体时间段内生产数量的计划。这里的最终产品是指对于企业来说最终完成、要出厂的成品，它要具体到产品的品种、型号。这里的具体时间段，通常是以周为单位，在有些情况下，也可以是日、旬、月。主生产计划详细规定生产什么、什么时段应该产出，它是独立需求计划。主生产计划根据客户合同和市场预测，把经营计划或生产大纲中的产品系列具体化，使之成为展开物料需求计划的主要依据，起到了从综合计划向具体计划过渡的作用。例如，最终产品A的主生产进度计划如表6-3所示。

表6-3　最终产品A的主生产进度计划表

| 时期(周) | 1 | 2 | 3 | 4 | 5 | 6 | 7 | 8 |
|---|---|---|---|---|---|---|---|---|
| 产量(件/周) | 25 | 15 | 20 | | 60 | | 15 | |

（2）产品结构与物料清单（Bill of Material，BOM）

MRP系统要正确计算出物料需求的时间和数量，特别是相关需求物料的数量和时间，首先要使系统能够知道企业所制造的产品结构和所有要使用到的物料。产品结构列出构成成品或装配件的所有部件、组件、零件等的组成，装配关系和数量要求。它是MRP产品拆零的基础。例如，主产品A的树型结构如图6-4所示。A由2个部件即两个B和一个C装配而成，B由一个外购件D和一个零件C组成，B、C、D的提前期分别为1周、3周和1周。

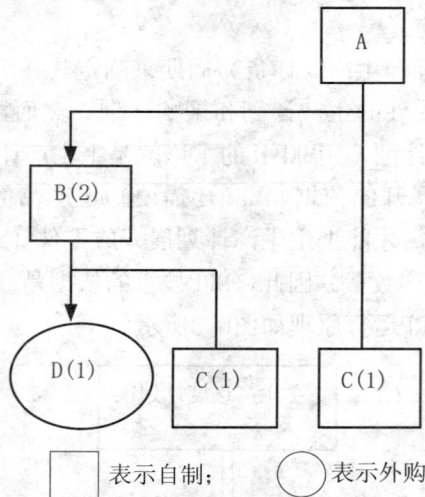

图6-4　产品结构树型结构

当然，这并不是我们最终所要的BOM。为了便于计算机识别，必须把产品结构图转换成规范的数据格式，这种用规范的数据格式来描述产品结构的文件就是物料清单。它必须说明组件（部件）中各种物料需求的数量和相互之间的组成结构关系。下面就是一张简单的与自行车产品结构相对应的物料清单，如图6-5所示。

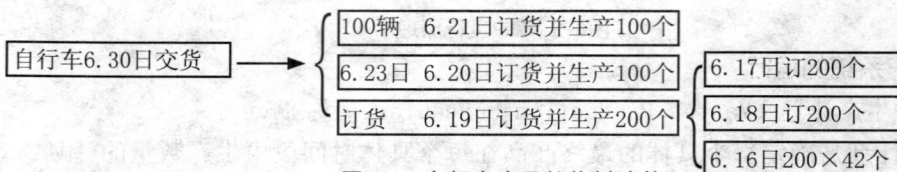

图6-5　自行车产品的物料清单

（3）库存信息

库存信息是保存企业所有产品、零部件、在制品、原材料等存在状态的数据库。在MRP系统中，将产品、零部件、在制品、原材料甚至工装工具等统称为"物料"或"任务"。为便于计算机识别，必须对物料进行编码。物料编码是MRP系统识别物料的唯一标识。

① 现有库存量。是指在企业仓库中实际存放物料的可用库存数量。

② 计划收到量（在途量）。是指根据正在执行中的采购订单或生产订单，在未来某个时段物料将要入库或将要完成的数量。

③ 已分配量。是指尚保存在仓库中但已被分配掉的物料数量。

④ 提前期。是指执行某项任务由开始到完成所消耗的时间。

⑤ 订购（生产）批量。在某个时段内向供应商订购或要求生产部门生产某种物料的数量。

⑥ 安全库存量。为了预防需求或供应方面的不可预测的波动，在仓库中应经常保持最低库存数量作为安全库存量。

根据以上的各个数值，可以计算出某项物料的净需求量（净需求量＝毛需求量＋已分配量－计划收到量－现有库存量）。例如，表6-4为A产品的库存文件。

表6-4  A产品的库存文件

| 项目A   0级<br>提前期1周 | 周 次 | | | | | | | |
|---|---|---|---|---|---|---|---|---|
| | 1 | 2 | 3 | 4 | 5 | 6 | 7 | 8 |
| 总需求量 | 25 | 15 | 20 | | 60 | | 15 | |
| 计划到货量 | 10 | | | | 40 | | 50 | |
| 现有库存量 | 5 | −10 | −15 | −15 | −35 | −35 | 0 | 0 |
| 净需求量 | 0 | 10 | 5 | 0 | 20 | 0 | 0 | 0 |
| 计划接受订货 | | 10 | 5 | | 20 | | | |
| 计划发出订货 | 10 | 5 | | 20 | | | | |

## （二）JIT（Just-in Time）库存控制

### 1. 生产同步化

JIT 生产同步化的核心思想是"一个流"生产模式，而具体采用的方法主要是设备和人员的重新配备、后工序领取以及确定生产节拍等。

"一个流"模式是指将作业场地、人员设备合理配置，使产品在生产时每个工序最多只有一个在制品或成品，从生产开始到完成之前，没有在制品放置场地和入箱包装的作业。可见，"一个流"是使得产品能够在各道工序间无间隔流动的一种方式，减少了大量在制品以及过多的无效搬运等。

在设备配置与布局上，为了避免大量的在制品库存，JIT 没有采用传统的设备水平布置方式，而是采用了垂直布置，即按照工序来布置加工设备，一套加工制造过程中衔接的加工设备布置在一起，并且有效地连接起来，从而保证产品是"一个一个"地进行加工，而不是"一批一批"，最大范围地减少中间搬运环节。在人员配置上，则是每名员工可能会控制多台设备进行多工序操作，这样才能与连接起来的设备相适应。

在"一个流"生产方式中，除了设备排布和人员配备外，另一个重要的因素是按照一定的生产节拍组织生产。

生产节拍，简称节拍，又称为线速，是控制生产速度的指标。具体来说，生产节拍是指生产一个产品所需的单位时间。

JIT 生产方式与传统方式的要求不同。传统方式是最大化生产能力，要求保证在正常加工时间内总产量达到最大。而JIT 要求的是在需要的时间内提供需要的量，从而减小库存等浪费。因此，JIT 需要借助平衡生产节拍来保证企业的生产能力与需求相适应，同时，不会出现生产线某个环节不符合节拍，过快或过慢等现象，避免产生产品积压或者生产线停顿等。

### 2. 生产均衡化

所谓生产均衡化，是指企业采购、制造以及配送的整个过程都与市场需求相符合。采用均衡化意味着最终供货与需求相适应，同时从需求开始进行拉动，总装配线在向前道工序领取零部件时应均衡地使用各种零部件，生产各种产品。

以JIT的观点看来，传统的生产方式，各个工序和生产部门会根据产品种类的不同而产生很大的负荷变化，生产某种产品的阶段内，某部门可能负荷很小，过于空闲，而生产另外某种产品阶段内，同样的部门又可能需要不断加班加点甚至采用外购。从企业总体来看，会产生不同程度的产品积压或者缺货。JIT的方式是以一日或者更小的时间单位组织计划，在这个时间单位内安排混合生产模式，以此保证产品的稳定供给，同时协调企业内部资源。

例如，将一周或一日的生产量按分秒时间进行平均，所有生产流程都按此来组织生产，这样一条流水线上每个作业环节上单位时间内必须完成多少作业就有了标准定额，所在环节都按标准定额组织生产，因此要按此生产定额均衡地组织物质的供应、安排物品的流动，如图6-6所示。

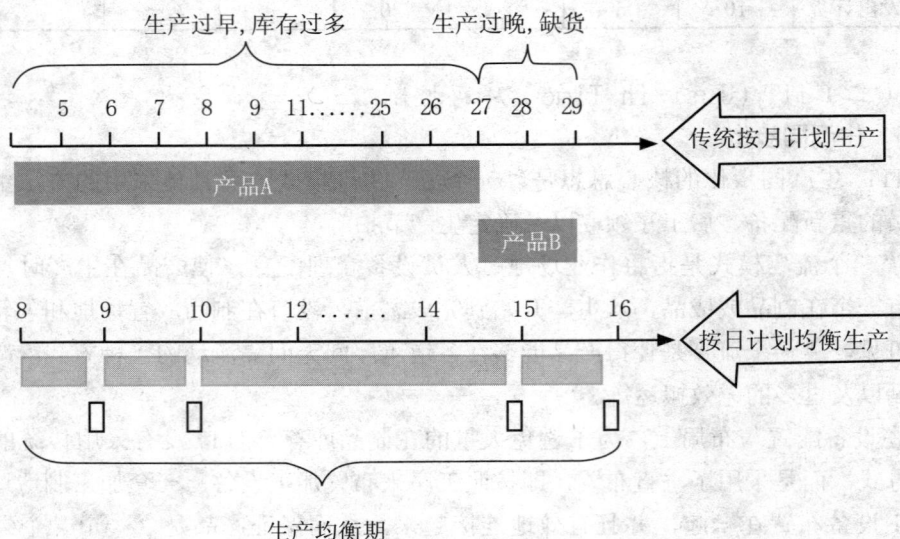

图6-6  生产均衡化

## 3. 看板管理

看板是JIT生产的保证和信息传递的工具，意味着"口令"或者"指令"，在JIT中，这是一个信号系统，用于在工序以及部门甚至企业间传递生产以及运输的信号。看板有很多种形式，通常可以使用卡片、标志杆或者容器。下面是一个最简单的看板系统介绍。

A和B分别是生产某产品的两个生产部门。而A加工结束的产品储存在A和B之间的容器内。该容器在靠近B一方使用搬运看板，而在靠近A一方用生产看板。当B部门得到后续需求（实际上可能是另外一个看板信息）时，取走容器内的一个产品，同时摘下容器内的搬运看板，同时在生产看板盒内放入生产看板。A部门的工作人员收到生产看板以后，取出生产看板，同时在搬运看板盒内装入产品，放入搬运看板。B部门再将放入的产品取出，同时取出搬运看板。如图6-7所示。

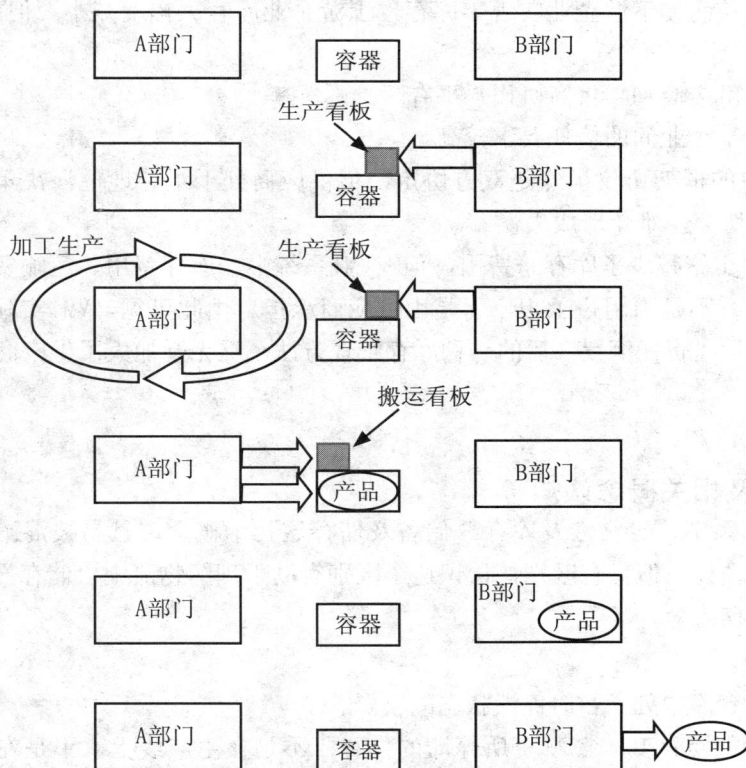

图6-7　看板具体形式

看板的使用原则：

（1）没有看板不能生产，也不能搬运。

（2）看板只能来自后工序。

（3）前工序只能取走生产的部分。

（4）前工序只能按照收到看板的顺序进行生产。

（5）看板必须与实物在一起。

（6）不能把劣质品送到后工序。

JIT 的实施给企业带来了很多益处，这些益处主要表现为库存量的降低，其他益处间接地来自于企业内部的重组，如生产力的提高和交货期的缩短等。

### （三）VMI库存控制

VMI（Vendor Managed Inventory）是一种以用户和供应商双方都获得最低成本为目的，在一个共同的协议下由供应商管理库存并不断监督协议执行情况和修正协议内容，使库存管理得到持续改进的合作性策略。

通过市场的实施，VMI被证明是比较先进的库存管理方法。它打破了传统的"各自为政"的库存管理模式，体现了供应链的集成化管理思想，适应市场变化的要求，是一种新的、有代表性的库存管理思想。它由上游企业拥有和管理库存，下游企业只需要帮助上游企业制定计划，从而使下游企业实现零库存，上游企业库存大幅度减小。但VMI也有以下局限性：

（1）VMI中供应商和零售商协作水平有限。

（2）VMI对于企业间的信任要求较高。

（3）VMI中的框架协议虽然是双方协定，但供应商处于主导地位，决策过程中供需双方缺乏足够的协商，难免造成失误。

（4）VMI的实施减少了库存总费用，但在VMI系统中，库存费用、运输费用和意外损失（如物品毁坏）不是由用户承担，而是由供应商承担。由此可见，VMI实际上是对传统库存控制策略进行"责任倒置"后的一种库存管理方法，这无疑加大了供应商的风险。

## 相关链接

### 一、库存及相关概念认知

物流科学体系中，经常涉及库存、储备及储存这几个概念，且易被混淆。其实，三个概念虽有共同之处，但仍有区别，认识这个区别有助于理解物流中"储存"的含义和以后要遇到的零库存概念。

#### （一）库存

库存指的是仓库中处于暂时停滞状态的物资。

这里要明确两点：其一，物资所停滞的位置，不是在生产线上，不是在车间里，也不是在非仓库中的任何位置，如汽车站、火车站等类型的流通结点上，而是在仓库中。其二，物资的停滞状态可能由任何原因引起，而不一定是某种特殊的停滞。这些原因大体有：能动的各种形态的储备；被动的各种形态的超储；完全积压。

#### （二）储备

物资储备是一种有目的的储存物资的行动，也是这种有目的的行动和其对象总体的称谓。物资储备的目的是保证社会再生产连续不断地、有效地进行。所以，物资储备是一种能动的储存形式，或者说，是有目的的、能动地生产领域和流通领域中物资的暂时停滞，尤其是指在生产与再生产、生产与消费之间的暂时停滞，如粮食储备、石油储备等。

### （三）储存

储存是包含库存和储备在内的一种广泛的经济现象，是一切社会形态都存在的经济现象。在任何社会形态中，对于不论什么原因形成停滞的物资也不论是什么种类的物资，在没有进入生产、加工、消费、运输等活动之前或在这些活动结束之后，总是要存放起来，这就是储存。

## 二、库存的分类

### （一）按功能划分

按功能划分库存有五种基本类型：波动（需求与供应）库存、预期库存、批量库存、运输库存、屏障库存。

#### 1. 波动（需求与供应）库存

由于销售与生产的数量与时机不能被准确地预测而持有的库存。对于给定物品，其平均订货量可能是每周100单位，但有时销售量可高达300单位或400单位。通常从工厂订货后3周可收到订货，但有时可能要用6周。这些需求与供应中的波动可用后备存货或安全存货来弥补，后备存货或安全存货也就是波动库存的常用名。当通过各工作中心的工作流不能完全平衡时，在工作中心也存在波动库存。生产计划中可以提供名为稳定存货的波动库存以满足需求中的随机变化，而不需改变生产水平。

#### 2. 预期库存（促销库存、季节性）

为迎接一个高峰销售季节、一次市场营销推销计划或一次工厂关闭期而预先建立起来的库存。预期库存是为未来的需要也是为了限制生产速率的变化而储备的工时与机时。

#### 3. 批量库存

要按照物品的销售速率去制造或采购物品往往是不可能或不实际的。因此，要以大于现阶段所需的数量去获得物品，由此造成的库存就是批量库存。生产调整时间是确定此类库存的一个主要因素。

#### 4. 运输库存

由于库存是由物料必须从一处移到另一处而产生的，而处在卡车上被运往另一个仓库去的物料在途中可能要经历10天之久，因此，当物料在途中时，库存不能为工厂或客户服务，称为运输库存。运输库存存在的原因是由于运输需要时间。

#### 5. 屏障（或投机性）库存

使用大量矿产品（诸如煤、汽油、银或水泥）或农牧产品（诸如羊毛、谷类或动物产品）的公司可以通过在价低时大量购进这些价格易于波动的物品而实现可观的节约，这种库存就叫屏障库存。另外，对预计以后将要涨价的物品，在现行价格较低时，买进额外数量就将降低该物品的物料成本。

### （二）按物品在加工过程中的地位分类

按物品在加工过程中的地位分类，可分为原料、组件、在制品和成品。

#### 1. 原料

用来制造成品中组件的钢铁、面粉、木料、布料或其他物料。

## 2．组件

准备投入产品总装的零件或组装配件。

## 3．在制品

工厂中正被加工或等待加工的物料与组件。

## 4．成品

备货生产工厂里库存中所持有的已完工物品，或订货生产工厂里准备按某一订单发货给客户的完工货物。

### （三）按库存物品所处状态分类

按库存物品所处状态可以分成静态库存和动态库存。静态库存指长期或暂时处于储存状态的库存，这是人们一般意义上认识的库存概念。实际上广义的库存还包括处于制造加工状态或运输状态的库存，即动态库存。

## 三、库存控制的内容和目标

库存控制是以控制库存为目的的方法、手段、技术以及操作过程的集合，它是对企业的库存（包括原材料、零部件、半成品以及产品等）进行计划、协调和控制的过程。

### （一）库存控制的内容

主要是根据市场需求情况与企业的经营目标，决定企业的库存量、订货时间以及订货量等。

### （二）库存控制的目标

库存控制的目标一是降低库存成本，二是提高客户服务水平。达到这些目标的过程中主要的问题是：这些目标基本上是互相冲突的。库存控制就是要在互相冲突的目标之间寻求平衡，以达到最佳结合。具体相冲突目标有哪些，可以从库存费用及成本的角度来考虑。

## 四、库存成本的构成

### （一）订货成本

对于企业、仓储中心来说，订货费是指为补充库存，办理一次订货发生的有关费用，包括订货过程中发生的订购手续费、联络通讯费、人工核对费、差旅费、货物检查费、入库验收费等。当生产企业自行组织生产时，订货费相当于组织一次生产所必须的工具安装、设备调整、试车、材料安排等费用。订货费一般与订购或生产某种货物商品的数量无关。

在确定订货费时，对具体问题要具体分析，但必须注意不能将搬运费、管理费等平均分摊到每一件货物上。

在年消耗量固定不变的情况下，一次订货量越大，订货次数就越少，每年所花费的总订货费也就越少。

### （二）储存成本（保管费）

储存成本又称保管费，一般是指每存储单位货物商品、单位时间所需费用。这一项费用中，只计入与库存物资数量成正比的部分，凡与存贮物资数量无关的不变费用不计算在内。存贮费还经常用每存贮1元物资单位时间所支付的费用来表示，称为保管费率。

保管费包括存贮物资所占用资金的利息、物资的存贮损耗、陈旧和跌价损失、存贮物资的保险费、仓库建筑物及设备的修理折旧费、保险费、存贮物资的保养费、库内搬运设备的动力费及搬运工人的工资等。在以上保管费成分中，利息支出所占比重较大，以工业贷款月利率6‰计算，存贮百万元物资一年，仅利息就需支付七万余元。

由于订货量越大，平均库存量就越大，从而存贮费支出越大。因此，从存贮费角度考虑，订货批量越大越不利。

### （三）缺货损失费

一般是指由于中断供应影响生产造成的损失赔偿费，包括生产停工待料，或者采取应急措施而支付的额外费用，以及影响利润、信誉和损失费等。衡量缺货损失费有两种方式：当缺货费与缺货数量的多少和缺货时间的长度成正比时，一般以缺货一件为期一年（付货时间延期一年），造成的损失赔偿费来表示；另一种是缺货费仅与缺货数量有关而与缺货时间长短无关，这时以缺货数量造成的损失赔偿费来表示。

由于缺货损失费涉及到丧失信誉等带来的损失，所以它比存贮费、订货费更难于准确计算，有时一旦发生缺货，所造成的损失是无法弥补的。对不同的部门、不同的物资，缺货费的确定有不同的标准，要根据具体要求分析计算，将缺货造成的损失数量化。

仓库不能缺货，从理论上讲是可以的，但在实际中是不可能的，实际中为保证不缺货而保持过大的存贮量也是不经济的。当缺货损失费难以确定时，一般以用户需求得到及时满足的百分比大小来衡量存贮系统的服务质量，称为服务水平。

从缺货损失费角度考虑，存贮量越大，缺货的可能性就越小，因而缺货损失费也就越少。为了保持一定的库存，要付出保管费；为了补充库存，要付出订货费；当存贮不足发生缺货时，要付出缺货损失费。这三项费用相互制约，保管费与所存贮物资的数量和时间成正比，如降低存贮量，缩短存贮周期，自然会降低存贮费；缩短存贮周期，就要增加订货次数，势必增大订货费支出。为防止缺货现象发生，就要增加安全库存量，这样就在减少缺货损失费支出的同时，保管了存贮费开支。因此，我们要以存贮系统总费用最小为前提出发进行综合分析，寻求合适的订货批量及订货时间间隔。

## 五、ABC分析法的产生和发展

ABC分析法是储存管理中常用的分析方法，也是经济工作中一种基本工作和认识方法。ABC分析的应用，在储存管理中比较容易取得以下成效：第一，压缩了总库存量；第二，解放了被占压的资金；第三，使库存结构合理化；第四，节约了管理力量。

### （一）ABC分析法的产生

ABC分析是从ABC曲线转化而来的一种管理方法。ABC曲线又称帕累托（Pareto）曲线。意大利经济学家Pareto在1879年研究人口与收入的关系问题时，经过对一些统计资料的分析后提出了一个关于收入分配的法则：社会财富的80%是掌握在20%的人手中，而余下80%的人只占有20%的财富。这种由少数人拥有最重要的事物而多数人拥有少量的重要事物的理论，扩大并包含许多情况，并称之为Pareto原则（Pareto Principle），即所谓"关键的少数和次要的多数"哲理，也就是我们平时所提到的80/20法则。如果将此情况通过以横坐标为人口比例、纵坐标为收入比例的曲线加以描述，就得到如图6-8所示的帕累托曲线。

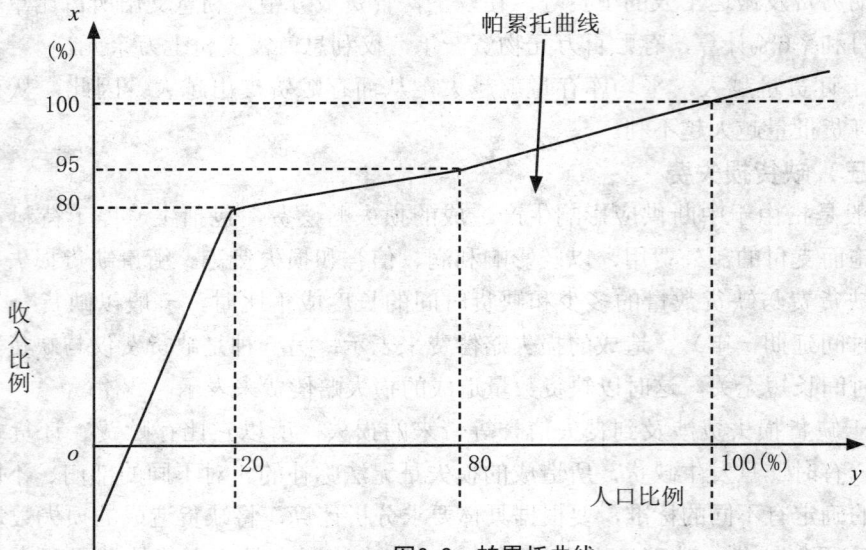

图6-8　帕累托曲线

### （二）ABC分析法的发展

随着人类社会及经济的飞速发展，经济研究活动也在不断地深入，人们渐渐发现，帕累托原理不仅存在于社会财富的分配问题中，在经济活动中的其他各个领域也具有普遍意义，如市场销售中20%的主要顾客占有80%的销售量；成本分析中20%的部件耗用工厂成本的80%等。经过对大量事实的研究表明，只要某一经济活动中的两个相关因素的统计分布符合ABC分析曲线的态势，就可以依据这两个因素将影响经济活动的主要方面与次要方面相区分，从而抓住矛盾的主要方面，也就抓住了解决问题的关键。而在企业所需的大量物品中（或企业的库存系统中），少数品种在总需用量中、在总供给额中、在库存总量中、在储备资金总额中占了很大的比重，而占品种项数比重很大的众多任务，在相应的量值中所占的比重并不大。所以，可以对此同样运用ABC分析，将企业所需的各种库存物品，按其需用量的大小、物品的重要程度、资源短缺和采购的难易程度、单价的高低、占用储备资金的多少等因素分为若干类，实施分类管理。

1951年，美国通用电气公司管理学家戴克（H·F·Dickie）将其应用于库存管理，命名为ABC分析法。1951—1956年，朱兰将ABC分析法引入质量管理，用于质量问题的分析，被称为排列图。1963年，德鲁克（P·F·Drucker）将这一方法推广到全部社会现象中，使ABC法成为企业提高效益的普遍管理方法。时至今日，ABC分析所带来的事半功倍的效果已经得到了企业界的公认。

## 能力训练

1. 什么是实现库存合理化？
2. 某仓库每年出库业务量为18 000 箱，订货提前期为10 天，试计算该仓库的订货点。

3. 某商品在过去三个月中的实际需求量分别为：1月份126箱；2月份110箱；3月份127箱。求该商品的需求变动值。

4. 某仓库保管员保管着下列10种产品（见表6-5），由于业务不熟，顾此失彼，试用ABC管理法分析，保管员应重点管理哪些商品？

**表6-5　库存品种价值表**

| | 1 | 2 | 3 | 4 | 5 | 6 | 7 | 8 | 9 | 10 |
|---|---|---|---|---|---|---|---|---|---|---|
| 价格 | 0.15 | 0.05 | 0.1 | 0.22 | 0.08 | 0.16 | 0.03 | 0.12 | 0.18 | 0.05 |
| 价值 | 2 600 | 6 500 | 2 200 | 75 000 | 110 000 | 175 000 | 8 500 | 2 500 | 4 200 | 2 000 |

5. 某产品年需求量1 000件，订货成本5元/次，单价12.5元/件，储存费率为10%，提前期为5天，求订购批量、总订购成本、订货点。（一年365天）

6. 案例分析。

## 案例一　仓库堆放货物的垛型和开垛

某仓库单位面积技术定额为2t/m²，现有5m×4m仓库货位，计划堆存某五金商品一批，已知该五金商品为木箱包装，箱尺寸为50cm×20cm×20cm，每箱重30kg。

试分析：该货位能堆放多少箱？可采用怎样的垛型？如何开垛？

## 案例二　戴尔的库存管理模式

在企业生产中，库存是由于无法预测未来需求变化，而又要保持不间断的生产经营活动必须配置的资源。但是，过量的库存会诱发企业管理中的诸多问题，例如资金周转慢、产品积压等。因此很多企业往往认为，如果在采购、生产、物流、销售等经营活动中能够实现零库存，企业管理中的大部分问题就会随之解决。零库存便成为生产企业管理中一个不懈追求的目标。

### 一、库存谁来承担

目前条件下，任何一个单独的企业要向市场供货都不可能实现零库存。通常所谓的"零库存"只是节点企业的零库存，而从整个供应链的角度来说，产品从供货商到制造商最终达到销售商，库存并没有消失，只是由一方转移到另一方。成本和风险也没有消失，而是随库存在企业间的转移而转移。

戴尔电脑的"零库存"也是基于供应商的"零距离"之上的。假设戴尔的零部件来源于全球四个市场，美国市场占20%，中国市场占30%，日本市场占30%和欧盟市场占20%，然后在香港基地进行组装后销往全球。那么，从美国市场的供应商A到达香港基地，空运至少10小时，海运至少25天；从中国市场供应商B到达香港基地公路运输至少2天；从日本市场供应商C到达香港基地，空运至少4小时，海运至少2天；从欧盟市场供应商D到达香港，空运至少7小时，海运至少10天。若要保持戴尔在香港组装基地电子器件的零库存，则供应商在香港基地必须建立仓库，或自建或租赁，来保持一定的元器件库存量。供应商则承担了戴尔制造公司库存的风险，而且还要求戴尔制造公司与供应商之间要有及时的、频繁的信息沟通与业务协调行为。

由此，戴尔制造公司与供应商之间可能存在着两种库存管理模式：

模式1：戴尔制造公司在香港建设自己的库存基地。

该模式要求香港基地的库存管理由戴尔制造公司自行负责。一旦缺货，即通知供货商4小时内送货入库。供应商要能及时供货必须也要建立仓库，从而导致供应商和企业双重设库，降低了整个供应链的资源利用率，也增加了制造商的成本。

模式2：戴尔制造公司在香港的制造基地不设仓库，由供货商直接根据生产制造过程中物品消耗的进度来管理库存。

比如采用准时制物流，精细物流组织模式，按销售定单排产。该模式中的配送中心可以是四方供应商合建的，也可以和香港基地的第三方物流商合作。此时，供应商完全了解电脑组装厂的生产进度、日产量，因此，不知不觉地参与到戴尔制造厂的生产经营活动之中，但也承担着零部件库存的风险。尤其在PC行业，供应商至少要保持二级库存，即原材料采购库存和面向制造商所在地——香港进行配送业务而必须保持的库存。面对"降低库存"这一令人头痛的问题，供应商实际上处在被动"挨宰"的地位。

在这种情况下，对供应商而言，所谓的战略合作伙伴关系以及与戴尔的双赢都是很难实现的。在供货商—制造商—销售商这根链条中，如果只有制造商实现了最大利益，而其他两方都受损，长期下去这样的链条必定解体。因为各供应商为了自身的生存，必然扩展自己新的供货合作伙伴，如对宏基电脑、联想电脑制造商供货，扩大在香港配送基地的市场业务覆盖范围。供货商这种业务扩展策略就会降低戴尔电脑产品的市场竞争力。很显然，当几家电脑制造商都用相同的电脑元件组装时，各企业很难形成自身的产品优势，而且还有泄漏制造企业商业秘密的危险。这种缺乏共兴共荣机制的供应链关系，也必然给制造商埋下隐患。

二、双赢如何实现

实行供应链管理，提升企业的核心竞争力，关键不在于企业所采用信息技术的先进性，而在于采用合理的管理机制和运行机制以及构建整个供应链健康的利润分配机制。

首先，在利润上，戴尔除了要补偿供应商的全部物流成本（包括运输、仓储、包装等费用）外，还要让其享受供货总额3%～5%的利润，这样供应商才能有发展机会。

其次，在业务运作上，还要避免因零库存导致的采购成本上升。制造商一般都要向供应商承诺长期合作，即一年或更长时间内保证预定的采购额。然而一旦采购预测失误，制造商就应该把消化不了的采购额转移到全球别的工厂，以尽可能减轻供应商的压力，保证其利益。

再次，戴尔制造商应调动供应链上各个企业的积极性，变供应商的被动"挨宰"为主动参与，从而充分发挥整个供应链的能量。

案例思考题：

（1）画图说明戴尔的库存管理模式。

（2）试分析戴尔实现"零库存"的前提条件。

（3）为实现有效的库存管理，戴尔应如何管理供应商？

# 任务二　仓储成本分析与控制

## 任务书

深入了解某一物流企业的经营业务种类，仓储环节各项费用支出情况以及仓储管理现状和问题，使用电脑、账表及仓储管理软件等，通过运用各种仓储管理的方法对仓储成本进行分析，并根据现存问题提出有针对性的仓储成本控制策略。

## 任务目标

**1. 技能目标：** 能够准确运用仓储成本的计算方法计算各种仓储成本，根据仓储成本的计算进行仓储成本的控制。

**2. 知识目标：** 能够识别仓储成本的构成，懂得仓储成本的控制方法，掌握仓储成本的计算方法。

**3. 素质延伸：** 能够把所学的理论知识运用到实际工作中去，培养学生综合运用所学知识处理问题的能力，培养学生相互协作的团队意识并使其树立认真负责的态度。

## 理论知识

## 一、仓储成本的构成

仓储成本是发生在货物储存期间的各种费用支出。其中，一部分是用于仓储的设施设备投资和维护货物本身的自然损耗，另一部分则是用于仓储作业所消耗的物化劳动和活劳动，还有一部分是货物存量增加所消耗的资金成本和风险成本。这些在货物存储过程中的劳动消耗是商品生产在流通领域中的继续，是实现商品价值的重要组成部分。

由于不同仓储商品的服务范围和运作模式不同，其内容和组成部分也各不相同。同时控制仓储成本的方法也多种多样。我们这里将成本分为以下两大部分：仓储运作成本和仓储存货成本。

### （一）仓储运作成本

#### 1. 仓储运作成本的构成

仓储运作成本是发生在仓储过程中，为保证商品合理储存，正常出入库而发生的与储存商品运作有关的费用。仓储运作成本包括房屋、设备折旧费用，库房租金，水、电、气费用，设备修理费用，人工费用等一切发生在库房中的费用。

### 2．仓储运作成本的计算

（1）仓储运作固定成本的计算。仓库固定成本在每月的成本计算时相对固定，与日常发生的运作、消耗没有直接关系，在一定范围内与库存数量也没有直接关系。固定成本中的库房折旧、设备折旧、外租库房租金和固定人员工资从财务部可以直接得到。库房中的固定费用可以根据不同的作业模式而有不同的内容，包括固定取暖费、固定设备维修费、固定照明费用等。

（2）仓储运作变动成本的计算。库房运作变动成本的统计和计算是根据实际发生的运作费用进行的。包括按月统计的实际运作中发生的水、电、气消耗，设备维修费用，货量增加而发生的工人加班费和货品损坏成本等。

### （二）仓储存货成本

仓储存货成本是由于存货而发生的除运作成本以外的各种成本，包括订货成本、资金占用成本、存货风险成本、缺货成本等。

### 1．订货成本

订货成本是指企业为了实现一次订货成本而进行的各种活动费用，包括处理订货的差旅费、办公费等支出。订货成本中有一部分与订货次数无关，如常设机构的基本支出等，称为订货的固定成本；另一部分与订货次数有关，如差旅费、通信费等，称为订货的变动成本。具体来讲，订货成本包括与下列活动相关的费用：

（1）检查存货费用。

（2）编制并提出订货申请费用。

（3）对多个供应商进行调查比较。

（4）填写并发出订单。

（5）填写并核对收货单。

（6）验收货物费用及选择合适的供应商的费用。

（7）筹集资金和付款过程中产生的各种费用。

### 2．资金占用成本

资金占用成本是指为购买货品和保证存货而使用的资金。资金成本可以用公司投资的机会成本或投资期限来衡量，也可以用资金实际来源的发生成本来计算。为了简化和方便，一般资金成本用银行贷款利息来计算。

### 3．存货风险成本

存货风险成本是发生在货品持有期间，由于市场变化造成的企业无法控制的商品贬值、损坏、丢失、变质等成本。

### （三）缺货成本

缺货成本不是库存货发生的成本支出任务，而是作为一项平衡库存大小，从而进行库存决策的成本比较方法。缺货成本是指由于库存供应中断而造成的损失，包括原材料供应中断造成的停工损失、产成品库存缺货造成的延迟发货损失和丧失销售机会的损失（还应包括商誉损失）。如果生产企业以紧急采购代用材料来解决库存材料的中断之急，那么缺货成本表现为紧急额外购入成本（紧急采购成本与正常采购成本之差）。当一种产品缺货时，客户就会购买该企业的竞争对手的产品，这就会对该企业产生直接利润损失，如果失去客户，还可能为企业造成间接或长期成本。另外，原材料、半成品或零配件的缺货，意味着机器空闲甚至停产。

### 1. 安全库存的存货成本

为防止因市场变化或供应不及时而发生存货短缺的现象，企业会考虑保持一定数量的安全库存以做缓冲，以防在需求方面的不确定性。但是，困难在于确定在任何时候需要保持多少安全库存，安全库存太多意味着多余的库存，而安全库存不足则意味着缺货或失销。增加安全库存，会减少货品短缺的可能性，同时会增加仓储成本。仓储安全库存的决策就是使缺货成本和安全库存成本两者的综合成本最小化。

### 2. 缺货成本

缺货成本是由于外部和内部中断供应所产生的。当客户得不到全部订货时，做外部缺货；当企业内部某个部门得不到全部订货时，叫做内部缺货。如果发生外部缺货，将导致以下情况发生。

（1）延期交货。延期交货有两种形式：一是缺货商品可以在客户下次订货时得到补充；二是利用快递延期交货。如果客户愿意等到下一个规则订货，那么企业实际上没有什么损失。但如果经常缺货，客户可能就会转向其他供应商。

商品延期交货会产生特殊订单处理费用和运输。延期交货的特殊订单处理费用要比普通处理费用高。由于延期交货经济是小规模装运，运输费率相对较高，而且延期交货的商品可能需要从工厂的另一个仓库供货，进行长距离运输。另外，可能需要利用速度快、收费较高的运输方式运送延期交货的商品。因此，延期交货成本可根据额外订单处理费用的额外运费来计算。

（2）失销。缺货可能造成一些用户转向其他供应商，也就是说，许多公司都有生产替代产品的竞争者，当一个供应商没有客户的商品时，客户就会从其他供应商那里订货，在这种情况下，缺货导致失销。对于企业来说，直接损失就是这种商品的利润损失。因此，可以通过计算这批商品的利润来确定直接损失。

除了利润的损失，失销还包括当初负责相关销售业务的销售人员所付出的努力损失，也就是机会损失。需要指出的是，很难确定在一些情况下失销的总损失。比如，许多客户习惯用电话订货，在这种情况下，客户只是询问是否有货。而未指明订货数量，如果这种产品没货，那么客户就不会说明需要多少，企业也不会知道损失的总成本。因此，很难估计一次缺货对未来销售的影响。

（3）失去客户。第三种可能发生的情况是由于缺货而失去客户，也就是说，客户永远转向另一个供应商。如果失去了客户，企业也就失去了未来的一系列收入，这种缺货造成的损失很难估计，需要用科学管理的技术以及市场营销的研究方法来分析和计算。除了利润损失，还有由于缺货造成的商誉损失。

### （四）在途存货成本

主要是仓库中货品的运作和存货成本，但另一项成本也必须加以考虑，也就是在途成本。在途成本与选择的运输方式有关，如果企业以目的地交货价销售商品，这意味着企业要负责将商品运达客户，当客户收到订货商品时，商品的所有权才转移。从财务的角度来看，商品仍是销售方的库存。因为这种在途商品在交给客户之间仍然属于本企业所有，运货方式及所需的时间是储存成本的一部分，企业应该对运输成本与在途存货持有成本进行分析。

在途库存的资金占用成本一般等于仓库中库存资金的占用成本。仓储运作成本一般与在途库存不相关，但要考虑在途货物的保险费用。选择快速运输方式时，一般货物过时或变质的风险要小一些，因此仓储风险较小。一般来说，在途存货成本要比仓库中的存货成本小。在实际中，需要对每一项成本进行仔细分析，才能准确计算出实际成本。

## 二、仓储成本的计算

仓储成本是伴随着物流仓储活动而发生的各种费用的总和。仓储成本是企业物流成本中的重要组成部分，其费用高低直接影响着企业的利润水平。因此，合理控制仓储成本，加强仓储成本管理是企业物流管理的一项重要内容。

### （一）仓储成本的计算目的

仓储成本是指物流活动中所发生的各种费用，它是伴随着物流仓储活动所消耗的物化劳动和活化劳动的货币表现。可以将仓储活动的成本分为以下三部分：

（1）伴随货物的物化活动而发生的费用，以及从事这些活动所必需的设备、设施成本。

（2）伴随物流信息的传送与处理活动而发生的费用，以及从事这些活动所必需的设备、设施成本。

（3）对上述活动进行综合管理的成本。

仓储成本是客观存在的。但是，由于仓储成本的计算内容和范围没有一个统一的标准，加之不同企业的运作模式各不相同，同时，不同企业有其不同的计算方法，因此，从企业经营的总体需求来讲，仓储成本的计算和信息的收集主要为了满足以下几个方面的需要：

①为各个层次的经营管理者提供物流管理所需的成本资料。

②为编制物流预算以及预算控制所需的成本资料。

③为制订物流计划提供所需的成本资料。

④为监控仓储管理水平而收集的各种成本信息。

⑤提供价格计算所需的成本资料。

为达到上述目的，仓储成本除了按物流活动领域、支付形态等类别分类外，还应根据管理的需要进行分类，而且要通过不同时间段成本的比较、实际发生费用与预算标准的比较，结合仓储周转数量和仓储服务水平对仓储成本进行分析比较。

## （二）仓储成本的计算范围

在计算仓储成本之前，需要明确仓储成本的计算范围。计算范围取决于成本计算的目的，如果要对所有的仓储物流活动进行管理，就需要计算出所有的仓储成本。同样是仓储成本，由于所包括的范围不同，计算结果也不一样。如果只考虑库房本身的费用，不考虑仓储物流等其他领域的费用，也不能全面反映仓储成本的全貌。每个企业在统计仓储费用时，往往缺乏可比性，因此，在讨论仓储成本的时候，首先应该明确成本计算的范围。

在计算仓储成本时，原始数据主要来自财务部门提供的数据。因此，应该把握按支付形态分类的成本。在这种情况下，对外支付的保管费可以直接作为仓储物流成本全额统计，但对于企业内发生的仓储费用与其他部门发生的费用混合在一起的，需要从中剥离出来，例如材料费、人工资、物业管理费、营业外费用等。仓储成本计算方法如下：

### 1. 材料费

与仓储有关的包装材料、消耗工具、器具用品、燃料等费用。将此期间与仓储有关的消耗量计算出来，再分别乘以单价。

### 2. 人工费

人工费可以从物流人员的工资、奖金、补贴等实际支付金额得出，同时，由企业统一负担部分，按人数分配后得到的金额来计算。

### 3. 物业管理费

物业管理费包括水、电、气等费用，可以根据设施上所记录的用量来获取相关数据，也可以根据建筑设施的比例和物流人员的比例简单推算。

### 4. 管理费

管理费无法从财务会计方面直接得到相关数据，可以按员工比例简单计算。

### 5. 营业外费用

营业外费用包括折旧、利息等，可依据物流相关资产的贷款率计算。

## （三）仓储存货成本的计算方法

### 1. 购进存货成本的计算

库存商品购进是指流通企业为了出售或加工后出售，通过货币结算的方式取得商品或商品所有权的交易行为。

存货的形式主要有外购和自制两个途径。从理论上讲，企业无论是从何种途径取得的存货，凡与存货形成有关的支出，均应计入存货的成本。流通企业由于其行业的特殊性，在购进商品时，按照进价和按规定应计入商品成本的税金作为实际成本，采购过程中发生的运输费、装卸费、保险费、包装费、仓储费等费用，运输途中发生的合理损耗、入库前的挑选整理费等，直接计入当期损益。

流通企业加工的商品，以商品的进货原价、加工费用和按规定应计入成本的税金作为实际成本。

### 2. 仓储成本的不同计算方法

为了合理计算仓储成本，有效监控仓储过程中发生的费用来源，可以按仓库支付形式、按仓储运作任务或按使用对象等不同方法计算仓储成本。

（1）按支付形式计算仓储成本，是指把仓储成本分别按仓储搬运费、仓储保管费、材料消耗费、人工费、仓储管理费、仓储占用资金利息等支付形态分类，计算出仓储成本的总额。这样可以了解花费最多的任务，从而确定仓储成本管理的重点。

这种计算方法是从月度损益表中"管理费用、财务费用、营业费用"等各个任务中取得一定数值乘以一定的比率（物流部门比率，分别按人数平均、台数平均、面积平均、时间平均等计算出来）算出仓储部门的费用。再将仓储成本总额与上一年度的数值做比较，弄清楚增减的原因并制定整改方案。表6-6为某公司按成本形态分别计算的仓储成本计算表。

**表6-6　某公司仓储成本计算表**

金额单位：元

| 仓储成本形态 | 管理等费用 | 计算基准 | 仓储成本 | 备注 |
|---|---|---|---|---|
| 仓库租赁费 | 115000 | 100 | 115000 | 全额 |
| 材料消耗费 | 35477 | 100 | 35477 | 全额 |
| 工资津贴费 | 561260 | 22.4 | 125722 | 人数比率 |
| 燃料动力费 | 18376 | 42.5 | 7810 | 时间比率 |
| 保险费 | 9850 | 48.8 | 4807 | 面积比率 |
| 修缮维护费 | 17403 | 45.2 | 7866 | 固定资产比率 |
| 仓储搬运费 | 30135 | 51.8 | 15610 | 面积比率 |
| 仓储保管费 | 31467 | 51.8 | 16300 | 面积比率 |
| 仓储管理费 | 17632 | 37.1 | 6541 | 仓储费比率 |
| 易耗品费 | 18410 | 37.1 | 6830 | 仓储费比率 |
| 资金占用利息 | 26545 | 37.1 | 9848 | 仓储费比率 |
| 税金等 | 35416 | 37.1 | 13139 | 仓储费比率 |
| 仓储成本合计 | 916971 | 39.8 | 364950 | 仓储费占费用总额比率 |

（2）按仓储活动任务计算仓储成本。按仓储活动任务计算仓储成本是将仓库中的各个运作环节发生的成本分别统计，例如入库费用、出库费用、分拣费用、检查费用、盘点费用等。在仓库众多的情况下，采用按活动任务计算仓储成本的方法可以较容易地进行相互之间的比较，从而达到有效的管理目的。

（3）按适用对象计算仓储成本。仓储成本的计算也可以按照仓库商品所适用的对象，依照产品、地区的不同，分别计算仓储成本。按照不同地点的仓储发生成本，计算出各单位仓储成本与销售金额或毛收入所占比例，及时发现仓储过程存在的问题并加以解决。

**3. 销售存货的成本计算**

仓储管理中销售存货的成本计算是比较复杂的。对于种类众多、销售时间敏感的商品，必须选用正确的存货计算方法。所谓商品销售是指企业以现金或转账结算的方式，向其他企业销售商品，同时商品的所有权随之转移的一种交易活动。

（1）确认销售商品收入的条件。流通企业销售商品时，从财务角度出发，如果同时符合以下三个条件，即确认为收入。

①企业已将商品所有权上的主要风险和报酬转移给买方。风险主要是指商品贬值、损坏、报废等造成的损失；报酬是指商品中包含的未来经济利益，包括商品因升值等给企业带来的经济利益。判断一项商品所有权上的主要风险和报酬是否已转移给买方，需要视不同情况而定。在大多数情况下，所有权上的风险和报酬的转移伴随着所有权凭证的转移或实物的交付而转移。但在有些情况下，企业已将所有权凭证或实物交付给买方，但商品所有权上的主要风险和报酬并未转移。

②与交易相关的经济利益能够流入企业。与交易相关的经济利益即为企业销售商品的价款，销售商品的价款是否能够收回，是确认收入的一个重要条件，如收回的可能性大，则可作为收入确认，反之则不能确认为收入。

③相关的收入和成本能够被可靠地计算。根据收入与费用配比原则，与同一项销售有关的收入和成本应在同一会计期间予以确认。因此，如果成本不能被可靠地计量，相关的收入也无法确认。

（2）存货销货成本的计算。物流企业在将商品销售出去以后，既要及时反馈商品的销售收入，也要计算已售存货的成本，以便据此计算商品的销售成果。正确计算存货发出的成本，不仅影响当期的经营损益，而且影响期末存货价值的真实值。

以数量进行金额核算的物流企业，商品发出的计价方法主要有以下几种：

①个别认定法。个别认定法也称个别计价法、分批认定法、具体辨认法等，是指以某批材料购入时的实际单位成本作为该批材料发出时的实际成本的存货计价方法。适用于大件物品、贵重物品的计价。这种方法使存货的成本流动与实物流动完全一致，因而能准确地反映销货成本和期末存货成本。其优点是能正确计算存货的实际成本和耗用存货的实际成本。缺点是分别记录各批的单价和数量，工作量大，进货批次较多时不宜采用。

②加权平均法。加权平均法又称"综合加权平均法""全月一次加权平均法"。是指以本月全部进货数量加上月初存货数量作为权数，去除本月全部进货成本加上月初存货成本，计算出存货的加权平均单位成本，以此为基础计算本月发出货存的成本和期末存货成本的一种方法。其计算公式为：

加权平均单价＝（起初结存金额＋本期进货金额合计）／（期初结存数量＋本期进货数量合计）

期末存货成本＝加权平均单价×期末结存数量

本期销货成本＝期初成本＋本期进货成本－期末存货成本

③移动加权成本法。移动加权平均法，是指以每次进货的成本加上原有库存存货的成本，除以每次进货数量与原有库存存货的数量之和，据以计算加权平均单位成本，以此为基础计算当日发出存货的成本和期末存货成本的一种方法。其计算公式为：

移动加权平均单价＝（新购进金额＋原结存金额）／（新购进数量＋原结存数量）

④先进先出法。先进先出法，是指假定先购进的存货先耗用或先销售，期末存货就是最近入库的存货，因此，先耗用或先销售的存货按先入库存货的单位成本计价，后耗用或后销售的存货按后入库存货的单位成本计价的存货计价方法。特点是期末存货的账面价值反映最近入库存货的实际成本。

⑤后进先出法。后进先出法，是指假定后入库的存货先耗用或先销售，因此，耗用或销售的存货按最近入库存货的单位成本计价，期末存货是按最早入库存货的单位成本计价的存货计价方法。后进先出法在实地盘存制和永续盘存制下均可使用。但是采用不同的方法，在不同的盘存制度下，计算的期末存货成本和销货成本是不同的。

## 相关链接

### 一、影响仓储成本的因素

构成仓储成本的重要部分是仓储存货成本，仓储存货增加，既增大了仓库的占用面积和运作量，同时占用了大量的资金。仓库的存量多少是仓储费用的决定因素，对于不稳定的商品，易燃、易爆、易变质和时效性强的商品，库存量要小一些，以避免在仓储过程中发生质量变化和商品贬值。对时效性不强的商品、耐存储商品的库存量可以提高一些。从货物管理方面来看，运输条件的便利与否也是影响因素之一。从交通方面来看，运输周期长的商品，可以保持较小的库存量。从货物的使用和销售方面来看，一般销售量增加，相应的库存量也要增加；反之，销售量减少，库存量也要减少。一般考虑以下因素来决定采购批量和存货数量。

#### 1．取得成本

主要包括在采购过程中所发生的各项费用的总和。这些费用大体可以归结为两大类：一是随采购数量的变化而变化的变动费用；二是与采购数量多少关系不大的固定费用。

#### 2．存储成本

生产销售使用的各种货物，在一般情况下，都应该有一定的储备。只要储备就会有成本费用发生，这种费用也可以分为两大类：一是与储备资金多少有关的成本，如储备资金的利息、相关的税金、仓储货物合理损耗成本等；二是与仓储货物数量有关的成本，如仓库设施维护修理费，货物装卸搬运费，仓库设施折旧费，仓库管理人员工资、福利费、办公费等。

#### 3．缺货成本

由于仓储计划或环境条件发生变化，导致货物在仓库中发生缺货现象，从而影响了生产的顺利进行，造成的生产或销售上的损失和其他额外支出称为缺货损失。所以，为了防止缺货损失，在确定采购批量时，必须综合考虑采购费用、存储费用等相关因素，以确定最佳的经济储量。

#### 4．运输时间

商品采购过程中，要做到随要随到的情况是有条件的。一般情况下，从商品采购到企业仓库需要一定的时间。所以，在商品采购时，需要将运输时间考虑在相关因素中。

### 二、仓储成本的控制

#### 1．仓促成本控制的重要性

仓促成本的重要性主要体现在以下几个方面：

（1）仓储成本控制是企业增加盈利的"第三利润源"，直接服务于企业的最终目标。增加利润是企业的目标之一，也是社会经济发展的原动力。在收入不变的情况下，降低成本可以使利润增加；在收入增加的情况下，降低成本可以使利润增加；在收入下降的情况下，降低成本可以抑制利润的下降。

（2）仓储成本控制是加强企业竞争能力、求得生存和扩展的主要保障。企业在市场竞争中降低各种运作成本、提高产品质量、创新产品设计和增加产品销量是保持竞争力的有效手段。降低仓储成本可以提高企业价格竞争能力和安全边际率，使企业在经济萎缩时继续生存下去，在经济增长时得到较高的利润。

（3）仓储成本控制是企业持续发展的基础。只有把仓储成本控制在同类企业的先进水平上，才有迅速发展的基础。仓储成本降低了，可以削减售价以扩大销售，销售扩大后经营基础稳定了，才有力量去提高产品质量、创新产品设计，寻求新的发展。同时，仓储成本一旦失控，就会造成大量的资金沉没，严重影响企业的正常经营。

### 2．仓储成本控制的原则

（1）政策性原则

①质量和成本的关系。不能因片面追求降低储存成本而忽视存储货物的保管要求和保管质量。

②国家利益、企业利益和消费者利益的关系。降低仓储成本从根本上说对国家、企业、消费者都是有利的，但是如果在仓储成本控制过程中，采用不恰当的手段损害国家和消费者的利益，就是错误的，应予避免。

③全面性原则。仓储成本涉及企业管理的方方面面，因此，控制仓储成本要全员、全过程、全方位控制。

（2）经济性原则

经济性原则主要强调，推行仓储成本控制而发生的成本费用支出不超过因缺少控制而丧失的收益，同销售、生产、财务活动一样，任何仓储管理工作都要讲求经济效益，为了建立某项严格的仓储成本控制制度，需要发生一定的人力或物力支出，但这种支出要控制在一定的范围之内。

## 能力训练

1．将各班学生按每组8~10人分组，以学习和参观的形式深入企业内部，了解企业基本经营情况，掌握企业主要业务类型和仓储环节各项费用支出情况，形成各小组的仓储成本分析报告，对分析报告进行讨论，提出该企业仓储成本控制策略。

2．案例分析

### D公司降低仓储成本的途径

目前，绝大多数物流成本核算系统还处于初期阶段，并且严重依赖于成本分摊来决定每部分（产品、客户、区域、部门或岗位）的绩效。D公司所使用的分摊方法导致了错误的决策，并使公司的利润遭受损失。

D公司是一个多部门企业，主要生产和销售高利润的药物产品以及包装物。该公司在许多地方拥有现场仓库，由员工管理。这些带有温控的仓库是专为药品设计的，要求的安全和管理技术超过包装物产品的储存要求。为了充分利用这些仓库设备，公司鼓励非药品部门将他们的产品储存在这些仓库里。运营这些仓库的费用是固定的，但如果产量增加就需要增加额外的工作人员或加班。这个公司的政策是把成本按照在仓库中的占地面积来分摊的，药品仓储的要求使这个费用相对很高。此外，公司各个部门是在分散利润中心的基础上管理的。

一个经营相对笨重、价值较低的消费品部门经理认识到，类似的服务能够以更便宜的价格在公共仓储服务中获得。他将本地区的产品从公司的仓库中撤出，开始采用公共仓库来储存产品。尽管公司配送中心仓库处理和储存的货物量大大减少了，但节约的成本却很少，这是因为这些设施的固定成本比例太高，几乎同样的成本额被分摊到了更少的使用者头上，使得其他部门也开始使用公共仓库来降低成本。结果，整个公司的仓储成本不是减少了，而是增加了。

公司的仓储成本是固定的，所以无论仓库是空的还是满的，都不能大幅度改变成本。当非药物产品转移到公共仓库去时，公司为其建设的仓库设施依旧要承受几乎一样的成本总额，而且还额外增加了公共仓库的成本。实际上，这个成本系统促使物流部门经理的行为以本部门利润最大化为原则，而不是以整个公司利润最大化为原则。因而，整个公司成本增加了，利润减少了。

**案例思考题：**

（1）为什么D公司整体成本增加了，利润减少了？

（2）从这个案例中你认为降低仓储成本的途径有哪些？

# 附 录

## 《经贸系统仓储业务收费办法》

### 第一章 总 则

**第一条** 经贸系统仓库（包括冷库，下同）是外贸商品流通的储运基地，是我国出口创汇力量的重要组成部分。为了推动经贸系统仓储企业加强经济核算，努力改善仓储管理，不断提高服务质量，加速商品流转，防止积压浪费，维护存货方和保管方权益，使仓储工作更好地为发展对外贸易服务、为社会主义现代化建设服务，特制定本办法。

**第二条** 经贸系统仓储企业要认真贯彻执行"艰苦奋斗""勤俭建国"的方针，厉行节约，反对浪费，要健全财务制度，严格遵守财经纪律。凡有条件的仓库，都要建立收费制度，计算盈亏，考核经营效果。收入和支出都要有预算和决算，认真搞好财务计划管理和财务分析，努力提高管理水平。

**第三条** 凡是实行独立核算的经贸仓库，不论是储运部门统一管理，还是各专业公司自行管理，都要按照本办法的规定核收费用。

**第四条** 经贸仓储业务的收费标准，是本着有利于促进商品流转，改善企业经营管理的原则制订的。存货要收费、仓库责任造成的损失要赔偿。各经贸仓储企业都要建立健全的相关制度提高库容利用率和设备完好率，在既定费率的基础上，努力节约各项开支，降低储存成本，提高盈利水平。

**第五条** 经贸系统仓库租费标准作为国家指导价，各地可以根据当地的实际情况灵活掌握，适当上下浮动，下浮幅度不限，上浮不得超过当地物价部门规定的相同任务同等条件的收费标准。

### 第二章 计费单位

**第六条** 仓库存货按吨收费。每张入库或出库单所列商品，吨以下取三位小数，小数四舍五入，月末累计核算费用时，吨以下四舍五入。

**第七条** 计费吨分以下三种：

1. 重量吨：1件或1批商品的体积2立方米，毛重超过1000公斤者，按重量吨（毛重）计费。

2. 体积吨：1件或1批商品的体积2立方米，毛重不足1000公斤者，按体积吨计费，即每2立方米折为1个计费吨。

3. 面积吨：入库的商品由于本身的特性不能堆高，或批量小、规格杂无法堆高，或货主经仓库同意利用库房加工、挑选、改装、整理商品，按实际占用面积和每平方米地坪（或楼面）的设计负荷能力折成计费吨收费。整仓包仓，按库房实际面积的百分之八十和每平方米地坪（或楼面）的设计负荷能力折成计费吨收费，也可按库房的储存定额吨收费。

第八条　为了做到合理收费，各仓库对经常存放的各种商品，都要认真测算出每件的毛重和体积，列出一览表，作为计量收费的依据。商品的包装改变时，重新测算。

## 第三章　商品分类

第九条　贵重商品包括：电子计算机、电冰箱、电视机、电影机、录像机、精密仪器仪表、特种工艺品、历史文物、名贵字画、名贵药材和成药、高级补品及其他贵重商品。

第十条　需精心保管养护商品包括：蚕茧、厂丝、毛条、毛线、丝线、尼绒绸缎及制品（包括丝、毛、化纤、人造丝、混纺纱、线及制品）、皮革及制品、裘皮及制品、抽纱、地毯、香烟、酒类、茶叶、食品、罐头、高级香料、高级化妆品、乐器及其他需精心保管养护商品。

第十一条　冷藏商品除鲜鱼、鲜肉等商品外，还包括需要存放在冷藏库、冷风库、空调库的商品。

## 第四章　仓租和加成

第十二条　仓库的库房、仓棚、货场存放商品，均需向货主收取仓租费。仓租费按吨／天计收。一张入库单所列商品分批入库，按第一批入库的日期开始计费；一张出库单所列的商品分批出库，按最后出清的日期结算收费。

第十三条　经贸系统仓库分为四类，即港口前方周转仓库、口岸仓库、内地中转仓库、其他仓库。为避免内地出口商品盲目运到口岸或港口，上述四类仓库收费标准应有所不同，港口仓库收费高、内地仓库收费低（仓租标准参看仓租费率表）。

第十四条　可以露天存放的商品，需上苫下垫的按普通商品费率收费，只垫不苫或只苫不垫的按普通商品费率的百分之八十收费，不苫不垫按普通商品费率的百分之五十收费。

第十五条　包仓按仓库实际面积的百分之八十计算。合理周转期的加成收费，港口周转仓库以3个月为合理周转期，超过3个月不足6个月的按有关费率标准的百分之二百收费，6个月以上的按百分之三百收费；口岸仓库以1年为合理周转期，超过1年不足2年的按有关费率标准的百分之二百收费，两年以上的按百分之三百收费。

## 第五章　工力机力费

第十六条　商品进库或出库，不分作业环节，不论使用人工或机力，一律按吨（毛重吨或体积吨）定额收费，进、出库各收一次（附工力机力费费率表）。

第十七条　进库或出库的商品，货主要求仓库负责装卸的，仓库按工力机力费费率表中装卸作业收取装卸费。仓库利用社会装卸队为货主作业的，装卸费用由仓库代垫，并按实际支出向货主结算。

第十八条　库存商品在正常储存条件下，货主要求翻桩倒垛的，或超过周转储存期的；为了保证商品质量，必须翻桩倒垛的，其费用由货主负担，并按工力机力费费率表有关定额收费标准的百分之一百计收，如货主要求调整储存仓间的，还应收进、出库费。仓库在商品周转储存期内，为了搞好商品养护或为了扩大仓容而调整货位、仓间，自行进行翻仓倒垛搬运的，不论使用人工或机力均不向货主收费。

**第十九条** 商品在进、出库时，需要进行检斤过磅的，按工力机力费费率表的有关定额收费标准收费。货主要求对库存商品进行清点、单独检斤过磅的，除按标准收费外，还应另收翻桩费。

## 第六章 集装箱费

**第二十条** 集装箱作业的收费标准，是本着有利于发展集装箱运输的原则确定的。具体标准见集装箱作业费率表。该费率表规定的各项收费标准只适用于储运部门向国内货主收费使用，对外收费标准由外运总公司根据双边协议确定。

## 第七章 其他费用

**第二十一条** 仓库的其他作业费率，如加工、挑选、整理、包装、改装、换装、修补包装、组装托盘、刻咬、刷咬、熏蒸、晾晒、化验、代收、代发、代运、代商检、代报关等劳务费、手续费和铁路专用线、专用码头使用费，由各仓库参照当地物价部门或有关部门规定标准计收。若当地没有标准，则由仓库与货主协商确定。

## 第八章 费用结算

**第二十二条** 仓库每月向货主结算一次费用。从上月26日起到当月25日止为一个结算期。

**第二十三条** 货主接到仓库的各项费用结算凭证后，要及时审核，并在三天内办完承付手续并把款付清；超过3天者，仓库有权计收利息。如发现溢收或短少，在付款后3个月内提出异议，办理补退手续，但不计算利息；超过3个月者，不再办理。

## 第九章 附 则

**第二十四条** 经贸系统办理非本系统的仓储业务，或机力设备外出作业，一律按当地物价部门或有关部门规定的收费办法计收各项费用。

**第二十五条** 海关监管仓库和保税仓库的收费办法和收费标准，按当地的实际情况与货主协商议定。

**第二十六条** 本办法如有未尽事宜，由各省、自治区、直辖市经贸厅、经贸委、外贸局、物价局（委员会）联合制定补充收费办法。

# 参考文献

[1]王之泰.现代物流学[M]．北京：中国物资出版社，1995．

[2]宋玉.仓储实务[M]．北京：对外经济贸易大学出版社，2005．

[3]徐杰，田源．采购与仓储管理[M]．北京：清华大学出版社\北京交通大学出版社，
2004．

[4]Paul R．Murphy Jr．Donald F．Wood．Contemporary Logistics(Eighth Edition)．
Pearson Education,Inc,2004．

[5]李永生，郑文岭.仓储与配送管理[M].北京：机械工业出版社，2004．

[6]王蓓彬.现代仓储管理[M].北京：人民交通出版社，2003．

[7]梁军.仓储管理实务[M]．北京：高等教育出版社，2003．

[8]郑克俊，俞仲文，陈代芬.仓储与配送管理[M]．北京：科学出版社，2005．

[9]周万森.仓储配送管理[M].北京：北京大学出版社，2005．

[10]中华人民共和国劳动和社会保障部．物流师[M]．北京：中国劳动和社会保障出
版社，2004．

[11]窦志铭．物流商品养护[M]．北京：人民交通出版社， 2001．

[12]俞仲文，陈代芬.物流配送技术与实务[M].北京：人民交通出版社，2003．

[13]熊伟，霍佳震.采购与仓储管理[M]．北京：高等教育出版社，2006．

[14]霍佳震.物流与供应链管理[M].北京：高等教育出版社,2006．

[15]邬星根.仓储与配送管理[M].上海：复旦大学出版社，2005．

[16]郑克俊，朱海鹏.仓储与配送管理[M].北京：科学出版社，2005．

[17]张晓川.现代仓储物流技术与装备[M].北京：化学工业出版社，2003．

[18]董良.自动化立体仓库设计[M].北京：机械工业出版社，2004．

[19]邓爱民.物流设备与运用[M].北京：人民交通出版社，2003．

[20]周全申.现代物流技术与装备实务[M].北京：中国物资出版社，2002．